MOHAMMED OMER

EM ESTADO DE CHOQUE

SOBREVIVENDO EM GAZA SOB ATAQUE ISRAELENSE

TRADUÇÃO DE VINÍCIUS GOMES MELO

1ªEDIÇÃO

2016

AUTONOMIA LITERÁRIA

© Autonomia Literária, 2017, São Paulo para a presente edição.
© Mohammed Ommer 2015 [All rights reserved]
This Portughese edition published by agreement with OR Books, New York, and Vikings of Brazil Agência Literária e de Tradução LTDA, São Paulo.

Conselho editorial:
Cauê Seignemartin Ameni, Hugo Albuquerque & Manuela Beloni
Tradução: Vinicius Gomes Melo
Revisão: Inês Castilho, Gabriel Simões & Tadeu Breda
Edição e preparação final: Cauê S. Ameni & Hugo Albuquerque
Diagramação: Manuela Beloni
Fotografias internas: João Laet
Fotografia de capa: Anas Baba
Charge: Carlos Henrique Latuff

Dados Internacionais de Catalogação na Publicação (CIP)
Vagner Rodolfo CRB-8/9410

O55e Omer, Mohammed

Em estado de choque: sobrevivendo em Gaza sob ataque israelense / Mohammed Omer ; traduzido por Vinícius Gomes. - São Paulo : Autonomia Literária, 2017.
360 p. : il. ; 14cm x 21cm.

Inclui índice e anexo.
ISBN: 978-85-69536-08-6

1. História. 2. Israel. 3. Gaza. 4. Faixa de Gaza. 5. Palestina. I. Gomes, Vinícius. II. Título.

2017-22

CDD 956.94
CDU 94(569.4)

Índice para catálogo sistemático
1. Palestina ; Israel 956.94
2. História : Israel ; Palestina 94(569.4)

AUTONOMIA LITERÁRIA
Rua Conselheiro Ramalho 945
01325-001, São Paulo - SP
autonomialiteraria@gmail.com
www.autonomialiteraria.com.br

Sumário

17 Prefácio à edição brasileira: como construir pontes ao invés de muros?

23 Introdução

37 Medo silencioso em Gaza

40 O trauma de guerra das crianças sobreviventes

43 Quando se abre uma fresta de fuga, ela é lenta e seletiva

46 Jornalistas palestinos sob ataque israelense

49 Aumenta o número de civis mortos e cresce o apoio local ao Hamas

54 Como Israel alavanca a inflação em Gaza

59 Jatos destroem o sistema de esgoto propositalmente

63 Uma família luta para manter a esperança viva em Gaza

67 "Avisos" como forma de terrorimo: nenhum lugar é seguro

70 Quando meu filho grita: a (im)precisão de Israel

75 Bunker midiático: guerra psicológica se intensifica

79 Porque o Hamas rejeita o cessar-fogo

82 Paramédicos encaram mortos e a própria morte

85 Perdas e medos substituem a alegria na escola

89 Silêncio cauteloso no "cessar-fogo"

92 A evolução militar do Hamas: de uzi a foguetes

96 Apesar das duras perdas, Gaza apoia a resistência

101 Quando hospitais viram alvos

104 - Energia sabotada

107 - Novo álibi para atacar casas, hospitais e escolas

110 Funcionários públicos viram alvos e a infraestrutura fica à beira do colapso

114 Corpos destroçados no necrotério de Shifa

117 "Mísseis caíam como pingo de chuva quente"

120 Hospital al-Aqsa voa pelos ares

124 Centenas de famílias buscam refúgios nas igrejas

128 Blecaute na telefonia: Gaza se desliga do mundo

132 Israel atropela os dias sagrados, o que fortalece fundamentalistas

135 Escolas da ONU tingidas de sangue: "não a porto seguro contra a ira de Israel"

140 Gaza estrangulada

144 Equipes de resgate no front line contra bombas e fósforo branco

149 Gaza pulverizada e irreconhecível

170 Em ruínas: "só restam as pedras"

173 Enquanto Gaza celebra, matar é o "esporte favorito de Israel"

177 Gaza vela seus mortos durante uma triste celebração sagrada

180 Em noite de carnificina, número de civis mortos dispara

184 Famílias preparam "bolo de resistência"

189 Zona de segurança: nova estratégia para sufocar Gaza

192 Quando os abrigos viram alvo

196 Impedidos de evacuar civis e enterrar as vítimas

199 Carnificina em Rafah: mortos são mantidos em refrigeradores

202 Hamas, Jihad Islâmica, Abbas e Israel: o que a população de Gaza pensa?

209 A rádio do povo voa pelos ares, mas a tramissão continua

213 Abandonados entre ruínas após cessar-fogo

216 Nossos corpos estão exaustos, mas nosso espírito resiste

220 Vozes de Gaza: os sobreviventes falam

224 Desaparecimentos em Khuza'a: mortos ou presos?

228 "Guerra econômica: pescadores exigem o fim do bloqueio"

232 População de Gaza retorna à suas casas saqueadas; rebanhos são mortos

236 "Por favor, não atire em mim": evidências de execução sumária em Gaza

242 Crime de guerra: quem é mesmo que usa civil como escudo humano?

246 A nova praga em Gaza: sarna

250 Quando a noite cai sobre os recém desabrigados

254 Novas vidas nascem em meio à destruição de Gaza

256 Líder religioso é obrigado a se despir em frente sua comunidade

261 Hospital se torna a "nova" casa dos desabrigados

264 Morte de jornalista e motorista de ambulância vira notícia um mês depois

268 "Seus drones veem tudo. Por que matar civis inocentes?"

272 - Israel testa suas novas armas e Gaza indigna-se com o uso do míssil gbu-28

276 - Perfil: quem eram os três comandantes do Hamas que foram mortos?

279 "Colaboradores" executados publicamente

282 Com animais mortos, preços disparam e crise alimentar se instala

285 Aeroporto em Gaza: a esperança de que os sonhos voltem a ser realidade

288 Depois da guerra, dívida e "guerra econômica"

291 Após combate, 1.800 Crianças se tornam órfãs

294 Com hospitais abarrotados, pacientes com talassemia esperam um milagre

297 População quer reconstrução de cidade devastada, mas não há materiais

301 Gaza levará 20 anos para ser reconstruída

309 Por que a guerra une povo, Fatah e Hamas?

314 Quem são os informantes de Israel?

318 Os escudos humanos de Gaza: as vítimas contam suas histórias

323 Guerra de salários: funcionários do Hamas são obrigados a pedir demissão

327 O dilema de Gaza: assistência ou fome

331 Em busca de liberdade, palestinos estão perdidos no mar

Histórias não contadas

O Selo Histórias Não Contadas da Autonomia Literária é, sem dúvida, o espaço dedicado às narrativas malditas, ocultadas pelas fontes oficiais ou simplesmente ignoradas na arena da conflituosa sociedade global.

Para tanto, recorremos ao trabalho de jornalistas investigativos, testemunhas oculares das histórias e pesquisadores desses eventos.

Aqui, nosso objetivo é ajudar a desmontar mitos e superstições sobre fatos e figuras em destaque na mídia global trazendo-os à luz do debate público.

Na era da informação total, vivemos sob a ditadura das versões e pontos de vista oficiais, a qual nos dá uma visão cômoda e nem sempre verdadeira do nosso tempo.

É preciso, pois, realizar um esforço radical: encontrar e publicar os testemunhos desses insiders, pois a cura de muitos males demanda apenas a luz do Sol.

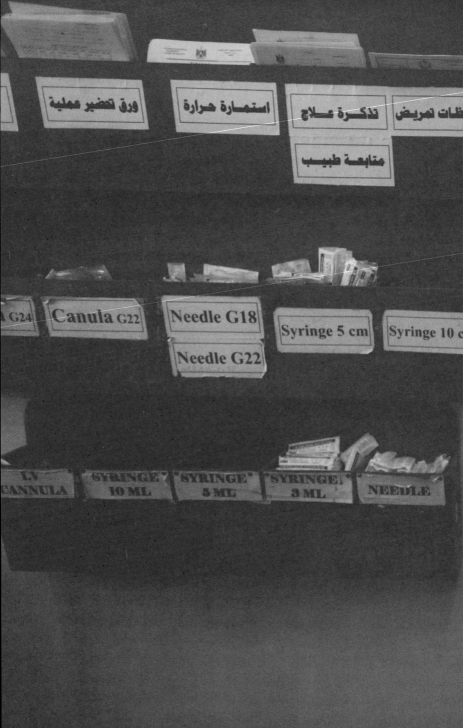

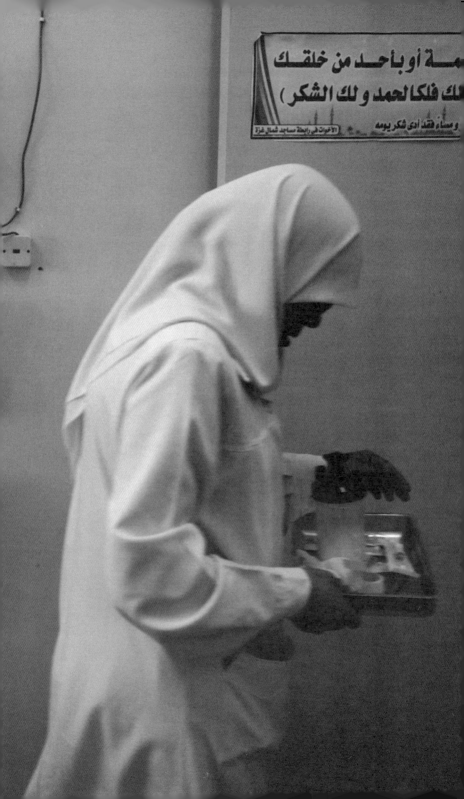

Como disse Shakespeare, com uma pequena modificação da palavra "judeu" para "árabe" e "cristão" para "judeu": "Eu sou árabe. Um árabe não possui olhos? Não possui mãos, órgãos, dimensões, sentidos, afetos, paixões? Não se alimenta com a mesma comida, fere-se com as mesmas armas, está sujeito às mesmas doenças, cura-se das mesmas maneiras, aquece-se e refresca-se com os mesmos inverno e verão, como os judeus? Se você nos esfaqueia, não sangramos? Se você nos faz cócegas, não rimos? Se você nos envenena, não morremos? E se você nos desonram, não nos vingaremos? Se somos semelhantes em tudo, somos nisso também".

— Mohammed Omer, 15 de julho

PREFÁCIO À EDIÇÃO BRASILEIRA: COMO CONSTRUIR PONTES AO INVÉS DE MUROS?

"Aqueles que mais sofrem com o cerco são pessoas comuns, não grupos políticos. Se o objetivo do resto do mundo for mesmo que essas pessoas enxerguem além do Hamas, é necessário que se dê a elas opções para o futuro"

Desde que eu escrevi esse livro, em 2014, Israel realizou muito mais ataques na Faixa de Gaza sitiada, onde vivo com minha esposa e meu filho pequeno.

Recordo-me de estar na Holanda quando Barack Obama venceu as eleições presidenciais dos Estados Unidos pela primeira vez. Assim como milhões de pessoas ao redor mundo, eu comemorei muito, acreditando que uma brisa nova e fresca sopraria entre os estreitos corredores da política norte-americana. Eu ousei em alimentar a esperança que esse homem poderia ser aquele que aliviaria as dores e injustiças causadas em tantos povos, incluindo o meu na Palestina, que há tanto tempo vem sendo perseguido, expulso de suas terras ancestrais e privado da dignidade humana.

Entretanto, infelizmente eu talvez tenha sido crédulo demais. Quanto mais eu olho ao meu redor, na Gaza de hoje, e cada vez mais enxergo as consequências da crueldade israelense – derramamento de sangue, dor, tristeza, destruição – as palavras *"Yes, we can"*, se esvaem pelo ar junto com a poeira, carregadas para longe pelos ventos do desespero.

Tal desespero, que tem pairado sobre nossas cabeças pelos últimos 10 anos, é resultado da política de punição coletiva severa que Israel aplica em 1,9 milhão de pessoas que lutam para sobreviver na Faixa Gaza. Metade delas são crianças, muitos são bebês ainda de colo, como o meu.

Cada vez mais, Israel nos confina e nos pune por nossa luta pela sobrevivência, enquanto utilizamos de qualquer meio, ainda que escasso, para alcançarmos nossa liberdade e nossa dignidade. Qual é o laço que une a cruel e contínua opressão de Israel ao poder político dos EUA? Como os norte-americanos podem justificar seu incondicional patrocínio a escalada de dores infligidas por Israel a tantos inocentes? Qual é a satisfação e recompensa que Israel obtém ao penalizar todo aspecto humano da vida de quase dois milhões de pessoas em Gaza, que não querem nada além de sua liberdade novamente?

Três guerras recentes devastaram as casas de muitas famílias, agora desabrigadas, que ainda aguardam uma proteção a curto e longo prazo contra a crueldade. Hoje, dois anos depois da última guerra, eu me encontrei com Ahmed Al Kafarneh, um idoso de muita dignidade, que vive com a esposa, o filho, a nora e três netos. Antes dos 51 dias de conflito em 2014, Ahmed, assim como cem mil outros palestinos e palestinas, construíram um lindo lar após trabalhar 20 anos em Israel – uma tarefa nada fácil. Agora que ele perdeu tudo, vive com toda sua família dentro de um contêiner enferrujado.

Onde estão os nossos direitos – não apenas como palestinos, mas como seres humanos – de existir em segurança, livres da opressão e dos ataques pesados e desproporcionais das forças armadas israelenses? Em Gaza, nossa geração mais jovem conhece apenas a guerra, o deslocamento, a perda, o trauma e a dor. Na esteira do *"Yes, we can"*, enfrentam ainda mais obstáculos com o desemprego em massa, a repressão e o isolamento causado pelo bloqueio econômico de Israel (e sancionado pelos EUA), negando a um povo inteiro o direito de movimentar-se livremente e ter uma vida normal.

Estamos aprisionados por detrás de muros, cercados como gados, espionados por drones, observados pelas miras telescópicas dos snipers israelenses e obrigados a viver uma "dieta" distribuída por aqueles que nos invadiram e nos roubaram. Isso não é extremismo? Isso não parece ser a forma de escravidão?

Recentemente, eu me encontrei com 13 bravos e dedicados médicos norte-americanos que vieram ajudar nos hospitais locais

– uma rara ocasião onde doutores vindo dos EUA podem ficar frente a frente com nossos corajosos médicos palestinos, todos colegas do Juramento de Hipócrates. Ao ouvir as vozes norte-americanas, uma jovem palestina de 24 anos, estudante de artes, lhes perguntou: "Os americanos gostam de nós? Obama gosta de nós?"

Gaza é menor que São Bernardo do Campo, município do Estado de São Paulo. Nós estamos sitiados por muros e arames farpados, uma situação em que jamais estivemos anteriormente e onde não queremos estar amanhã. Nossas fronteiras ao sul estão cerceadas pelo Egito, onde fecharam a Passagem de Rafah. A oeste, nossas praias – frequentadas por crianças, famílias e pescadores – são patrulhadas e ameaçadas pelos navios de guerra israelense. Eles autorizam que nossos barcos pescadores naveguem até 6 milhas náuticas, ao invés das tradicionais 20 milhas.

Em um período de apenas 12 meses, em 2015, 73 pescadores palestinos foram alvejados e presos. 55% da população em Gaza sofre de depressão clínica; 43% está desempregada; 40% vive abaixo da linha da pobreza; e 60% está em condição de insegurança alimentar. Nos permitem apenas poucas horas de eletricidade durante o dia. Chegamos a passar de 12 a 18 horas sem energia em um lugar onde a temperatura atinge os 40 graus Celsius. A mesma escassez é aplicada na distribuição de água, no gás de cozinha e outros serviços essenciais básicos. Nós temos de aguardar que as reservas de gás (quase 500 mil cilindros) sejam enchidas antes de podermos cozinhar ou ferver a água para limpeza e o consumo – sendo que o acesso à água é um direito humano.

Tudo isso se torna ainda mais trágico se considerarmos que Gaza poderia ser o vizinho perfeito para Israel, vivendo uma relação pacífica e harmoniosa, compartilhando mutuamente de benefícios econômicos e comerciais. Nós temos muitos trabalhadores habilidosos e uma jovem geração com boa educação formal. A Palestina sempre foi progressista. A única coisa que precisamos é de uma chance para crescermos, nos desenvolvermos e, com dignidade e igualdade, contribuirmos com o mundo.

Nós queremos construir pontes de entendimento ao invés de levantar muralhas de intolerância e ódio. Não queremos que Israel teste suas novas armas *high-tech* nas crianças de Gaza. Mísseis fabricados nos EUA foram usados para atacar as escolas da ONU transformadas em abrigo – as mesmas escolas que oferecem qualidade de educação e guiam nossas crianças para longe do extremismo religioso. Normalmente, isso seria algo a ser aplaudido, não alvejado. Eu conheço a América Latina, e o Brasil, em particular, poderia assumir uma posição de liderança nessa mudança. Isso não é algo impossível, mas necessita-se de iniciativa. A boa vontade está ali, eu pude ver nos olhos do embaixador Paulo Roberto França, durante o lançamento do meu livro na Palestina. Então, o corpo diplomático brasileiro tem a boa vontade para, pelo menos, sentar com todas as partes e compreender o que está acontecendo de verdade, e esse seria um bom ponto para as lideranças brasileiras começarem a agir.

Em Khuza, na esteira da destruição em massa que a máquina de guerra israelense causou, as crianças passam frio durante o inverno, pois a água continua a pingar em suas camas através dos tetos estilhaçados por bombas e balas. As coisas no verão tampouco são melhores, como pode-se imaginar o que é viver dentro de um contêiner de navios.

Enquanto isso, os EUA detêm a chave para persuadirem Israel e o Egito a abrirem as fronteiras e terminarem o terrível bloqueio coletivo que já dura quase 10 anos. Aqueles que mais sofrem com o cerco são pessoas comuns, não grupos políticos como o Hamas. Se o objetivo do resto do mundo for mesmo que essas pessoas enxerguem além do Hamas, é necessário que se dê a elas opções para o futuro.

As crianças e seus pais em Gaza ainda aguardam por uma solução e estão preparadas a trabalharem por ela. Nós não queremos nem precisamos do extremismo, em qualquer forma que ele se apresente. Nós queremos estabilidade, paz e a chance de viver em nossos lares sem a ameaça diária de tanques e drones. O que a geração jovem de Gaza está buscando é apenas um futuro melhor.

13 de junho de 2016

INTRODUÇÃO

"A Segunda Guerra Mundial durou 6 anos, o assalto e a limpeza étnica perpetrados pelo Terceiro Reich durou 12 anos. Nossa opressão já dura mais de 67 anos, o que torna a ocupação israelense na Palestina a mais longa da história"

Após um ano da última guerra em Gaza, eu refletia sobre meu primeiro encontro com Jalal Jundia. Foi durante o verão de 2014, quando o vi sob as ruínas da casa de sua família, em meio à poeira e aos destroços. Apesar de tentar permanecer calmo, seu rosto estava marcado pelos sinais do estresse. Como muitos outros em Gaza, ele havia perdido tudo no último ataque israelense, o mais recente de uma série de ataques que chegam, com previsível frequência, a cada três ou quatro anos. Jalal se perguntava em voz alta sobre o destino da esposa e dos seis filhos. Para onde poderiam ir, agora que sua casa fora destruída? Onde seria seguro? Eles estavam presos em Gaza, sem possibilidade de partir. Tudo o que podiam fazer era esperar que os bombardeios cessassem e rezar pelo dia em que drones não mais invadiriam os céus. Então talvez houvesse paz suficiente para sua família se reconstruir e tentar retomar algum tipo de vida normal.

Um ano depois, Jalal ainda estava desabrigado. Sua casa não foi reconstruída e sua família vive, com imensa dificuldade. Quanto a mim, tento me manter otimista – o que não é pouca coisa nesse lugar arruinado, outrora um enclave à beira-mar belo e autossuficiente. Nossa realidade é definida pela determinação de Israel em nos expulsar para sempre de nossas casas. Após o expurgo de 1947-1948 – limpeza étnica de todos os residentes não-judeus nos territórios cobiçados e não concedidos pelas Nações Unidas a Israel –, Gaza tornou-se um porto seguro para dezenas de milhares de pessoas que fugiam dos massacres conduzidos pelas gangues Irgun[1], Stern e Lehi[2]. Essas organizações, assumidamente terroristas, foram precursoras da polícia e das forças armadas de Israel, assim como de

---

1 Nota do Tradutor: Irgun (em hebraico), "organização", forma abreviada de HaIrgun HaTzva'i HaLe'umi BeEretz Yisra'el; em português "Organização Militar Nacional na Terra de Israel"). Foi criada em 1931, como resultado de uma cisão na Haganá. A Irgun diferia da Haganá, no sentido de que realizava operações de represália e atentados contra militares britânicos e, em alguns casos, até mesmo civis (como na explosão do King David Hotel). Coisa que era rejeitada pela Haganá, que era um braço ligado à central política do Yishuv e tinha preocupações apenas em se defender. O Irgun lutou principalmente para exercer pressão contra o Livro Branco britânico. Foi classificada por alguns como organização terrorista, embora o Mandato Britânico tenha banido este termo para se referir ao grupo em 1947. Após a proclamação do Estado de Israel, em 1948, a maior parte dos integrantes da Irgun se juntou à Haganá e integrou-se ao exército regular da Guerra de Independência. Alguns dos antigos membros da organização também ajudaram a formar o partido Herut ("Liberdade"), criado no fim do mesmo ano. O Herut foi a matriz do atual Likud, partido de direita israelense.

2 N. do T.: Lehi (acrônimo hebraico para Lohamei Herut Israel, em português Lutadores para a Liberdade de Israel, também conhecido como Stern Gang - como chamavam as autoridades britânicas na Palestina) foi um grupo armado sionista que operava clandestinamente no Mandato Britânico da Palestina entre 1940 e 1948. Seu principal objetivo era expulsar os britânicos da Palestina para permitir a livre imigração de judeus para a região e criar um Estado judaico. O Lehi surgiu a partir de uma dissidência do Irgun, quando este se recusou a prosseguir a luta armada contra os britânicos no início da Segunda Guerra Mundial. Liderados por seu fundador Abraham Stern, o Lehi foi descrito como uma organização terrorista pelas autoridades britânicas e pelo mediador das Nações Unidas Ralph Bunche e chamado de "um grupo criminoso de terroristas" pelo Conselho de Segurança das Nações Unidas. O grupo foi responsável pelo assassinato em novembro de 1944, no Cairo, do Lord Moyne, além de realizar outros ataques contra autoridades britânicas e árabes residentes na Palestina - como o Massacre de Deir Yassin. O recém-formado governo israelense em 1948 proibiu a organização sob uma lei antiterrorismo aprovada após três dias do assassinato, em setembro daquele ano, do mediador da ONU Folke Bernadotte. Mais tarde, Israel concedeu uma anistia geral para os membros do Lehi em 14 de fevereiro de 1949. Em 1980, o grupo foi homenageado com a instituição da Fita Lehi, uma condecoração militar que antigos membros da organização têm o direito de usar.

seu serviço de segurança interno, o Shin Bet[3]. Os nossos cidadãos mais velhos – homens, mulheres e crianças que escaparam das milícias sionistas – ainda guardam as chaves das casas que tiveram de abandonar. Essas chaves estão cheias de esperança e determinação. Um dia creem poder retornar a seus lares.

Na esteira desse último ataque, a maioria das crianças de Gaza permanece traumatizada. Continuamos a viver num estado de sítio que limita o que podemos comprar, importar ou exportar. Não podemos sair daqui e é muito difícil conseguir receber visitas. Ouvimos, de maneira resignada, ativistas de direitos humanos exaltarem o fato de que nós, palestinos, "podemos aguentar a agressão" – pelo simples fato de estarmos conseguindo sobreviver por tanto tempo. Isso pode até ser verdade, mas também nos faz perguntar: por que devemos ser obrigados a seguir suportando esta miséria? A Segunda Guerra Mundial durou seis anos, o assalto e a limpeza étnica perpetrados pelo Terceiro Reich[4] àqueles que julgava indesejáveis durou doze anos. Nossa opressão já dura mais de 67 anos, o que torna a ocupação israelense na Palestina a mais longa da História.

A todo minuto, todos os dias, vivemos uma realidade distorcida, uma catástrofe criada por homens, desenhada para proteger e conservar uma manifestação peculiar e evidente de racismo, que garante privilégios e direito à vida com base apenas em religião e origem racial/étnica – e então nega que tal realidade exista. Seu propósito é tornar insuportável a vida daqueles que pertencem a religião e etnia diferentes. Seu objetivo é nos forçar a abandonar

---

3 N. do T.: Sherut haBitachon Haklali (em português "Serviço de Segurança Geral", conhecido pela sigla Shabak; oficialmente, Agência de Segurança de Israel (ASI) e comumente referida como Shin Bet) é o serviço de segurança interna de Israel. Seu lema é "Magen Velo Yeraè" (literalmente, "defender sem ser visto", ou melhor, "o escudo invisível"). É uma das três principais organizações da comunidade de inteligência de Israel, ao lado da Aman (inteligência militar da FDI) e do Mossad (responsável pelo trabalho de inteligência no exterior).

4 Nota do Editor: Terceiro Reich ou Alemanha Nazista são nomes comuns para classificar a Alemanha durante o período entre os anos de 1933 e 1945, quando o seu governo era controlado por Adolf Hitler e pelo Partido Nacional Socialista dos Trabalhadores Alemães (NSDAP), mais conhecido como Partido Nazista.

"voluntariamente" nosso país, nossos negócios, nossas famílias, nossas casas, nossos ancestrais e nossa cultura. Os instrumentos usados nessa perseguição são sistêmicos e contaminam todos os aspectos de nossas vidas. Vão desde impedir que possamos reconstruir nossas casas até a agressão militar, assassinatos, encarceramento e fome causada pelo bloqueio israelense, além de uma variedade de punições que desumanizam e nos privam de direitos. E além de tudo colocam obstáculos à nossa mobilidade, erguendo muros e *checkpoints*[5] em nome da "segurança".

E mesmo assim, apesar de tudo, ainda estamos aqui. É verdade: em Gaza, encontramos maneiras de sobreviver. Nossas mulheres transformam em vasos para flores as cápsulas das bombas de tanque usadas para destruir nossas casas. Estudantes retornam às escolas bombardeadas determinados a completar sua educação. Livros destruídos são colados e reconstituídos, gambiarras levam nossas canetas de volta ao trabalho. À noite, frequentemente, estudamos à luz de velas. Os constantes cortes de gás, água e eletricidade são outra parte da vida cotidiana na Faixa. E assim seguimos em frente, concentrando-nos no básico e sobrevivendo como dá, com orgulhosa determinação. Somos humanos, com sonhos e pesadelos, igualmente fortes e vulneráveis. Temos orgulho de nossa autossuficiência, e humildemente agradecemos a Deus pela ajuda que recebemos, enquanto rezamos e ansiamos por justiça.

Essa justiça ainda não chegou. Cada vez que Jundia me vê, ele pergunta quando o Ocidente, com seus discursos sobre democracia e direitos humanos, vai agir de acordo com tais ideais. Eles não ouvem falar sobre os ataques de Israel em Gaza? Seus olhos procuram os meus com esperança. Ele sabe que já tive oportunidade de viajar para o exterior e converso regularmente com pessoas influentes no Ocidente. Geralmente sou incapaz de corresponder ao seu olhar. Estou ciente de que as potências ocidentais pouco se importam com o sofrimento humano quando ele acontece em Gaza. Aqui, sentimos frequentemente como se nós, os 1,8 milhão de habitantes da Faixa, não exis-

---

5 N. do T.: Postos de controle instalados pela Forças de Defesa Israelense

tíssemos. Não posso contar essa verdade perturbadora para Jundia. Em vez disso, reforço sua esperança, assegurando-lhe que continuarei a compartilhar sua história com o mundo. Prometo que sua voz não ficará sem ser ouvida.

Assim como Jundia, sou um residente de Gaza. Sofro com os pequenos ataques diários e também com as grandes ofensivas que vêm acontecendo ao longo dos anos. Essa tem sido minha experiência de vida: primeiro como criança, depois como rapaz, hoje como pai e marido. Nasci alguns anos antes da Primeira Intifada[6]. Desde então, quatro gerações já viveram sob ocupação. A maioria de nós, em Gaza, não conhece nada além disso. Já estamos há um ano do último grande ataque. Por 51 dias, no último verão, suportamos uma devastação indescritível. A cada novo ataque, emergíamos mais espremidos uns juntos aos outros, mais resilientes e mais determinados. Estamos unidos por essa vontade de sobreviver e reconstruir nossas vidas. Existe uma esperança de que o ataque do último verão tenha talvez sido o derradeiro e que o povo de Gaza não será nunca mais forçado a submeter-se a tamanho sofrimento. Existe esperança, mas não muita fé.

Esse livro joga luz em vários aspectos da guerra, baseando-se em muitos dos artigos que escrevi sobre a ocupação israelense. As redes sociais fizeram diferença nesse último ataque. A censura – seja a imposta aos próprios jornalistas ou aquela adotada como política pelas corporações midiáticas – é o que prevalece quando se trata do Estado de Israel. Mas o que era antes tido como informação agora é questionado. Por causa das redes sociais, tornou-se impossível ignorar a absoluta brutalidade dos ataques. A mídia tradicional sentiu-se obrigada a enviar seus repórteres. Foi um

---

6 N. do T.: Foi uma manifestação da população palestina contra a ocupação israelense, iniciada em 9 de dezembro de 1987, em Jabaliyah, no extremo norte da Faixa de Gaza, após um caminhão israelense se chocar contra um veículo transportando trabalhadores palestinos do campo de refugiados de Jabaliyah, matando quatro e ferindo dez pessoas, que foi vista como uma retaliação à morte de um judeu em Gaza alguns dias antes. A palavra Intifada tem, como um de seus significados, o despertar abrupto de um sonho. Desde então, a palavra carrega o simbolismo de levante palestino contra a ocupação de Israel.

avanço, apesar dos meios de comunicação europeus e norte-americanos continuarem a distorcer a história. Vozes humanas, como a de Jundia, raramente são levadas ao ar. Já os argumentos usados pela Força Eletrônica Hasbara[7], rede mundial de voluntários que representam as posições oficiais do governo israelense nas redes sociais, são repetidos à exaustão. Estes incluíam "o direito de Israel a existir como um Estado somente judeu" e "o direito de se defender" por meio de ataques preventivos – o que é um paradoxo total.

A preservação de Israel é quase sempre prioridade na cobertura da mídia. Escutamos falar sobre a necessidade de garantir a segurança dos colonos israelenses, a segurança dos trabalhadores israelenses, a segurança dos estudantes israelenses, a segurança dos militares israelenses, a segurança da polícia israelense e a segurança dos diplomatas israelenses – mas ninguém nunca fala sobre a segurança de milhões de palestinos que vivem sob constante ataque ou que foram expulsos de seus antigos lares e terras ancestrais, cultivadas e bem cuidadas por mais de mil anos, antes da criação do Estado israelense em 1948. Essa ausência de reconhecimento – ou ignorância seletiva – alimenta e reforça a opressão a que milhões de palestinos estão submetidos.

Só muito poucos na mídia tradicional falam, às vezes, sobre o direito de defesa – ou, simplesmente, de existência – das pessoas em Gaza. Afinal, não somos nós que temos marinha, força aérea, exército e armas nucleares. Não fomos nós que instalamos os *checkpoints*. Não passamos trator sobre as casas israelenses, não usurpamos seus negócios nem prendemos seu povo – crianças, inclusive. Não construímos muros em volta de suas cidades, não destruímos suas colheitas e nem retemos a renda de seus impostos. Não determinamos a quantidade mínima de calorias necessárias para sobreviver e depois forçamos essa dieta, proibindo a entrada de produtos nos *checkpoints*.

---

7 N. do T.: Formada por voluntários israelenses, judeus no exterior ou por pessoas simpáticas às políticas de Israel, essa unidade tem como objetivo vencer a "batalha de informações", servindo como uma espécie de relações públicas das Forças de Defesa Israelense, principalmente nas redes sociais, contrargumentando qualquer crítica às ações militares israelenses na Palestina ocupada.

Não impedimos que os israelenses saiam de Israel sempre que queiram, nem os impedimos de ir à escola. Não cortamos sua eletricidade, não bombardeamos suas instalações de tratamento de água e não inundamos suas ruas com esgoto. Não impedimos que remédios cheguem a seus hospitais, não atiramos em seus pescadores se ultrapassam uma fronteira artificial, nem deixamos pessoas morrerem em *checkpoints* aguardando licença para atendimento médico. E certamente não impedimos maridos e esposas israelenses de viver juntos por estarem em partes diferentes do país. Não fazemos nenhuma dessas coisas, é Israel quem faz isso conosco. Vem fazendo há décadas, incluindo ataques militares a cada três ou cinco anos.

Claro que a narrativa palestina não é apresentada na mídia e, quando isso acontece, é geralmente como adendo ao direito israelense de se defender. Essa pequena nação gasta somas enormes de dinheiro em propaganda. A Autoridade Palestina tentou, por muito tempo, reconciliar-se com o Hamas. Por fazer isso, foi ameaçada por Israel e pelos Estados Unidos (EUA) com a retenção dos impostos arrecadados pelo invasor, que os coleta em seu nome. Na maior parte do tempo, a Autoridade está à beira da falência, mal tem dinheiro para pagar o salário de seus funcionários, quanto mais para bater de frente com a custosa barreira midiática montada pelos israelenses. Ao não contar toda a história, é fácil para grande parte da mídia desumanizar os palestinos, e assim controlar a narrativa em favor do opressor em detrimento do oprimido.

Somos um povo ocupado. Estamos oficialmente ocupados desde 6 de junho de 1967 e sofremos uma limpeza étnica desde 30 de novembro de 1947. A terra apropriada pelas Nações Unidas para criar Israel, em 29 de novembro de 1947, representa um terço do que esse novo país tomou pela força nos seis meses anteriores ao seu estabelecimento, assim como nos meses seguintes. A terra foi conquistada pela força militar em 1967. Essa usurpação territorial, a ocupação, está na raiz do conflito. A questão não é e nunca foi sobre religião. A religião é usada simplesmente como meio de segregação, ao ser identificada com etnicidade. Essa ocupação não é sobre história bíblica ou qualquer outra das desculpas utilizadas para justificá-la. Ela é sobre água: nascentes, rios e aquíferos. É sobre quem controla os recursos naturais e prospera com eles – das terras aráveis às reservas de gás natural existentes no subsolo da Cisjordânia e nas águas profundas do litoral da Faixa de Gaza. E é sobre poder político e econômico: sobre quem possui maior força financeira e militar no Oriente Médio. É isso. O resto é falsificação.

O fato é que por mais de 1.400 anos adeptos das três fés – cristãos, muçulmanos e judeus – coexistiram na Terra Santa em relativa paz e harmonia. Conflitos surgiam ocasionalmente, mas eram criados, na sua maioria, por invasores, fossem eles os cruzados da Europa medieval, os otomanos, os romanos ou os sionistas de hoje. Deixados em paz, nós, os diferentes grupos da Palestina, convivíamos muito bem uns com os outros. E, como prova a história, até mesmo nos gostávamos.

As mídias sociais estão alterando a narrativa do conflito israel-palestino: de um idealismo unilateral e superficial a uma verdade multifacetada e baseada em fatos. A narrativa está, aos poucos, mudando de fantasia para realidade – espero que este livro também ajude a atingir esse fim.

Escrevi este livro como uma maneira de preservar e contar histórias que precisam ser contadas. Algumas são positivas, como o nascimento de 4.500 bebês em Gaza durante o último ataque. Outras são mais pungentes, como a história do jovem Ahmed, um garoto que não sobreviveu ao bombardeio israelense. Ele é lembrado pelas palavras e pela memória de sua irmã, Narjes al-Qayed. Procurei também honrar o firme espírito de solidariedade entre cristãos e muçulmanos em Gaza. Os padres e imames[8] abriram suas igrejas e mesquitas para todos, independentemente da fé. As pessoas se esquecem, mas há palestinos de todas as religiões, inclusive judeus. A Palestina existe há mais de 3 mil anos. Ela consta nos registros da Roma Antiga, nas escrituras dos escribas hebreus, nos mapas histó-

---

8 N. do T.: Traduzido como "Aquele que Guia", o Imame é o pregador e um dos principais líderes da religião islâmica. Também pode ser chamado de "Imã"..

ricos da Europa e da Ásia. Está escrita em lápides de soldados britânicos na Cidade Antiga de Jerusalém, antes de 1948. Ser palestino significa simplesmente ter nascido na região da Palestina, o que inclui atualmente partes do Líbano, do Iraque, da Jordânia, de Israel, do Egito e dos Territórios Ocupados. Nosso povo não é palestino. Nosso povo é árabe, apesar de muitos de nós compartilharmos origens caucasianas, asiáticas e/ou africanas. Nossas religiões, que não são raças, incluem muçulmanos, judeus, drusos e cristãos, mas não se limitam a elas.

Em Gaza, cristãos e muçulmanos vivem e sofrem juntos. Palestinos de ambas as fés testemunharam suas escolas e templos de oração serem bombardeados pelos militares israelenses. Palestinos de ambas as fés foram presos, humilhados, separados de suas famílias, passaram fome, foram proibidos de fugir e morreram nas mãos de militares israelenses e dos zelosos colonos na Cisjordânia. E palestinos de ambas as fés permanecem unidos por um espírito comum de humanidade, apesar da narrativa israelense e da desumanização sistêmica.

Estes fatos devem ser lembrados, pois uma das primeiras táticas usadas para prolongar a ocupação é criar divisões onde elas não existem. Essas supostas divisões encontram-se frequentemente no âmago do apoio à "solução de dois Estados" pelos governos ocidentais. Dois Estados. Um Estado. Nenhuma dessas "soluções" é realmente uma questão no Oriente Médio e certamente também não é na Palestina ou em Israel. O argumento é mais uma camada de verniz aplicada ao assunto, com o objetivo de passar a impressão de que algo está sendo feito para pôr fim à ocupação. Mas a ocupação vai acabar somente quando custar mais caro do que o seu valor para Israel em termos de capital político e econômico. Fazer com que Israel pague esse preço é o propósito do movimento Boicote, Desinvestimento e Sanções (BDS)[9], e sua beleza reside

---

9 N. do T.: *Boycott, Divestment and Sanctions* é uma campanha global que encoraja o boicote econômico, político, acadêmico e até cultural ao estado de Israel, até que se encerre a ocupação dos territórios palestinos. Tem como modelo a campanha de boicote à África do Sul, por conta da sua política racista nos anos do Apartheid.

na escolha de um caminho legal, por meio de argumentos e não de armas ou mortes. É totalmente não-violento e bem efetivo, como se demonstrou na África do Sul.

Pessoalmente, gostaria de ver um Estado único, onde igualdade e tolerância sejam o caminho exclusivo à frente de israelenses e palestinos. Em 2 de abril de 2015, o grupo *Pew Research* publicou o relatório "O Futuro das Religiões no Mundo: Projeções do Crescimento Populacional 2010-2050". O estudo afirma que, até o ano de 2050, quase 80% da população judaica mundial estará concentrada em apenas dois países: Israel e EUA.

É interessante notar que até hoje, nos EUA, palestinos e israelenses, muçulmanos, judeus e cristãos trabalham juntos, vivem geralmente nos mesmos bairros, compram nas mesmas lojas e às vezes são até amigos. Cada grupo tem sua própria comunidade de fé, costumes e tradições. Cada grupo é capaz de viver com o outro, sem a presença de muros, *checkpoints*, bombas, leis de segregação e todas as outras táticas de opressão aplicadas contra o povo de Gaza e da Cisjordânia. Apenas em Israel existe o estado de guerra permanente. Isso me faz pensar que o problema não é de origem racial, religiosa ou etnia. O problema é político. Altere a política e a dinâmica será alterada.

O poder está na paz mútua. Se Israel sente-se ameaçado por seus vizinhos, precisará dos palestinos como parceiros mutuamente respeitados. Se olharmos para trás, pouco antes da Intifada de 2000, vemos uma época em que ambos viviam lado a lado em relativa paz, com palestinos trabalhando dentro de Israel, geralmente até o raiar do outro dia, e retornando depois a suas casas, em paz. Tais eram os dias em que palestinos podiam ao menos receber um salário para alimentar suas famílias; ao contrário da situação atual, em que são obrigados a contar com assistência, caridade e esmola da comunidade internacional – enquanto aos israelenses é permitido roubar terras, montar zonas cercadas, fechar fronteiras e atacar militarmente a seu bel-prazer. Essa realidade transformou 80% dos palestinos de Gaza em refugiados dependentes das agências de ajuda da Organização das Nações Unidas (ONU). Quando resoluções da ONU exigem que Israel ponha fim à ocupação e à punição coletiva, repetidamente, como exige a autodeterminação da Palestina, elas são vetadas pelos EUA e Israel aumenta ainda mais a opressão.

As leis internacionais sempre estiveram esquecidas em algum lugar, empoeiradas, quando se trata de crimes de guerra e violação de direitos humanos contra os palestinos. Até agora, todas as guerras que vi em minha vida, ainda curta, ensinaram que a reação da comunidade internacional é desesperadamente débil quando se trata de evitar a morte de civis inocentes. Considere a recusa em declarar "zona de exclusão aérea" – como foi imposto à Líbia em 2011 – para defender a Palestina do bombardeio israelense. Não vejo diferença entre defender inocentes na Líbia ou em Gaza, especialmente quando do há agências da ONU dando assistência no local.

Concluo com dois pontos positivos: a resiliência dos palestinos permanece intacta, apesar de sermos atingidos de modo duro e constante, de vivermos em desespero diário e enorme desemprego por toda a Faixa de Gaza. A geração mais jovem faz o que pode para manter suas vidas e seus direitos humanos – vão às escolas e faculdades, e continuam a valorizar a educação como base de suas futuras carreiras, mesmo que poucos sejam autorizados por Israel a sair da Faixa de Gaza para correr atrás de seus sonhos. É com essa nova geração que Israel deveria buscar a paz, ao invés de pintá-los como inimigos.

O segundo ponto positivo refere-se aos EUA. Recordo-me de minhas primeiras palestras nas universidades de Harvard e Colúmbia, assim como em diversas sinagogas por todo o território do país, quando a maioria das pessoas me escutou, mas outras tantas protestaram contra a verdade que estava sendo exposta. Essa tendência está se transformando, e existe agora uma forte conexão com os jovens judeus norte-americanos. A maré está mudando em direção à justiça e à paz igualitária. Sei que esse é um processo lento que ainda pode levar anos, mas parece certo. A mudança está chegando. E isso é uma coisa boa.

MEDO SILENCIOSO EM GAZA

"Em Gaza, as bombas israelenses tiveram como revide os foguetes rústicos feitos em casa, numa guerra aparentemente sem fim, com um só vencedor"

09/Julho

Ainda estamos no começo do mês sagrado do Ramadã[10], um período de reflexão, de se arrepender e fazer reparações, de jejum e abstinência de bebida durante as horas de luz do sol. Normalmente, os moradores de Gaza anseiam pelos chamados do muezim[11] para as orações, sinalizando a última prece antes de que se possa comer. O primeiro gosto é inevitavelmente dos goles de água e do doce das tâmaras. Mas não agora, não nesse Ramadã.

Janelas tremem violentamente, reverberando os mísseis dos caças que explodem no chão, lançando estilhaços e detritos por todos os lados. Bebês esperneiam, cachorros latem e o pandemônio se sucede. As ruas estão sem tráfego. Tudo o que se move torna-se alvo. Acima, os caças israelenses guincham cortando o ar, acompanhados pelo habitual zumbido dos drones que pairam sobre nossas cabeças.

A operação Margem Protetora, como Israel a batizou, começou logo pela manhã de segunda-feira com caças israelenses entregando a primeira leva de ataques aéreos em dez locais

---

10 N. do T.: Também chamado de "Ramadão", ele é o 9º mês do calendário islâmico – do tipo lunar – e coincide com a época mais quente do ano. Nesta época, o povo muçulmano coloca em prática um ritual de jejum, fazendo com que nesse período a fé passe por um processo de renovação, a caridade seja praticada com mais intensidade e os valores familiares e de fraternidade tenham uma vivência mais profunda.

11 N. do T.: É a pessoa postada nos miranetes das mesquitas para anunciar em voz alta o momento das cinco preces diárias. Também pode ser chamado de "Almuadem".

dentro da Faixa de Gaza. A tensão permaneceu alta, seguida pelos confrontos entre a polícia israelense e manifestantes em Jerusalém, Jerusalém Oriental e cidades árabes, por todo o norte de Israel. Desde que comecei a escrever esse texto, o Aeroporto Internacional de Gaza, construído 14 anos atrás com o apoio financeiro de doadores, já foi alvejado seis vezes.

Em Gaza, as bombas israelenses tiveram como revide os foguetes rústicos feitos em casa e lançados contra Israel pela resistência, numa guerra aparentemente sem fim, com um só vencedor.

Em meio ao fogo cruzado encontram-se os civis, em Gaza e no sul de Israel.

Drones, mísseis, tanques, helicópteros, soldados e incursões noturnas são praticamente semanais na Faixa de Gaza. Aumentam as chamadas para retaliação, dentro e fora de Gaza. É provável que testemunhemos mais violência nos próximos dias.

Economicamente, Gaza já está sofrendo. As condições de vida se deterioraram, pois, quase 50 mil funcionários da antiga autoridade *de facto,* o Hamas, não recebem salários há meses. Até mesmo coisas básicas, como água e comida, não podem ser compradas sem salário. A falta de dinheiro para os funcionários prejudica toda a economia – lojas, agricultores, fornecedores, prestadores de serviços e qualquer um que necessite da renda de outros para ter sua própria renda. As autoridades estimam que mais de 250 mil pessoas estão sendo prejudicadas. Da mesma maneira, o fechamento de bancos significa que dezenas de milhares de funcionários da Autoridade Palestina não conseguem receber seu pagamento mensal. Com novos ataques aéreos e a ameaça de invasão por terra se aproximando a cada dia, aqueles que ainda possuem algum dinheiro estão estocando tudo o que encontram nos mercados: de leite em pó a lentilhas e macarrão, tudo está sendo comprado com pressa, mas até mesmo esses produtos estão se tornando um luxo.

Wael Attia, embaixador egípcio em Ramallah, afirma que seu país está tentando mediar um cessar-fogo. Até agora, nem os militares israelenses, nem os grupos de resistência palestinos parecem estar buscando uma trégua. Abu Obaida, porta-voz das Brigadas Izz al Din al-Qassam – o braço militar do Hamas – explica: "Não podemos silenciar enquanto vemos crimes sendo cometidos em Gaza e na Cisjordânia".

O líder do Hamas, Ismail al-Ashqar, também relata rejeitar o fim das hostilidades: "A resistência não irá dar trégua e não vai parar até que os ocupantes se comprometam a: suspender a agressão, acabar com o cerco a Gaza e libertar todos os palestinos capturados numa troca de prisioneiros". Ashqar insiste que a resistência é "capaz de atingir mais além de Tel Aviv".

No Hospital Shifa encontra-se uma criança palestina chamada Kenan Hamad, que foi ferida com um fragmento de bomba. Quando perguntado sobre o que havia acontecido com ele, disse: "Meu primo me trouxe a esse hospital quando uma bomba atingiu a casa".

Sobre onde estavam sua mãe e seu pai, ele respondeu: "Eles estão em casa". Ele ainda vive com a impressão de que seus pais continuam lá, mas na verdade sua família foi enterrada hoje.

Os militares israelenses sugeriram que uma operação terrestre pode ser iminente e tropas, assim como armas, foram mobilizadas na fronteira da Faixa. Na manhã de quarta-feira, a marinha de Israel juntou-se à batalha e, do mar, começou a bombardear Gaza.

O Ministério da Saúde de Gaza anunciou que os hospitais estão com falta de remédios e que 25% dos suprimentos médicos estão em falta. O porta-voz do ministério, Dr. Ashraf al-Qidwa, implorou à comunidade internacional para que reaja frente às necessidades da população.

O ministério pediu ao Egito que abra as passagens de Rafah, permitindo que os casos de urgência médica tenham acesso a hospitais fora de Gaza. Grande parte das passagens de Rafah foi fechada nos últimos meses.

O TRAUMA DE GUERRA DAS CRIANÇAS SOBREVIVENTES

"A UNRWA relatou que a taxa de transtorno pós-traumático havia aumentado em 100%, e que 42% dos pacientes tinha menos de 9 anos"

10/julho

Umm Fadi, mãe de três garotas e um garoto, está fazendo de tudo para confortar suas crianças. Mas a filha de nove anos, Raghd, passou a noite inteira chorando, graças aos ataques israelenses que continuavam a atingir a Faixa de Gaza sitiada.

"É difícil explicar política para crianças, elas ouvem de outras crianças do bairro que Israel está bombardeando Gaza novamente, mas eu ainda não consigo explicar-lhes o porquê", disse-me Umm Fadi, que vive em Tal al-Sultan com o marido e os filhos.

Na quinta-feira, um ataque aéreo israelense matou sete civis palestinos, incluindo cinco crianças – uma das maiores matanças em um único ataque desde o início da ofensiva de três dias, afirmou o ministro da saúde palestino.

O Ministério da Saúde de Gaza estima que 32 palestinos foram mortos e mais de 230 se feriram nos ataques aéreos de Israel à Faixa de Gaza, na última ofensiva israelense. Pelo menos 64 casas palestinas foram completamente destruídas.

"Estou com medo e minhas crianças vêm se esconder no meu quarto. Como é possível não mostrar a elas que estou com medo?", pergunta-se Fadi, explicando que não sai de casa nem mesmo para as tarefas do dia a dia, por temer ser ferida ou morta.

De acordo com a ONG de defesa das crianças *Defence for Children International Palestine*, na quarta-feira pelo menos oito crianças palestinas foram assassinadas e dezenas se feriram, graças às bombas israelenses. O grupo reportou que seis crianças foram mortas em um único ataque, quando um míssil caiu sobre a casa de Odeh Ahmad Mohammad Kaware, suposto ativista do Hamas, em Khan Younis, no sul de Gaza.

"Ontem, foi destruída uma casa que não era alvo militar, e seis crianças morreram", disse Eyad Abu Eqtaish, diretor do programa de transparência da organização. "É papel da comunidade internacional fazer pressão para que Israel cumpra suas obrigações perante as Convenções de Genebra".

"Está evidente que Israel está atacando a Faixa de Gaza indiscriminadamente, e isso fica claro com o alto número de civis palestinos afetados, inclusive crianças", relatou Eqtaish.

Em declaração oficial, o primeiro-ministro israelense Benjamin Netanyahu negou as acusações de que Israel está alvejando civis palestinos. "Israel tem como alvo os terroristas do Hamas, não civis inocentes. Ao contrário, o Hamas alveja civis israelenses, e se esconde atrás de civis palestinos. O Hamas, portanto, carrega toda a responsabilidade por qualquer mal que os civis, tanto israelenses como palestinos, possam vir a sofrer".

Conforme o médico palestino Ahmed Abu Tawahinah, as crianças palestinas em Gaza sofrem de enorme estresse causado pela violência, e frequentemente necessitam de muito apoio para lidar com o transtorno pós-traumático. "Trauma é um termo que se usa no Ocidente, referindo-se a situações normais em que acontece um colapso nervoso. Esse colapso é o trauma, mas para nós, palestinos, trauma é a vida cotidiana", disse Abu Tawahinah. "O termo 'trauma', por si só, não é suficiente para descrever o que está acontecendo em Gaza. Não estou convencido de que conseguimos expressar o horror", concluiu sua análise.

Trinta e três crianças palestinas foram assassinadas durante os últimos dias, enquanto 353 crianças foram mortas e outras

860 foram feridas na operação de três semanas, entre 2008 e 2009, denominada "Operação Chumbo Fundido"[12] por Israel.

Dois meses depois de outra grande campanha, a "Operação Pilar Defensivo"[13], em novembro de 2012, a Agência de Assistência da ONU para Refugiados Palestinos (UNRWA) relatou que a taxa de transtorno pós-traumático havia aumentado em 100%, e que 42% dos pacientes tinha menos de 9 anos. A Fundo das Nações Unidas para a Infância (UNICEF) relatou também que 91% das crianças entrevistadas em Gaza tinham problemas para dormir, 85% não conseguiam se concentrar e 82% revelaram ter sentimentos de raiva e sintomas de tensão mental.

"Crianças não possuem capacidade de lidar com circunstâncias tão difíceis. Pais e familiares dão todo o apoio possível para acalmá-las e reduzir seus medos", disse Hussam Elnounou, do Programa de Saúde Mental Comunitário de Gaza, que atende24 horas por dia numa linha telefônica de apoio psicológico a palestinos.

Elnounou me contou que crianças traumatizadas geralmente desenvolvem, por causa dos bombardeios israelenses, problemas psicológicos que incluem agarrar-se aos pais, urinar na cama e ter medo de sons altos. "Gaza está sob cerco contínuo... A situação já é muito ruim política, econômica e socialmente. Essa guerra está jogando mais lenha na fogueira", concluiu.

Em Rafah, Umm Fadi disse que suas filhas começaram a urinar na cama, o que também aconteceu durante a operação militar de Israel em novembro de 2012. "Agora o trauma está vivendo conosco mais uma vez. Até mesmo o ruído de fechar a porta da geladeira pode assustar minhas filhas".

12 N. do T.: Foi uma ofensiva militar das Forças de Defesa de Israel, realizada na Faixa de Gaza, tendo seu início em 27 de dezembro de 2008 e seu fim em 18 de janeiro de 2009. Na maior parte do mundo árabe, a ação israelense leva o nome de "Massacre de Gaza". Mais de 1.500 palestinos foram mortos e pelo menos 5 mil saíram feridos. Israel contabilizou 13 mortes, 10 delas de soldados em combate.

13 N. do T.: Operação Pilar Defensivo, também conhecida como Operação Coluna de Nuvem foi uma operação de ataque à Faixa de Gaza, realizada pelas Forças de Defesa de Israel (FDI) entre 14 e 21 de novembro de 2012. O início dos combates foi marcado pelo assassinato seletivo de Ahmed Jabari, chefe do braço militar do Hamas em Gaza.

QUANDO SE ABRE UMA FRESTA DE FUGA, ELA É LENTA E SELETIVA

"O Egito abriu a passagem de Rafah, mas cruzar a fronteira é um processo lento, insatisfatório e pode ser mortal. Alguns feridos esperam dias"

10/julho

O relacionamento hostil entre Egito e Hamas torna improvável que o Egito seja um negociador do cessar-fogo, ou tenha muito a oferecer para facilitar o processo. O Egito abriu a passagem da fronteira com Rafah – fechada em diversos pontos desde que o presidente eleito do Egito, Mohamed Morsi, foi deposto –, permitindo que civis feridos saíssem de Gaza. O atual presidente, Abdel Fattah al-Sisi[14], tomou a decisão depois de um pedido da ONU.

Contudo, há restrições: a passagem está aberta apenas para os nacionais egípcios que vivem em Gaza – aqueles cujos ambos os pais são cidadãos egípcios –, palestinos feridos e suprimentos médicos, segundo autoridades egípcias e funcionários do Controle Palestino de Fronteira.

Parece que até mesmo os feridos têm tido problemas ao atravessar a fronteira: conforme Maher Abu Sabha, diretor-geral das passagens de Gaza, na quinta-feira as autoridades egípcias permitiram a passagem somente de "alguns" feridos e de três ônibus com nacionais egípcios.

---

14 N. do E.: Mais conhecido como General Sisi, é um militar e político egípcio. Desde agosto de 2012 é o chefe das Forças Armadas e o ministro da Defesa do país. Tornou-se protagonista no golpe de Estado que derrubou Mohamed Morsi, o primeiro presidente eleito democraticamente no Egito. Em maio de 2014 foi eleito o novo presidente. Ele terá um mandato de 7 anos, para depois disputar reeleição para ter seu segundo e último mandato.

No fim do dia, um grupo de dez pessoas de Gaza – feridas na noite anterior num café em frente à praia, em Khan Younis, enquanto assistiam ao jogo Holanda *versus* Argentina pela Copa do Mundo – ainda aguardavam ambulâncias para fazer a travessia. Nem todas as ambulâncias com feridos puderam atravessar, afirmou um funcionário da fronteira em Rafah, que preferiu permanecer anônimo.

Enquanto isso, o Ministério do Interior da Palestina afirma que milhares de pessoas estão registradas para viajar, mas não conseguem atravessar a fronteira, supostamente "aberta".

Um dia antes, apesar das tensas relações entre o Hamas e o Egito, o porta-voz do Ministério das Relações Exteriores egípcio, Badr Abdel Aaty, expressou a preocupação do país com a escalada da violência em Gaza.

Em declaração à imprensa, Abdel Aaty pediu que ambos os lados mostrassem mais comedimento e evitassem aumentar o nível de violência. Alertou contra complicações à situação, cujas consequências tornariam mais difícil um retorno às negociações.

Nas guerras anteriores, o Egito desempenhou papel importante na mediação das tréguas entre Israel e a resistência Palestina, uma influência que parece ter diminuído desde que al-Sisi ascendeu ao poder. Conforme uma fonte do Hamas, a mensagem de Abedel Aaty foi recebida como um "aviso de que Israel faria com que parte de Gaza sumisse do mapa".

"Essa não é a mensagem que o Hamas esperava", disse Abdel Aaty. "O Egito negociou o cessar-fogo em ocasiões anteriores – devia ter pressionado Israel para libertar todos os presos em outubro de 2012, na negociação para troca de prisioneiros".

O governo egípcio acusou o Hamas de ajudar militantes a provocar distúrbios no Sinai, o que o Hamas nega. Muitos túneis que outrora eram a principal fonte de renda para o governo *de facto* em Gaza foram destruídos.

Em 2011, o Egito recebeu o crédito pela negociação da troca de prisioneiros em que 1.027 palestinos foram libertados em troca do soldado israelense Gilad Shalit, que passou cinco anos cativo.

Durante o recente bombardeio israelense em Gaza, a passagem pela fronteira, em Rafah, quase não tem funcionários ou equipe de segurança. À noite, não é possível chegar à fronteira. Até mesmo durante o dia a passagem é um lugar de maus presságios para quem tenta atravessá-la, disse Abed Afifi, um cinegrafista que filmava o local. "Drones israelenses pairam sobre nós e tanques bombardeiam essa área continuamente", ressalta Afifi.

Centenas de pessoas de origem palestina, mas portadoras de passaportes estrangeiros, permaneceram junto ao portão de Rafah na esperança de que pudessem ser retiradas de Gaza. Elas deixaram o local quando o Egito anunciou que a fronteira estava novamente fechada. Milhares de estudantes e trabalhadores estrangeiros, com a permissão de residência quase expirada, também se encontram presos em Gaza.

Geralmente, a passagem de Rafah é aberta uma vez a cada duas semanas, permitindo que as pessoas façam o Umrah – peregrinação a Meca, na Arábia Saudita, chamada também de Hajj. Isso acontece desde que o governo saudita pressionou o Egito a não banir quem faz o Umrah.

Entre aqueles que conseguiram fazer a travessia na quinta-feira de manhã estava Mohsen Kaware, com sérios ferimentos na espinha dorsal, depois que um míssil israelense atingiu sua casa em Khan Younis – um dos primeiros ataques desde o aumento da violência. O ataque aéreo matou ao menos sete pessoas e feriu outros 20 civis.

O líder político do Hamas, Khaled Meshaal, apareceu no canal de TV *Al Jazeera* afirmando que busca a ajuda dos países árabes, principalmente das forças armadas do Egito. "Estamos aguardando que o grande exército do Egito responda", disse Meshaal. Enquanto isso, o diretor das passagens Abu Sabba disse que não havia sido informado pelo Egito se a fronteira seria novamente aberta, no dia seguinte, às milhares de pessoas que se encontram presas no enclave litorâneo.

JORNALISTAS PALESTINOS SOB ATAQUE ISRAELENSE

"A morte de Hamed Shehab num ataque aéreo, na quarta-feira, despertou medo e indignação entre os jornalistas de Gaza"

11/Julho

Com lágrimas nos olhos, o âncora do canal televisivo Al-Aqsa anunciou a morte do jornalista palestino Hamed Shehab no início de noite de quarta-feira, atingido por um ataque aéreo israelense enquanto dirigia para casa na rua Omar al-Mukhtar.

Shehab, 27 anos, estava trabalhando para a emissora local *Media 24*. Dirigia um carro que tinha as letras "TV" em adesivos vermelhos grandes, no teto do veículo, quando foi atingido por um míssil israelense. O ataque, perpetrado numa das ruas mais movimentadas da Cidade de Gaza, despertou medo e indignação entre os jornalistas que trabalham no território.

"Um ataque desses tem o propósito de nos intimidar. Israel já não tem outros alvos senão civis e jornalistas", relatou o cinegrafista Abed Afifi, que trabalha para o canal de televisão *Al Mayadeeen*, baseado em Beirute, no Líbano. Afifi afirma que Shehab era um profissional de imprensa independente e não estava filiado a nenhum partido político.

O corpo de Shehab chegou ao Hospital Shifa em pedaços, queimado e impossível de ser identificado. Seu carro Skoda, de cor prata, estava crivado de estilhaços e coberto de sangue. Outros oito palestinos foram feridos no mesmo ataque.

O número de mortos nos últimos quatro dias já está próximo de 100, até a manhã de sexta-feira, e centenas de outros foram feridos nos últimos ataques aéreos de Israel. A ONU estimou nessa quinta-feira que pelo menos 342 unidades residenciais foram destruídas, e pelo menos 2 mil palestinos estão desabrigados em consequência desses bombardeios.

Ihab al-Ghussein, do Ministério do Interior de Gaza, comentou sobre a morte de Shehab, diretamente do Hospital Shifa: "Esse crime tem o objetivo de quebrar a vontade dos jornalistas palestinos que trabalham dia e noite para mostrar a brutalidade da ocupação".

Ghussein acusou a comunidade internacional de também ser responsável. "Não há dúvida de que isso é crime, mas os jornalistas não vão parar de exercer sua missão", completou.

Enquanto isso, o governo israelense disse não ter nenhuma informação sobre o incidente; já o porta-voz do exército disse à agência de notícias Reuters que os militares estavam checando a notícia para obter maiores detalhes.

O Sindicato dos Jornalistas Palestinos condenou o assassinato de Shehab como crime contra a liberdade de imprensa. "Foi um crime deliberado, planejado para desencorajar os jornalistas palestinos que vêm revelando os crimes da ocupação e os horrores da punição coletiva contra a Faixa de Gaza", lia-se em uma declaração da instituição.

Essa não é a primeira vez que Israel, supostamente, escolheu jornalistas como alvo em Gaza. Em novembro de 2012, o exército israelense realizou quatro ataques contra a mídia baseada em Gaza, matando dois cinegrafistas, ferindo ao menos outros dez profissionais da imprensa e danificando quatro escritórios de empresas de comunicação.

À época, o porta-voz do governo de Israel, Mark Regev, justificou os bombardeios afirmando que as pessoas alvejadas não eram "jornalistas legítimos". Mas a organização internacional *Human Rights Watch* disse que os ataques aéreos israelenses violaram os códigos de guerra. "Jornalistas que exaltam o Hamas e estações de TV que aplaudem ataques contra Israel podem até ser propagandistas, mas isso não os transforma em alvos legítimos sob as leis de guerra", afirmou Sarah Leah Whitson, diretora da organização no Oriente Médio.

Mais recentemente, em 8 de julho, os Repórteres Sem Fronteiras acusaram Israel de impedir jornalistas de reportarem a respeito do surto de violência e prisões na Cisjordânia ocupada, em Jerusalém Oriental e dentro de Israel.

Mousa Rimawi, chefe do Centro Palestino para Desenvolvimento e Liberdade de Imprensa (MADA, sigla em árabe), baseado em Ramallah, afirmou que Israel tem atacado com frequências jornalistas palestinos e estrangeiros em suas grandes campanhas militares. "O propósito", disse-me Rimawi, "é silenciar a imprensa e impedir os jornalistas de cobrirem os crimes cometidos por Israel contra o povo palestino".

"Sem pressão da sociedade civil internacional, Israel continuará a atingir jornalistas, pois o país tem agido como se estivesse acima das leis internacionais", denuncia Rimawi. "Não tem havido pressão nem nada que consiga fazê-lo acabar com essa política". Mas jornalistas como Afifi, que nos últimos quatro dias conseguiu apenas algumas horas de sono, do lado de fora do necrotério do Hospital Shifa, não estão dispostos a deixar de fazer o seu trabalho.

"Esses ataques todos contra civis não devem nos impedir de trabalhar – o mundo precisa ver o que Israel está fazendo em Gaza", concluiu.

AUMENTA O NÚMERO DE CIVIS MORTOS E CRESCE O APOIO LOCAL AO HAMAS

"Quanto mais Israel ataca Gaza, mais o Hamas reconquista a popularidade entre os moradores – a despeito de serem acusados de alvejar civis"

11/Julho

Bem abaixo da terra, espalhados em esconderijos e fora de vista, grande parte da liderança do Hamas encontra-se num modo de sobrevivência familiar, dificultando o êxito dos ataques aéreos de Israel.

Todavia, na superfície, as forças israelenses continuam a atacar suas casas e famílias com caças F-16[15] – e regularmente, de acordo com moradores, erram o alvo, matando famílias inteiras que nada têm a ver com o grupo.

Ainda assim, apesar da destruição e do número crescente de civis mortos em Gaza, havia uma sensação generalizada nesta sexta-feira de que quanto mais Israel esmaga a Faixa, mais popular o Hamas se torna – uma reviravolta para a organização, que viu sua popularidade entrar em declínio no decorrer dos sete anos em que governa Gaza.

"Antes, costumávamos jogar sobre o Hamas a responsabilidade do cerco que estamos sofrendo, por causa de suas políticas à frente do governo", disse Mofeed Abu Shamala, editor-chefe do jornal local *Al Mujtama*. "Mas durante a agressão de Israel passamos a valorizar o Hamas, e sinto que eles começam a tornar-se mais populares".

Os F-16 e as bombas israelenses continuaram a atormentar a Faixa de Gaza, matando 105 palestinos, ferindo pelo menos

---

15 N. do T.: É um caça a jato desenvolvido pela empresa General Dynamics para a Força Aérea norte-americana. Depois dos EUA, Israel é o maior comprador do F-16.

750 e deixando 200 casas em ruínas – transformando milhares de homens, mulheres e crianças em desabrigados, com seus bens destruídos e as vidas em pedaços.

As autoridades israelenses afirmam que realizaram 1.100 ataques aéreos – o que significa um ataque a cada 4,5 minutos – desde o início da mais recente ofensiva israelense. Enquanto isso, uma média de 460 foguetes e morteiros foi lançada de Gaza, como retaliação, nos últimos quatro dias, sendo que dezenas deles acabaram sendo interceptados pelo sistema de defesa Domo de Ferro de Israel.

Em Gaza, os moradores estão apreensivos com uma potencial invasão por terra, opção que os líderes israelenses assumem estar considerando, com a convocação de 33 mil reservistas como medida preparatória. Há dias tanques israelenses vêm se concentrando junto à fronteira, ao longo de toda a cerca eletrificada de segregação que separa Israel e Gaza.

Civis na mira

Na sexta-feira, a maioria da população de Gaza manifestou-se chocada com a intensidade dos bombardeios de Israel e a constância dos ataques lançados contra casas de família. Para eles, as forças israelenses estão alvejando civis deliberadamente. Quando se contabilizavam 94 mortos, o Escritório de Coordenação para Assuntos Humanitários da ONU afirmou que 77% dos mortos em Gaza eram civis – incluindo 11 mulheres e 21 crianças.

Na madrugada de sexta-feira, o médico palestino Anas Abuelkas foi morto ao ter sua casa atingida, por volta das 3h30 da manhã, por três mísseis disparados de um F-16 israelense. Ele dormia quando teve o corpo estraçalhado e espalhado em pequenos pedaços pelo apartamento.

O assassinato do médico indignou os moradores da área de Tal el-Hawa, onde ele morava. Vizinhos disseram que ele não era afiliado a nenhum partido político e que se tratava de um profissional sério e dedicado. Seu apartamento localizava-se próximo à Farha, uma associação que fornece empréstimos a jovens casais em dificuldades financeiras.

Mahmoud Al Najjar, morador de Khan Younis, afirma ter ficado em estado de choque enquanto ele e outras pessoas recolhiam os restos de oito membros da família Al Hajj, assassinada em um ataque aéreo que também levou a vida de vários vizinhos. "Como podem os israelenses dizer que não estão alvejando civis?", questionou Al Najjar. "Se a intenção de Israel é deter os ataques do Hamas, por que atacam pessoas enquanto dormem em suas casas?"

"Isso me assombra"

Sharif Mustafa, um servidor civil de 36 anos e pai de três crianças, diz que a família Ghannam, seus vizinhos em Rafah, era, sem dúvida, o alvo errado. As forças israelenses por certo intencionavam atingir a casa de Jihad Ghannam, membro da Jihad Islâmica, mas em vez disso atingiram a casa de seus primos enquanto dormiam. "[Eles eram] uma família bem pobre e pacífica, que não interferia na vida dos outros", disse. "Mas os israelenses se importam realmente com quem é alvejado e morto?", refletiu em voz alta.

Todo o bairro de Yebna, uma das áreas em Rafah mais duramente atingidas essa semana, ficou chocado com o dano causado à casa da família Ghannam. Uma equipe de resgate improvisada, composta por moradores próximos, procurou os corpos de seus vizinhos pela casa de quatro cômodos, reduzida agora a uma pilha de pedras.

Enquanto o corpo queimado de Kifah Shihada Dib Ghannam, uma jovem de 20 anos, era retirado dos escombros, atrás de Mustafa os vizinhos choravam ao ver a jovem mãe com quem eles haviam rezado na noite anterior. O cadáver de Ghalia Ghannam, de 7 anos, também foi encontrado junto aos destroços. "Jamais poderia imaginar que meus filhos estariam entre aquelas crianças", disse Mustafa. "Esta é uma das minhas crianças, isso me assombra".

Uma idosa não identificada, também morta no ataque, foi a mais atingida. Seu corpo foi conduzido ao hospital completamente queimado, levando um grupo local de direitos humanos a exigir uma investigação sobre o tipo de armas que Israel está utilizando.

Durante a Operação Chumbo Fundido, médicos internacionais notaram sinais incomuns nos corpos de vítimas, atribuídos ao uso por Israel de DIME (Explosivo de Metal Inerte Denso) experimental, composto de fósforo branco e armas com dardos.

"As bombas possuem materiais químicos e venenosos, e é vital que grupos internacionais venham para cá e examinem as evidências", disse Mohammed Al Jamal, da rede de Defensores dos Direitos Humanos Palestinos. Para Al Jamal, uma grande diferença entre a ofensiva atual de Israel contra Gaza e as outras, em 2008 e 2012, é o horário noturno dos bombardeios – que ele afirma ter a intenção de maximizar o número de mortos e feridos.

Diversos residentes de Gaza me relataram que os ataques aéreos dessa semana pareceram aumentar em frequência durante o *iftar*[16], a refeição noturna que quebra o jejum no período do Ramadã. Com os cortes de eletricidade em boa parte de Gaza, após as 10h da noite, isso significa que os piores ataques de Israel ocorrem quando a população está imersa na escuridão. "Alvejar civis é um crime de guerra, e todos os signatários das Convenções de Genebra deveriam tomar providências imediatamente", lembrou Al Jamal.

Conversas sobre o cessar-fogo

O presidente dos EUA, Barack Obama, e o primeiro-ministro de Israel, Benjamin Netanyahu, conversaram ao telefone pela primeira vez desde o início da ofensiva. Obama se ofereceu para facilitar as negociações por um cessar-fogo entre Israel e Hamas.

Se os EUA terão contato direto com o Hamas, ainda não se sabe. De acordo com analistas, Qatar e Turquia são os países

---

16 N. do T.: Durante o Ramadã, ela é a primeira refeição ingerida após o pôr-do-sol quebrando o jejum do dia no mês sagrado. Tradicionalmente, o Iftar é feito de forma comunitária.

mais prováveis para fazer a mediação. O Hamas acusa Israel de renegar os termos do cessar-fogo de 2012, negociado pelo ex-presidente egípcio Mohamed Morsi.

Falando pela primeira vez desde o início da ofensiva, o líder político sênior do Hamas, Mahmoud Zahar, disse que eles não temem as ameaças de Israel e que as agressões irão fracassar, em declaração gravada e reproduzida pelo *Al-Aqsa*, a emissora de TV por satélite do Hamas.

Zahar alude ao fato de que Israel terá de fazer concessões em razão da quebra do acordo de cessar-fogo: "Israel começou a guerra e nós é que iremos preparar o documento que Israel terá de assinar", disse Zahar.

Apesar de um comunicado da Casa Branca ter expressado preocupação quanto à escalada dos ataques, muitos em Gaza consideram a posição dos EUA tendenciosa e estarão observando, atentos, se eles estão mesmo levando a sério a negociação pelo fim à violência na Faixa de Gaza sitiada.

COMO ISRAEL ALAVANCA A INFLAÇÃO EM GAZA

"Com os céus coalhados de drones e caças é necessário ter uma vontade de ferro para sair em campo aberto e pegar os frutos que a terra oferece logo à frente"

12/Julho

A continuidade do conflito em Gaza afeta profundamente a vida da população. A liberdade de movimento das pessoas está seriamente reduzida e as necessidades do dia a dia – água, alimentos básicos, frutas e vegetais frescos – estão ficando cada vez mais inacessíveis e caros. "A maioria das ruas de Gaza permanece vazia, e quase todas as lojas estão fechadas", alertou um relatório de emergência publicado nesta sexta-feira pelo Escritório para Assuntos Humanitários da ONU.

Osama al-Jarwsha, um rapaz franzino de 21 anos, é um dos últimos lojistas a manter suas portas abertas durante o massacre aéreo israelense. Sua loja de vegetais está localizada numa das ruas que até recentemente era um dos locais mais movimentados da Cidade de Gaza. Lá, ele atende a pelo menos 30 torres residenciais, que abrigam centenas de famílias.

Num dia normal al-Jarwsha fatura centenas de siclos[17], mas nos últimos dias sua loja tem estado deserta, apesar de ser o único estabelecimento que comercializa vegetais naquela rua. "Estamos em guerra, as pessoas estão com medo de sair de casa para comprar as coisas", disse-me.

Abu Fouad, um taxista de 51 anos, é um dos poucos que têm coragem de ir fazer compras na loja. Pai de seis filhos, não é possível para ele ficar simplesmente sentado em casa, com

---

17 N. do T.: Como é chamado o Novo Shekel Israelense, a moeda corrente de Israel e uma das três que é utilizada nos territórios palestinos, além da Libra Egípcia e do Dinar Jordano.

tantas bocas para alimentar. "Quero pegar tudo o que puder, lentilhas ou qualquer outra coisa que tenha sobrado, para que possamos fazer uma refeição", diz Fouad.

Ele explica que felizmente estão na época do Ramadã, pois isso significa que ele precisa pegar alimento suficiente para apenas uma refeição por dia. Se fosse outro período do ano, teria de conseguir o bastante para as três refeições usuais. "Não importa o que seja, os preços de tudo estão agora absurdos, e não consigo mais comprar os pepinos frescos, plantados a algumas centenas de metros daqui", completou ele.

Logo atrás dele existem várias casas com plantações, mas com os céus coalhados de drones e caças israelenses é necessário ter uma vontade de ferro para sair em campo aberto e pegar os frutos que a terra oferece logo à frente.

Infectando toda a cadeia

E não são só compradores e vendedores que estão sofrendo as consequências do ataque. Praticamente toda a agroindústria e a cadeia de suprimentos foram quebradas pelas contínuas hostilidades: desde os fazendeiros cujas terras e plantações estão sendo bombardeadas, os clientes que hesitam ir às compras, até as dezenas de milhares de funcionários do Hamas e da Autoridade Palestina que há meses esperam receber salários atrasados, todos estão tendo dificuldade em pagar suas contas e comprar gás e comida.

Enquanto caem os mísseis Cruise dos F-16 israelenses, os bancos continuam fechados.

Durante as ofensivas, a maioria dos bancos e instituições oficiais da Palestina não funciona, o que significa a interrupção total das atividades. Os economistas de Gaza enxergam isso como um obstáculo implantado deliberadamente para sabotar a economia e os serviços públicos de Gaza – e assim acabar com a rotina das famílias.

"A temporada do Ramadã e do *Eid*[18] já está acabando, pois, nosso mercado depende de bens sazonais que são consumidos por toda a população", afirma Maher Tabaa, um economista de Gaza e funcionário de assuntos públicos na Câmara de Comércio Palestina.

Tabaa acredita que, mesmo que as fronteiras de Israel ou do Egito sejam reabertas em breve, alimentos perecíveis como os produtos lácteos terão sua data de validade vencida ao chegar aos mercados. Outro produto vital que depende de transferências bancárias diárias é o combustível. "Se não há transferência, não há combustível", diz Tabaa. "Isso leva a uma recessão ainda maior da economia palestina".

Um empresário que negocia com mercadores israelenses e prefere permanecer anônimo disse: "Não estamos numa posição privilegiada, que possibilite encomendar mercadorias israelenses sem pagar adiantado. Sem pagamento não há suprimentos, o que significa que minha capacidade de importar produtos básicos, como o leite, está comprometida". "Os prestadores de serviços em Israel não se importam com guerras. Querem o pagamento adiantado, antes de fazer a entrega. Se o leite para nossas crianças se esgotar nos próximos dias, teremos mais do que uma crise", conclui.

Inflação descontrolada

Após dias de bombardeio, há escassez de todos os produtos em Gaza. Fazendeiros não ousam colher o que plantaram por medo dos mísseis israelenses, que estão atingindo enormes extensões de terras agricultáveis e áreas residenciais urbanas.

O ministro do Interior anunciou que o prejuízo estimado somente no setor agrícola de Gaza é de 2,5 milhões de dólares, mas o pior ainda pode estar por vir. Em 2012, quando Israel lançou uma ofensiva menor do que a atual Operação Margem Proteto-

---

18 N. do T.: Tendo como nome completo "Eid al-Fitr", esta é a celebração muçulmana que marca o final do jejum do Ramadã, acontecendo no primeiro dia do décimo mês do calendário islâmico. É tradição a realização de um grande almoço e costuma se realizar na casa de um parente mais velho. É especialmente festivo para as crianças que recebem presentes, geralmente roupas.

ra, o dano infligido à agricultura de Gaza foi de 20 milhões de dólares, segundo os Comitês de Auxílio à Agricultura Palestina.

Jarwsha diz que a escassez jogou os preços para cima em poucos dias, causando pânico na população civil – que já vinha sendo duramente impactada pelo desemprego, de 40% em fevereiro. "Até aqueles que podem arcar com mais despesas acham que tudo está mais caro", afirma ele. "Antes da guerra, sete quilos de batatas custavam 10 siclos (3 dólares); agora, por este preço, só é possível comprar cinco".

Depois dos cortes de energia, e de ser forçado a fechar sua loja por alguns dias, os produtos nas prateleiras de Jarwsha estão começando a apodrecer. Antes da crise ele havia feito um estoque, mas com poucos clientes e capacidade de refrigeração limitada – sem mencionar os cortes de energia – seus suprimentos extras estão a ponto de estragar.

Há clientes dispostos a arriscar suas vidas para fazer compra, mas alguns pedem para pendurar a conta, pois não têm como pagar. Seu caderno de anotações está agora cheio de nomes de clientes que prometem pagá-lo. Jarwsha calcula que já lhe devem dezenas de milhares e não tem certeza de quanto desse valor irá receber de volta.

Outros vendedores, contudo, estão agindo de modo diferente. O jovem Hamza al-Baba, 25, dono de um açougue em Gaza, diz que está tentando vender tudo o mais rápido possível, mesmo que muitos de seus clientes não tenham como pagar. "Vender carne, agora, até mesmo fiado, é melhor do que vê-la estragando quando as geladeiras são desligadas", diz Baba, que também tem medo de sair de casa para abrir seu açougue.

Todo lojista teme tornar-se alvo dos ataques vindos de Israel, que já mataram 120 palestinos em Gaza desde segunda-feira. Não há sinal de que os bombardeios serão reduzidos, mas Baba diz que seus problemas começaram muito antes de Israel decidir iniciar seus ataques mais recentes. "Essa recessão nos afetou. Afinal, não há muita gente comprando carne, agora. No lugar, usam tempero com sabor de galinha", afirma.

Algumas pessoas em Gaza desenvolveram o hábito de sair nos últimos momentos de luz solar, apenas uma hora antes do *iftar*, para comprar as frutas e vegetais frescos que conseguirem. Porém, com os F-16 de Israel alvejando transportes públicos e particulares, muita gente que não vive suficientemente perto para ir a pé até a loja está preferindo ficar em casa em vez de arriscar-se na rua.

Baba acredita que, com isso, a maioria das pessoas está sobrevivendo à custa de comida enlatada e em conserva. Os poucos sortudos que têm dinheiro estão economizando e usando crédito sempre que possível para caso a situação fique pior e a punição coletiva perpetrada por Israel em Gaza intensifique-se ainda mais. "Há dias piores adiante, e a população está economizando tudo o que pode para enfrentá-los", diz Baba.

JATOS DESTROEM O SISTEMA DE ESGOTO PROPOSITALMENTE

"Israel é acusado de alvejar a já frágil infraestrutura de água e saneamento básico de Gaza, e uma crise na saúde se aproxima"

13/Julho

A ofensiva de Israel sobre Gaza, que em seis dias já tirou 145 vidas – inclusive de 28 crianças – e feriu mais de mil pessoas, provocar um desastre humanitário ainda mais profundo, pois os sistemas de água e esgoto estão sendo destruídos pelos ataques aéreos.

No sábado, autoridades palestinas alegaram que os israelenses estão disparando contra poços artesianos em diferentes partes da Cidade de Gaza, deixando milhares de famílias sem acesso à água limpa e potável. Um funcionário da organização internacional Oxfam disse que 90% da água em Gaza já podia ser considerada inadequada ao consumo, desde o início do final de semana.

O sistema de saneamento básico também é alvo dos aviões israelenses, que neste sábado atingiram a estação de tratamento de esgoto na zona oeste da Cidade de Gaza. De acordo com Saed al--Din Atbash, chefe das instalações de água na municipalidade de Gaza, as áreas mais afetadas são Tal al-Hawa, Sheikh Ejleen, o campo de refugiados em Shati e a maioria dos distritos dessa região.

Atbash contou a repórteres da Cidade de Gaza que Israel está atacando poços deliberadamente. "Aviões de guerra atingiram diretamente dois poços: um próximo à área de al-Maqwsi (densamente povoada com blocos de torres residenciais) e outra em al-Zaytoun. Os dois poços eram utilizados por sete mil pessoas", disse.

Aviões de guerra israelenses alvejaram também cinco aquedutos essenciais para um grande número de habitantes de Gaza. Cada duto fornecia água para 20 mil pessoas. Cerca de outras 100 mil podem ser afetadas por esses ataques.

Os danos a esta infraestrutura vital estão prejudicando ainda mais o sistema de saúde palestino, e a Organização Mundial de Saúde (OMS) já apelou para que fossem disponibilizados 60 milhões de dólares para evitar seu colapso. A municipalidade de Gaza estima que os danos em cada um dos poços de água representem de 150 mil dólares. O custo à população civil poderá ser muito mais alto, o que força as famílias e estocar água para consumo, cara e escassa. "Os serviços estão lutando para lidar com o problema, e a falta de segurança torna difícil oferecer assistência", disse Nishatn Pandey, diretor da Oxfam em Gaza, na semana passada.

Apesar de 90% da água de Gaza já estar sendo considerada insegura para consumo, os parceiros da Oxfam tiveram de suspender seus esforços para colocar cloro no suprimento de água por causa da violência contínua. A organização internacional teme que as bombas de água e as instalações de esgoto parem de funcionar em alguns dias em razão da severa escassez de combustível.

O campo de refugiados de Shati, no norte de Gaza, está numa das áreas mais afetadas. Moradia de Ismail Haniyeh, que até o mês passado exercia o cargo de primeiro-ministro em Gaza, o campo é visto como alvo valioso e foi atingido ao menos uma vez pelos F-16 israelenses, segundo testemunhas. Atbash afirmou que reparos nos dutos de água vão requerer um período de cessar fogo, e até lá cerca de 70 mil residentes no campo de refugiados estarão privados de água.

A municipalidade de Gaza enxerga nos ataques de Israel aos sistemas de água e esgoto uma "punição coletiva" ao povo palestino. "Sob a lei internacional, disparar contra o suprimento de água de civis é considerado crime de guerra", disse Atbash. "Os caças israelenses atingiram uma estação de esgoto que armazenava 25 mil metros cúbicos de esgoto não tratado, e que recebe dejetos de quatro áreas diariamente".

Os últimos ataques estão exacerbando a situação, já crítica, do saneamento. No ano passado, o *New York Times* reportou que 13 estações de esgoto na Faixa de Gaza estavam inundadas ou próximas de inundar, e que 100 milhões de litros (3,5 milhões de pés cúbicos) de esgoto não tratado estavam indo parar no Mar Mediterrâneo, todos os dias.

Atbash pediu à comunidade internacional que pressione Israel para encerrar seus ataques às instalações de água e esgoto, afirmando que todos os civis em estado de ocupação têm o direito humano e legal de ter acesso à água limpa, saneamento e higiene.

"Estamos trabalhando sem parar para melhorar as instalações municipais de água para os cidadãos de Gaza. A ocupação israelense está deliberadamente destruindo os poços, com o objetivo de aumentar o sofrimento humano durante a quente estação do verão", disse.

Como em qualquer outro lugar, o consumo de água em Gaza aumenta no verão, mas os cortes de energia – ocasionados pelas destruições no sistema elétrico causados por Israel – fizeram com que as bombas de água usadas por famílias em Gaza fossem desligadas.

"Com frequência não temos acesso à água ou à eletricidade nos mesmos horários", disse Umm Ramzy, mãe de sete crianças, que diariamente se confronta com o fato de que os pingos ocasionais da torneira não serão suficientes para dar conta das necessidades de sua família ou dos afazeres domésticos.

A Faixa de Gaza necessita de aproximadamente 180 metros cúbicos de água por ano, enquanto a capacidade dos aquíferos locais não passa de 80 metros cúbicos no mesmo período. Para lidar com a escassez, o suprimento municipal de água é cortado em certos horários do dia e distribuído em diferentes áreas, de acordo com a densidade populacional – situação difícil de enfrentar, diz Umm Ramzy. "Quando lavo roupa preciso de água, quando cozinho preciso de água, quando estamos com sede precisamos de água, quando meus filhos usam o banheiro eles precisam de água", disse.

Um de seus filhos disse que, pelo segundo dia seguido, não há água para a descarga no vaso sanitário. Se essa situação continuar, os residentes de Gaza estarão submetidos a uma crise humanitária ainda mais grave do que é tentar sobreviver aos ataques aéreos de Israel.

Em certas áreas, caminhões estão distribuindo quantidades limitadas de água para consumo, relataram residentes do campo de refugiados de Shati. "Nunca pensamos em tomar um banho", disse me Umm Ramzy. "Isso agora é um luxo". O verão em Gaza pode ser insuportavelmente quente, um período normalmente difícil de aguentar. Com a guerra, por certo será pior do que antes".

O Banco Mundial pretende melhorar a situação com o Projeto Emergencial de Tratamento de Esgoto no Norte de Gaza, avaliada em 43 milhões de dólares, que, segundo a proposta da instituição, "almeja: (a) mitigar as ameaças imediatas à saúde, meio ambiente e segurança das comunidades próximas ao mal tratado e cada vez maior lago de esgoto na área de Beit Lahia, no norte de Gaza; e (b) contribuir à provisão de uma solução satisfatória, a longo prazo, para o tratamento de esgoto na região norte de Gaza".

Entretanto, nenhum financiamento foi ainda garantido ao projeto, e tudo se mantém inalterado em Gaza, enquanto as operações militares de Israel continuam. Parece que as coisas estão destinadas a ficar pior, antes de melhorarem.

UMA FAMÍLIA LUTA PARA MANTER A ESPERANÇA VIVA EM GAZA

"A família Zurik, como muitas outras, não dorme há dias, enquanto bombas e mísseis voam em volta de sua casa"

13/Julho

"Tenho tanto medo que esse bombardeio me acerte", diz Deena Zurik, 11 anos, que já não suporta ficar em sua cama e corre para junto da mãe e do pai.

São 4 horas da manhã aqui, no sexto dia da guerra de Israel, e Deena Zurik deveria estar dormindo. Mas caças israelenses F-16 acabaram de bombardear o quartel-general da polícia com sete mísseis, seguidos de outros quatro disparados contra o complexo de segurança de Ansar; e o barulho estremeceu o prédio de onze andares onde ela vive com os pais e cinco irmãos e irmãs.

Nos últimos dias, quando o bombardeio tem sido pior durante a noite, ela não conseguiu pegar no sono antes do amanhecer. "Tenho medo de dormir sozinha. O míssil faz meu quarto tremer", diz ela, mexendo em seu vestido laranja e rosa. Deena diz que até mesmo quando consegue finalmente dormir "sonha com o bombardeio". Sonha que voltou da escola e não há onde se esconder.

Não são apenas os tremores e barulhos que a fazem lembrar das bombas. Olhar para fora, para o que era sua vizinhança, também lhe traz recordações traumáticas. Nos últimos dias ela viu, mais de uma vez, uma casa de sua rua ser bombardeada e pessoas severamente feridas serem puxadas para fora dos escombros.

Deena e seus irmãos não podem mais sair para brincar e até mesmo a televisão já não oferece um escape para o conflito. Não faz tanto tempo, ela assistia o Touor al-Jannah, um popular canal infantil no Oriente Médio. A televisão agora só tem noticiário, que mostra imagens de crianças sendo levadas aos hospitais, sangrando, feridas ou em situação ainda pior.

Seus pais, como vários outros por toda Gaza, não conseguem desligar a televisão, pois querem desesperadamente tentar descobrir o que está acontecendo ao seu redor. "Todos os meus amigos do prédio e da escola só conversam sobre o bombardeio e o que assistem na televisão", diz Deena.

Também não há nenhum sinal de que Deena irá dormir melhor essa noite. Gaza está prestes a entrar no sétimo dia de ataques aéreos, que já mataram mais de 167 pessoas e feriram cerca de 1.200. Segundo as Nações Unidas, a maioria das vítimas são civis, com mulheres e crianças atingidos pela linha de fogo.

Ataques com bombas

Quando os ataques aéreos acontecem por perto, Deena corre imediatamente para os braços de seus pais. Ela e sua irmã mais nova, Ala, que também gosta da cor rosa e usa o mesmo vestidinho, agarram-se com força às pernas de sua mãe. Mas embora a mãe, Lina, tenha no rosto uma expressão corajosa, também ela está morrendo de medo das bombas. "Tenho medo, mas preciso fingir para tentar confortá-las", diz Lina. "O mais aterrorizante é quando acordo com os mísseis chacoalhando o prédio".

Lina já testemunhou mais das operações militares israelenses contra a Faixa do que gostaria, desde que Israel retirou suas tropas de Gaza, em 2005. Ela já atravessou as operações Chuvas de Verão, Nuvens de Outono, Inverno Quente, Chumbo Fundido, Eco Retumbante, Pilar de Defesa[19] e, agora, à Margem Protetora. Ela diz que o senso de comunidade criado com essas

---

19 N. do T.: Operação Chuvas de Verão: 28/06 a 26/11 de 2006 – 117 civis palestinos mortos, cerca de mil feridos. Operação Nuvens de Outono: 31/10 a 08/11 de 2006 – pelo menos 40 civis palestinos mortos, mais de 260 feridos. Operação Inverno Quente: 28/02 a 03/03 de 2008 – 52 civis palestinos mortos, 350 feridos. Operação Chumbo Fundido: 17/12 a 18/01 de 2009 – 1.500 palestinos mortos, pelo menos 5 mil feridos. Operação Eco Retumbante: 09 a 14/03 de 2012 – 5 civis palestinos mortos, 74 feridos. Operação Pilar de Defesa: 14 a 21/11 de 2012 – 105 civis palestinos mortos, 971 feridos.

ações continuadas de punição coletiva a ajudaram a lidar com o estresse, mas que nunca conseguiu superá-lo completamente.

Professora primária, ela suporta também com o trauma dos alunos, todos os dias; mas quando se trata dos próprios filhos, ela admite sentir-se impotente, principalmente quando os vê escondendo-se debaixo da cama ou das cobertas em busca de proteção.

Lina e seu marido, Loai, sabem que, se forem atingidos, nada disso irá salvá-los dos mísseis israelenses; mas afirmam sentir que precisam manter viva a ilusão de segurança pelo bem das crianças. Loai acha essa situação toda extremamente difícil, e que fica cada vez pior, à medida que seus filhos crescem e começam a fazer mais e mais perguntas sobre por que há bombas caindo e quando isso vai acabar.

Os filhos mais novos talvez se esqueçam deste conflito. Deena já meio que se esqueceu a Operação Chumbo Fundido, ocorrida em 2008. Mas os mais velhos estão condenados a recordar. Deena diz que ela costuma ter *flashbacks* com a casa ao lado sendo destruída e a imagem de um vizinho morto.

O psiquiatra Yasser Abu Jamie explica que isso é um problema comum entre os palestinos, crianças ou adultos. "Afinal de contas, existe um limite para o quanto um ser humano consegue aguentar", diz Abu Jamie. "O bombardeio constante é demolidor".

Gaza é lar para 1,8 milhão de pessoas regularmente expostas a situações traumáticas, direta ou indiretamente. Até mesmo crianças que vivem em bairros relativamente calmos estão fadadas a assistir imagens horrendas na televisão, mais cedo ou mais tarde. "Em Gaza não há 'pré-trauma' ou 'pós-trauma': é um trauma contínuo", diz Abu Jamie.

O ciclo traumático se retroalimenta. O trauma das crianças intensifica o trauma dos pais, que se sentem impotentes pela incapacidade de proteger os filhos. Com os drones planando horas e horas sobre Gaza, é difícil livrar-se desse medo quase paralisante, diz Loai. "Os drones me dão medo", diz Deena. "Eu sempre sonho com o som que eles fazem".

Famílias separadas

Reuniões familiares e ocasiões religiosas, como o Ramadã, servem geralmente como bem-vinda distração para as duras condições econômicas e de segurança vividas em Gaza. Mas, esse ano, até mesmo o Mês Sagrado pelo qual Deena tanto ansiava foi destruído.

Durante o Ramadã, as famílias palestinas costumam fazer visitas a todos os parentes. Isso é tido como parte do dever islâmico, apesar de Deena encarar sempre como diversão. "Gosto de estar com os primos da minha idade, mas agora, por causa das bombas, não podemos [nos encontrar]", lamenta.

Seu pai costumava colocar toda a família no carro e dirigir até a casa de parentes em Gaza, três a quatro vezes por semana. Para Lina e Loai, professores de classe média, era uma rotina gostosa, mas até mesmo esse pequeno prazer agora está fora do alcance para muitos.

O recente confinamento e a impossibilidade de se deslocar deixou a família Zurik claustrofóbica, com a sensação de estar presa. Mãe e filhas estão ansiosas para sair de casa, mas conhecem a história de tantos que foram mortos por ousarem pisar na rua, nos últimos dias.

"Não seria tão ruim se acreditássemos estar seguros aqui dentro", explica Lina. "Mas o pior é que todos sabemos que não estamos". Deena compensa seu confinamento olhando a cidade através da janela ampla.

A vista oferece pouco conforto: as cicatrizes de guerra estão por toda parte. Até mesmo quando as bombas param de cair, seu zumbido é substituído pelos gritos de sirene das ambulâncias, eventualmente suplantados novamente pelos sons de bombas e de drones. Os ruídos impedem de dormir e pensar em tempos mais felizes.

"AVISOS" COMO FORMA DE TERRORIMO: NENHUM LUGAR É SEGURO

"O exército israelense dispara os tiros de aviso, conhecido como 'destruidor de tetos' – um míssil falso que cai sobre a casa, alertando os moradores de que o verdadeiro míssil está a caminho"

14/Julho

Khade Khader teve menos de um minuto para evacuar sua casa.

Às 7 da manhã de sexta-feira, o homem de 55 anos dormia debaixo da escada com seus cinco filhos quando ouviu o vizinho gritar: "Doutor Khader, corra! Eles vão bombardear minha casa!"

Na hora, Mohamed, o filho de 7 anos de Khader, pegou na calça do pai com os dedos pequeninos e congelou, incapaz de se mexer. Tirando rapidamente todos da cama, a família correu para fora da casa que Khader construiu com a economia de anos e para onde se mudou há apenas dois anos – no exato momento em que o primeiro míssil israelense, aquele de aviso, guinchou acima de suas cabeças.

"Corremos sem direção, para longe da casa, para não nos ferir ou acabar morrendo", relembra Khader com a voz trêmula. Eles se amontoaram no carro e alcançaram o final da rua antes que o segundo míssil, disparado de um F-16 israelense, atingisse sua vizinhança. A casa de Khader não era alvo, mas a de seu vizinho era. "Minhas crianças estão traumatizadas com o bombardeio – o que elas fizeram para merecer isso?", perguntou Khader, um respeitado professor universitário de linguística. Seus filhos, de idades entre 7 e 16 anos, ainda não voltaram para ver a destruição. "O trauma é tão grande, que eles temem voltar para casa, de onde escapamos por milagre", disse-me ele.

No momento em que a casa da família de Khader era bombardeada, outra casa era atingida por mísseis israelenses em

Rafah, sul de Gaza. A família Ghannam não recebeu nenhum alerta, e cinco pessoas foram mortas quando dormiam, enquanto outras 16 ficaram feridas.

Pelo menos 154 palestinos foram mortos e cerca de outros mil ficaram feridos, no momento em que a operação militar de Israel entra em seu sexto dia, neste domingo. Segundo a ONU, ao menos 70 lares palestinos foram completamente destruídos, e outras 2.500 unidades residenciais sofreram danos menores.

O primeiro-ministro israelense Benjamin Netanyahu disse na quarta-feira: "O Hamas pagará caro por disparar contra cidadãos israelenses". O exército israelense defendeu a operação pelo Twitter, acusando o Hamas de esconder foguetes e outras armas em "casas, mesquitas, hospitais, escolas", e de operar "dentro das áreas residenciais". Os militares dizem que se esforçam para minimizar as baixas civis, mas que consideram casas também como alvos militares legítimos.

Todavia, para a ONU, mesmo que uma casa esteja sendo usada para fins militares, "qualquer ataque deve ser proporcional, oferecer uma vantagem militar definitiva naquelas circunstâncias momentâneas, e assumir uma atitude de prudência".

Jaber Wishah, diretor interino do Centro Palestino de Direitos Humanos (PCHR, na sigla em inglês) na Cidade de Gaza, afirmou que Israel está engajado numa "destruição punitiva" dos lares palestinos em Gaza. "Aquelas casas – mesmo que pertençam a um membro do Hamas ou de alguém da Jihad Islâmica – devem ser consideradas bens civis. Elas não participam de operações militares", disse.

Wishah disse que há três cenários que geralmente ocorrem antes de Israel bombardear uma residência em Gaza: o exército pode disparar o ataque aéreo sem qualquer alerta prévio; pode detonar um tiro de aviso, conhecido como "destruidor de tetos" – um míssil falso que cai sobre a casa, alertando os moradores de que o verdadeiro míssil está a caminho; ou pode ainda telefonar para as famílias palestinas dizendo que fujam antes que sua casa seja bombardeada. "Cada uma das residências em Gaza encontra-se no círculo-alvo", disse Wishah. "Nenhum lugar é seguro. Cada residência pode ser um alvo, afetado direta ou indiretamente".

Na Cidade de Gaza, Khader voltou para casa na sexta-feira de manhã, e avaliou os danos. Seus vizinhos também estavam lá examinando os destroços. "É como se tivesse passado um tsunami", disse um repórter no local. Apenas a estrutura da casa permanecia de pé; os bens da família foram destruídos, a mobília quebrada, estilhaços da bomba encheram de buracos o chão de todos os cômodos, e nem uma única porta ou janela estava intacta.

Sua coleção pessoal de livros, fotografias e cartas também desapareceram. Khader não conseguiu salvar nada de sua casa, nem mesmo documentos de identificação. Enquanto inspecionava os destroços, ainda em estado de choque, outra bomba israelense caiu próximo dali.

Crianças saíram gritando e correndo da casa ao lado, onde estavam coletando roupas e brinquedos. "Não há nada que eu possa aproveitar disso tudo", disse Khader, andando de um lado para o outro da casa. "A perda é muito grande".

QUANDO MEU FILHO GRITA: A (IM)PRECISÃO DE ISRAEL

"Como pode a sociedade israelense não saber que estamos sofrendo? Seus pais e avós não passaram pelo mesmo horror antes de vir para a Palestina?"

15/Julho

Enrolado em seu berço e com apenas três meses de vida, meu filho Omar chora. Está escuro. Não há energia elétrica nem água. Minha esposa, Lina, tenta de todas as maneiras confortá-lo, protegê-lo e acalmá-lo, enquanto as lágrimas descem pelo seu rosto. A canção de ninar de Omar esta noite foi a *Cavalgada das Valquírias*, de Wagner, com os caças F-16 de Israel fazendo a percussão, seus mísseis *Hellfire* liderando os instrumentos de sopro e os drones representando o conjunto de instrumentos de cordas. De todos os lados à nossa volta as bombas israelenses caem, atiradas por navios de guerra ou por morteiros em terra, completando a sinfonia. Seus sons são tão distintos como as infames tubas do compositor alemão Wagner.

Essa ópera da morte soa durante dias. Os aplausos da audiência são substituídos pelo terrível choro das crianças e bebês envoltos em fumaça. Os estilhaços zunem entre prédios e carros, quando outro míssil encontra seu alvo e aterrissa em mais uma casa.

Outras seis pessoas morrem. A casa vizinha, que pertence a um médico, é atingida por três mísseis israelenses disparados pelos F-16. É difícil saber qual era o alvo. O médico foi morto, juntando-se à mãe e ao pai assassinados na última guerra, em 2008-2009. Os ataques aéreos estão zunindo nos ouvidos de Lina e nos meus. O choro de Omar continua. O número de mortes chegou agora a 186, com 1.039 feridos. A maioria é de civis, como foi reportado pela ONU.

Não há fim à vista. Do outro lado da fronteira podemos ver cada vez mais tanques se preparando para um ataque terrestre. Acima de nós, a vibração dos helicópteros Apache pairando no céu, com seu onipresente *tuc-tuc,* balança o berço de Omar. Sirenes de alerta cortam a noite: outro míssil vem vindo de um navio de guerra israelense. A fronteira não está longe, mas não podemos sair. A Faixa de Gaza está cercada desde 2007. Ao contrário de Israel, não temos abrigos antiaéreos onde nos esconder. Na população de 1,8 milhão de habitantes em Gaza, mais da metade são crianças com menos de 18 anos, concentradas uma área superlotada do tamanho da ilha de Manhattan e impossibilitadas de deixá-la. Devemos ficar e rezar: rezar para que não sejamos atingidos.

Já passei por isso antes. Eu cresci em Gaza. Mas essa é a primeira vez que me encontro sob o fogo na condição de pai e marido. É uma experiência completamente diferente. Queria poder voar para fora daqui com minha esposa e meu filho. Mas essa é minha amada terra ancestral, o que posso fazer? Os ataques aéreos soam muito alto e parecem não ter fim. Em um momento de nervosismo silencioso, Lina amamenta Omar e reza baixinho.

CRASH! BUM! Outro ataque aéreo explode no chão, bem ao lado da nossa casa. Lina se joga para fora do quarto, protegendo Omar nos braços enquanto busca algum lugar seguro na casa. Omar grita, grita e grita. É um grito penetrante, me envolve num horror que só um pai consegue entender. Acho impossível confortá-lo, segurar sua pequenina mão, enquanto está nos braços de minha esposa. Lina o abraça forte. Nós pulamos de quarto em quarto, observando os céus e os mísseis. Israel sempre alega precisão. Precisão? Por que então tantas crianças, mulheres e idosos são feridos, mutilados e mortos, o tempo todo? Por que o hospital é bombardeado? Por que miram em escolas, pontes, instalações de tratamento de água, estufas e outros alvos civis? As estatísticas sempre contam uma história diferente.

BUM! Um clarão branco e outra bomba. O estresse debilita, assim como o zunido constante dos drones. Ele nos assombra enquanto buscamos qualquer lugar seguro, mas não há lugar seguro. Observamos e aguardamos. Outra chuva de mísseis *Hellfire* chacoalha o prédio. Não há descanso. Não dormimos, mas temos sorte de ainda estarmos vivos.

Abro e fecho a porta da geladeira. Não há eletricidade, mas isso faz com que me sinta normal. Lina tenta dormir, e consegue por alguns minutos, até que acorda tremendo. Assim é viver sob ataque em Gaza, e não sabemos por quanto tempo. Quando isso vai acabar?

Conversamos, procurando alguma distração, e indago como estarão os israelenses do outro lado do muro da segregação. Eles são livres para ir e vir quando querem, sem restrições. Será que se sentem seguros, com as sirenes de alerta e os abrigos antiaéreos para se esconder? Não precisam se preocupar com navios de guerra ameaçando suas vidas, tanques nas ruas esmagando tudo o que encontram pelo caminho, tratores destruindo suas casas, jatos soltando bombas em seus bairros, drones caçando pessoas. Israel possui o quarto aparato militar mais poderoso do mundo, com exército, marinha e força aérea, assim como o seu "Domo de Ferro"[20], bastante eficaz contra os foguetes caseiros lançados de Gaza. Nós não temos marinha, nem força aérea ou algum exército. Não temos nenhum checkpoint para nossa segurança. Parece que não temos nem mesmo o direito de existir ou de nos defender. Esse direito, para os EUA, parece reservado a Israel e somente a Israel.

Ponderar sobre essa hipocrisia eleva a níveis mais altos a dissonância cognitiva da situação. Estamos a apenas algumas horas de distância das maiores cidades de Israel, e ainda assim vivemos num mundo completamente diferente. Gaza são

---

20 N. do T.: Sistema israelense de defesa antiaérea projetado para interceptar e destruir mísseis de curto alcance e bombas de artilharia disparadas contra o território israelense.

os guetos de Łódź, Cravóvia e Varsóvia[21] amontoados num só. Não podemos sair ou entrar sem ordem de Israel. Israel dita o que é permitido comer, nos ataca à vontade e frequentemente decide que produtos podemos comprar – de papel higiênico a açúcar e tijolos. Israel aprisiona nossas crianças, pais e mães, e os mantém encarcerados pelo tempo que quer. Seus franco-atiradores divertem-se às custas das nossas crianças. Como pode a sociedade israelense não saber que estamos sofrendo, ou o que estão fazendo conosco? Seus pais e avós não passaram pelo mesmo horror antes de vir para a Palestina? O sionismo não foi criado para evitar que esses horrores jamais acontecessem novamente... *a qualquer povo?*

Como disse Shakespeare, com uma pequena modificação da palavra "judeu" para "árabe" e "cristão" para "judeu": "Eu sou árabe. Um árabe não possui olhos? Não possui mãos, órgãos, dimensões, sentidos, afetos, paixões? Não se alimenta com a mesma comida, fere-se com as mesmas armas, está sujeito às mesmas doenças, cura-se das mesmas maneiras, aquece-se e refresca-se com os mesmos inverno e verão, como os judeus? Se você nos esfaqueia, não sangramos? Se você nos faz cócegas, não rimos? Se você nos envenena, não morremos? E se você nos desonram, não nos vingaremos? Se somos semelhantes em tudo, somos nisso também".

Apesar da desesperança, Gaza é meu lar. Onde quer que eu vá, independentemente do quanto tenha de esperar nos *checkpoints* – para ir ou para vir –, sentado sob um sol quente ou

---

21 N. do T.: Cidades polonesas, transformadas em guetos, para onde os judeus europeus foram enviados e obrigados a trabalhar, fornecendo suprimentos essenciais para o esforço de guerra do exército da Alemanha nazista. O Gueto de Varsóvia foi o maior gueto judaico estabelecido pela Alemanha Nazista na Polónia durante a Segunda Guerra Mundial. Nos três anos da sua existência, a fome, as doenças e as deportações para campos de extermínio reduziram a população estimada de 380 000 para 70 000 habitantes. O Gueto de Varsóvia foi o palco da revolta do Gueto de Varsóvia, a primeira insurreição massiva contra a ocupação nazista na Europa. Apesar disso, a maioria das pessoas que estiveram no Gueto de Varsóvia foi morta no campo de extermínio Nazista de Treblinka.

discutindo com oficiais sobre o abuso das vítimas e dos viajantes, sinto profundo amor e alegria quando passo pelos portões de Rafah, pois estou em casa.

Tenho opções, dada minha cidadania holandesa. Conforme as bombas continuam a cair, pergunto se não deveria levar minha família para a Holanda – onde meu filho nasceu –, continuar meus estudos de doutorado na *Erasmus Rotterdam* e na *Columbia University*, e tentar esquecer os F-16 e outros pesadelos que Israel reserva para nós.

Mas sou jornalista e devo a verdade ao meu povo e ao povo de Israel. Escolho permanecer na Palestina, meu lar amado, com minha esposa, filho, mãe, pai e irmãos. Não estou disposto a deixar Israel ou o sionismo me exterminarem.

Desde 1947, Israel interrompeu nossas vidas. Minha família e eu somos da etnia e da religião erradas, de modo que Israel não nos quer aqui. Este é o meu lar e vou continuar aqui, firme e forte. É meu direito como ser humano e nosso direito, como palestinos ou israelenses, independentemente de sermos judeus, cristãos ou muçulmanos.

Em última instância, somos todos humanos.

BUNKER MIDIÁTICO: GUERRA PSICOLÓGICA SE INTENSIFICA

"As casas são bombardeadas de um a três minutos depois do alerta pelo telefone, mas nesse caso, Abu Zayed, passou a noite inteira do lado de fora"

15/Julho

Quando Khaled Abu Zayed, 38 anos, recebeu um telefonema de Israel com mensagem de voz gravada, dizendo que sua casa no campo de refugiados em Nuseirat, na parte central de Gaza, estava prestes a ser bombardeada e que sua família precisava evacuar o local, ele correu para fora, ainda de cueca, gritando que os F-16 israelenses estavam a ponto de atacar sua casa.

Abu Zayed, pai de cinco filhos, disse que cinco minutos depois do telefonema não havia sobrado ninguém em toda a vizinhança. Mulheres, crianças e idosos saíram correndo, do modo como estavam vestidos, levando consigo tudo o que conseguiram pegar.

Geralmente, as casas são bombardeadas de um a três minutos depois do alerta pelo telefone, mas nesse caso, Abu Zayed, passou a noite inteira do lado de fora. Sua residência não foi atacada, e, depois de horas aguardando, sua família e seus vizinhos decidiram arriscar voltar para casa.

Após sofrer a ansiedade e o medo que o fizeram sair correndo no meio da noite, Abu Zayed não se considera um cara de sorte. Seu bairro havia sido poupado, mas não devido a algum tipo de falha na operação israelense, afirma. Ao contrário, ele acredita que o telefonema foi uma tática, com a intenção de causar o máximo de impacto sem disparar um único tiro. "Essa guerra psicológica tem por objetivo nos aterrorizar e causar 'medo coletivo' com telefonemas noturnos", disse-me ele.

Esse tipo de ligação geralmente provoca impactos em cidades inteiras de uma só vez, fazendo com que os moradores abandonem suas casas com medo dos bombardeios. Nesse final de semana, panfletos lançados pelas forças israelenses no norte de Gaza alertaram os moradores para fugir em direção ao sul, ou estariam colocando suas famílias em risco. "Esteja avisado", lia-se no panfleto.

O ministro do Interior pediu aos residentes no norte de Gaza que ignorassem os panfletos e permanecessem em suas casas, enviando até mesmo funcionários de campo para tranquilizar os civis depois desses "avisos". Entretanto, grande parte dos moradores estava com muito medo de ficar, e cerca de 17 mil pessoas fugiram para o sul em menos de 24 horas.

Mohammed Tabsh, um analista político que escreve sobre Gaza, disse que Israel utiliza essas táticas para "desmantelar o front palestino, jogando a opinião pública contra a resistência".

Abu Zayed diz que o número 08, um número de telefone de Ashkleon – mas que, acredita-se, pertence à inteligência israelense – telefona para as pessoas aleatoriamente enviando diferentes mensagens ameaçadoras gravadas, que vão desde ordenar uma evacuação até pedir às pessoas informações sobre a localização de combatentes do Hamas.

Ele afirma também que receberam, em alguns telefonemas, ultimatos que diziam aos residentes para cooperar com os serviços de segurança de Israel, ou então seus lares seriam bombardeados. Tais bombardeios raramente acontecem, mas, mesmo assim, os telefonemas causam medo e pânico.

Nem todos cedem a essas ligações, mas praticamente todos estão à sua mercê e são afetados, de alguma maneira, por essas operações de guerra psicológica.

Mohammed Akila, um homem de 45 anos, pai de nove filhos e que trabalha com equipes médicas em ambulâncias, diz que seus filhos estão constantemente horrorizados com o que veem e ouvem na imprensa. "A guerra psicológica tem em minha família efeito maior do que os ataques físicos", diz Akila.

"O constante zumbido dos drones é uma arma psicológica que afeta igualmente adultos e crianças".

Hamas contra-ataca

Panfletos e ligações telefônicas não são as únicas táticas de Israel. No ano passado, o gabinete do primeiro-ministro Benjamin Netanyahu supostamente ofereceu bolsas universitárias a estudantes israelenses caso postassem nas redes sociais mensagens pró-Israel. Isso parece o *"bunker midiático"* montado durante a última ofensiva de Israel em Gaza, em 2012, com centenas de jovens voluntários postando atualizações em sites de mídias sociais com o ponto de vista israelense. De acordo com o *Electronic Intifada,* o centro estudantil no Centro Interdisciplinar Herzliya – uma universidade israelense particular – organizou uma iniciativa similar na última semana.

Ao longo dos anos, o Hamas – assim como os civis a quem governa – têm sido alvo desse tipo de guerra israelense, mas está aprendendo. Naquilo que uma analista classificou como ação "sem precedentes", o Hamas adotou as táticas de Israel durante a Operação Margem Protetora, inclusive o uso de seu canal por satélite, Al-Aqsa, para transmitir mensagens em hebraico alertando os civis israelenses de que seriam atacados.

A cidade de Tel Aviv, geralmente movimentada no sábado à noite, ficou silenciosa depois que o Hamas avisou que seriam lançados foguetes sobre seus moradores.

Fathi Sabah, analista de Gaza e colunista do jornal *al-Hayat,* com sede em Londres, disse-me que o Hamas tratou de promover seu poder militar com o objetivo de replicar a guerra psicológica vista em Gaza nos últimos anos. O Hamas criou também, supostamente, um site em hebreu que fornece vídeos e fotos de suas atividades e informa o que está acontecendo em Gaza.

O braço militar do Hamas, as Brigadas Izz al-Din al-Qassam, hackeou números telefônicos para enviar mensagens de texto para meio milhão de israelenses, inclusive oficiais militares.

Uma guerra de propaganda "toma-lá-dá-cá" parece ter começado quando, na última semana, depois que os militares israelenses penetraram nas frequências do Al-Aqsa e passaram a transmitir suas próprias notícias no meio de uma cobertura jornalística, as Brigadas Qassam retaliaram: hackearam a cobertura do Canal 10, israelense, e passaram a transmitir suas próprias notícias em hebraico.

"O Hamas está conduzindo a guerra em duas frentes: combate operacional em terra e guerra psicológica", afirmou Sabah. O anúncio do Hamas de que iria atingir Tel Aviv foi sua maior ação psicológica até o momento, e chamou a atenção do resto do mundo. "Isso não é apenas guerra armada", diz Sabah. "O Hamas nos surpreendeu ao torná-la psicológica, usando vídeos para mostrar o medo de Israel dos foguetes da resistência caindo sobre si".

Autoridades e ativistas se voltaram para as redes sociais tentando conter a disseminação de desinformação, e também para tranquilizar as pessoas – além de chamar mais atenção internacional. Ainda assim, essas ferramentas não chegam a todos, especialmente os mais idosos, que são aos mais vulneráveis.

Vários palestinos foram presos por autoridades de Gaza por suspeita de colaborar com Israel, fazendo ligações telefônicas ameaçadoras que espalham rumores e geram pânico.

Sabah diz que a retaliação psicológica do Hamas está, pouco a pouco, começando a aliviar a pressão sentida pelos palestinos, e explica que a população civil de Gaza está se tornando mais experiente ao lidar com essa tática de manipulação mental. "Os dois ataques militares anteriores de Israel, assim como centenas de outros ataques aleatórios em Gaza, enfraqueceram o impacto de sua guerra psicológica", diz ele. Mas, embora a população esteja se acostumando gradualmente a esse tipo de ação, ela ainda pode causar danos significativos.

"Eles abandonam suas casas, pois ninguém quer morrer dentro delas", explica Sabah.

PORQUE O HAMAS REJEITA O CESSAR-FOGO

"Todas as facções palestinas parecem concordar com algumas condições para o cessar-fogo: fim do cerco, libertação de prisioneiros, fim dos ataques e fim dos empecilhos colocados à formação de um governo de unidade na Palestina"

15/Julho

Quando rumores sobre um possível cessar-fogo entre Hamas-Israel, promovido pelo Egito, começaram a espalhar-se no final da segunda-feira, Ismail Haniyeh, o principal líder do Hamas em Gaza, apareceu na televisão numa entrevista gravada em um lugar desconhecido dirigindo-se aos palestinos.

No vídeo, a mensagem de Haniyeh é clara: dava garantias à população de Gaza de que ele e o Hamas não estavam dispostos a ignorar, num acordo, o sangue inocente derramado em Gaza nos últimos nove dias. "Não é possível, para nenhum partido, ignorar as condições estabelecidas pela resistência palestina para implantar um período de calma", disse ele.

O Hamas afirmou, desde então, não ter conhecimento do rascunho do acordo até que ele veio a público. O significado disso, para o Hamas, foi que a proposta de cessar-fogo era mais uma jogada midiática que uma verdadeira iniciativa política para dar fim ao conflito. "Queremos acabar com essa agressão ao nosso povo, mas o problema é a realidade de Gaza – o cerco que nos faz passar fome, o fechamento das fronteiras e a humilhação do nosso povo", disse Haniyeh.

Aparentemente, houve um consenso entre o Hamas e sua ala militar, as Brigadas Qassam, com relação à proposta egípcia. As Brigadas Qassam divulgaram uma nota afirmando que o acordo "não valia o papel em que foi escrito". Eles também rejeitaram qualquer conversa sobre cessar-fogo, dizendo que a batalha com o "inimigo" irá aumentar em "audácia e intensidade".

Um caminho pela frente?

Todas as facções palestinas parecem concordar com algumas condições para o cessar-fogo: fim do cerco a Gaza, libertação de prisioneiros, fim dos ataques israelenses e fim dos empecilhos colocados à formação de um governo de unidade na Palestina.

Na terça-feira, Khaled Al Batsh, o líder sênior da Jihad Islâmica, disse a repórteres na Cidade de Gaza que não havia nenhuma novidade na posição do seu grupo, embora afirmasse reconhecer o papel desempenhado pelo Egito. "Quanto à redução das tensões, tem havido conversas, mas ainda não no nível desejado. As iniciativas não deveriam partir da mídia, mas dos bem conhecidos canais de comunicação das facções e dos líderes da resistência", disse ele.

A posição do Comitê de Resistência Palestina é a mesma do Hamas, como disse aos jornalistas seu porta-voz, Abu Mujahed: "Não recebemos nenhuma iniciativa, e não vemos qualquer medida de cessar-fogo ou pacificação".

Na proposta egípcia, as hostilidades iriam "desacelerar" às 9 da manhã antes de um cessar-fogo completo, 12 horas depois, se todas as partes concordassem. Contudo, os ataques aéreos de Israel continuaram em diferentes áreas de Gaza. O primeiro atingiu uma torre residencial em Sheikh Zayed, deixando quatro pessoas feridas, de acordo com fontes médicas. Mais tarde, ao meio-dia da terça-feira, os ataques continuaram em diferentes partes de Gaza. Os mais pesados foram na zona oeste da Cidade de Gaza e em Asda, região de lazer em Khan Younis.

Até aquele momento contabilizavam-se 193 mortos e 1.400 feridos nos últimos nove dias de ataque. A ONU estima que 77% desses números correspondem a civis.

É provável que tenham sido abertos canais de comunicação entre os líderes da resistência palestina e a inteligência egípcia. Somente por meio desses canais o Hamas poderia convencer a Jihad

Islâmica e o Comitê da Resistência Palestina a aceitar uma oferta. Contudo, nenhuma das três partes parece estar disposta a negociar as condições acordadas pelas facções da resistência palestina.

Na terça-feira, a inteligência israelense começou a telefonar para centenas de moradores de Gaza, com mensagens gravadas pedindo aos palestinos que pressionassem o Hamas a aceitar o cessar-fogo. O relato foi feito por moradores ao *Middle East Eye*.

Ainda assim, o Dr. Mukhair Abu Sada, analista político da Universidade Al-Azhar, está otimista e pensa que veremos alguma forma de cessar-fogo nas próximas horas. "Não acho que o Hamas possa dizer não a uma iniciativa egípcia", diz. "Mas imagino que terão algumas reservas quanto ao fim do cerco e a libertação de prisioneiros". "Dizer não ao Egito irá isolar o Hamas politicamente. É fato que se sentem ignorados e humilhados, pois ninguém conversou com eles", disse ele.

O Dr. Mussa Abu Marzouq, chefe interino do Hamas, escreveu em sua página de Facebook que a proposta estava sendo estudada. Aparentemente, o acordo foi abordado como ponto de partida pela liderança do Hamas, que tem base no Cairo.

Ainda assim, alguns palestinos rejeitam a proposta. O analista político Dr. Ibrahim Hamami, que vive em Londres, condenou a declaração de Marzouq. "Há quem diga que o Dr. Abu Marzouq é forçado a fazer tais declarações. Isso é política, dizem eles. Não, senhor. É melhor que fique calado. Uma política que oferece elogios sobre sangue derramado não é necessária", afirmou.

As próximas horas serão críticas. Irão determinar se o cessar-fogo será aceito com as condições estabelecidas pelo Hamas e outras facções da resistência palestina, ou se a guerra mortal continuará.

As ameaças israelenses de uma invasão por terra estão dominando as conversas nas ruas de Gaza. Todavia, as Brigadas Qassam permanecem desafiadoras quanto às perspectivas: "Não podemos esperar por isso como se fosse a única maneira de libertar nossos prisioneiros palestinos", declarou o grupo.

PARAMÉDICOS ENCARAM MORTOS E A PRÓPRIA MORTE

"Em 2008, vimos mísseis arrancarem pedaços de carne dos corpos e membros serem amputados com precisão cirúrgica. Nos ataques atuais, eles dissolvem a carne em pedaços ainda menores"

15/Julho

Cumprindo um turno de 24 horas, Ibrahim Abuelkas já está no seu posto há oito e todo minuto apresenta de novos riscos. De repente, o homem de 35 anos recebe um sinal de seu colega Saed Zaineddin, operador de chamadas de emergência, e a ambulância vermelha e branca vai para a rua novamente.

Não conversam muito a caminho do local, pois, como diz Abuelkas, estão "entrando no desconhecido". Ele e seu motorista usam gestos e linguagem corporal, mais do que palavras. No momento em que chegam, as pessoas correm em sua direção, gritando "ambulância, aqui, aqui!". Esperam outro ataque aéreo de Israel a qualquer instante e tentam, freneticamente, evacuar mulheres e crianças.

O motorista dirige rapidamente através da multidão, com as luzes piscando, para ajudar as pessoas feridas pelas bombas israelenses. "Em geral, vamos em duas ambulâncias para poder oferecer mais socorro", diz Abuelkas, quando a sirene silencia.

Os feridos são colocados dentro do veículo, que dispara em direção ao Hospital Shifa. Ao chegar, a equipe de resgate abre as portas traseiras e retira os pacientes, levados de maca para a recepção, onde é feita a triagem.

Os funcionários limpam a ambulância, conferem se há suprimentos estocados e têm um breve descanso junto a outras equipes paramédicas, até que chega a próxima ocorrência, e então é hora de partir novamente, desta vez para outra parte de Gaza.

Na manhã de terça-feira, o governo israelense aceitou a proposta de cessar-fogo delineada pelo Egito para dar um fim à luta em Gaza – que desde o início há poucos dias, já matou 189 e feriu mais de 1.400 palestinos. Mahmoud Abbas, presidente da Autoridade Palestina, aceitou o cessar-fogo, mas os líderes do Hamas ainda não fizeram nenhum pronunciamento oficial. Já o braço militar do grupo, as Brigadas Qassam, disseram que a proposta "não valia o papel em que foi escrito".

Os motoristas de ambulância de Gaza estão trabalhando sem parar e em condições extremamente difíceis, durante a ofensiva militar de Israel. Conforme as Nações Unidas, desde o 8 de julho, um médico morreu e 19 pessoas das equipes de socorro ficaram feridas em Gaza – e ainda houve danos em dois hospitais, quatro clínicas, um centro de tratamento e quatro ambulâncias em decorrência dos ataques aéreos israelenses.

O custo emocional também tem afetado os trabalhadores das equipes médicas em Gaza. Abuelkas me contou que uma das piores ocorrências que atendeu foi a morte de 18 membros da família al-Batsh por um único míssil israelense na Cidade de Gaza.

Quando chegou ao local do bombardeio, ele não sabia o que iria para encontrar. Na casa, viu mulheres, crianças e idosos gritando ou chorando ou simplesmente em silêncio, mas todos em choque. A parte mais difícil, disse, foi coletar os corpos despedaçados para depois identificar os mortos e prepará-los para o enterro.

"Foi uma missão terrível do ponto de vista emocional, nós nos deparamos com todos os tipos de ferimentos, os leves e os médios, e os críticos: partes de corpos despedaçados, membros amputados e cadáveres", disse.

Durante os ataques israelenses, as ruas na Cidade de Gaza ficam vazias, pois os habitantes se escondem em casa. "Tenho medo do bombardeio, o medo do desconhecido me assombra", diz Abuelkas. Nos intervalos entre as chamadas, ele segura o Corão e recita suas preces.

Abuelkas está nesse trabalho desde 2008. Ele conta que os primeiros seis meses foram um grande desafio, mas seus colegas dizem que ele agora já adquiriu alguma experiência e é capaz de lidar com situações mais difíceis. Abuelkas já testemunhou três grandes operações militares de Israel na Faixa de Gaza: a Operação Chumbo Fundido, em 2008, a Operação Pilar de Defesa, em 2012, e a atual escalada da Operação Margem Protetora, em julho de 2014.

Ele diz que notou uma diferença entre as três guerras: "Em 2008, vimos mísseis arrancarem pedaços de carne dos corpos, mísseis que queimavam todo o corpo, e membros serem amputados com precisão cirúrgica. Nos ataques atuais, os mísseis dissolvem a carne em pedaços ainda menores. É mais violento, se é que isso é possível".

Contudo, socorrer os feridos de Gaza não é a única coisa que ocupa a mente de Abuelkas. Enquanto trabalha, seus pensamentos estão inevitavelmente em sua própria família, com seus cinco filhos – o maior com 12 anos e o mais novo com apenas um. Eles vivem em al-Zaytoun, um dos locais mais atingidos por Israel nos últimos bombardeios.

Assim como teme por sua esposa e filhos, estes também temem por ele. "Quando eles me veem na televisão, carregando corpos, ao menos sabem que estou vivo", diz, no momento em que alguém lhe informa sobre mais feridos num novo ataque aéreo.

Finalmente, depois de 24 horas correndo entre tragédias, o turno de Abuelka termina. "Pelo menos agora eu sei que, não importa o que aconteça, vou estar junto à minha família".

PERDAS E MEDOS SUBSTITUEM A ALEGRIA NA ESCOLA

"Crianças tentam manter aparência de normalidade ao receber os resultados de suas provas finais, enquanto Israel continua a espezinhar a Faixa de Gaza"

16/Julho

Hoje, as manchetes dos jornais palestinos, as notícias de televisão, os *tuítes* e emails deviam ter sido dominados pelo transbordamento de alegria e otimismo com os exames finais para graduação no ensino médio em Gaza.

Apesar dessas celebrações acontecerem sob as condições incrivelmente difíceis criadas pelo bloqueio e a política de punição coletiva de Israel, é realizado um esforço enorme para tornar esse dia especial. As famílias se reúnem e tiram fotos, e balões e confetes decoram casas e escolas.

Este ano, contudo, não há festas nem notícias. Quando os resultados do ensino médio, conhecidos como *tawhiji*, foram anunciados, a recepção foi no máximo morna. Em vez de soltar fogos de artifício, como gostam de fazer algumas pessoas ao comemorar o resultado dos exames, hoje todos tentam proteger-se dos drones e mísseis israelenses.

Não houve fogos, nem sorrisos. Ao contrário, a maioria dos quase dois milhões de habitantes de Gaza estava ocupada preparando-se para enfrentar novos bombardeios – as ruas cheias de rostos tristes e pessoas correndo, em busca de abrigo contra os aviões e drones que pairavam sobre eles. Lágrimas de alegria foram sufocadas pelos gritos de dor quando marchas fúnebres tomaram as ruas antes silenciosas.

"Recebi o resultado das minhas provas silenciosamente, exceto pelo barulho de bombas ao fundo", disse Ismail. "Mas estou feliz com meu sucesso, depois de tanto esforço". Ismail está dividido. Ele se sente orgulhoso, mas ao mesmo tempo recusa-se a celebrar suas notas, em solidariedade àqueles que morreram e se feriram nos ataques de Israel.

Nessa semana, a costumeira sensação de dever cumprido foi substituída por medo e ansiedade em toda Gaza enquanto a Operação Margem Protetora prossegue com o massacre e a destruição. Mais de 210 palestinos foram mortos e ao menos 1.500 pessoas ficaram feridas desde o início da última campanha de punição coletiva de Israel, há oito dias.

Vinte estudantes que iriam receber as notas de suas provas finais estão mortos, conforme o Ministério da Educação de Gaza. Entre eles estão quatro membros da família al-Batsh – os estudantes Mohamed, Yahya, Ibrahim e Qusai –, que perderam a vida junto com outros 14 parentes quando um míssil israelense atingiu sua casa, naquele que foi, até agora, um dos ataques mais sangrentos.

Numan Batsh, 63 anos, sobreviveu ao massacre, mas não consegue deixar de pensar que sua família deveria estar agora honrando o sucesso de seus jovens estudantes. Em vez disso, está honrando suas memórias. "A ocupação destruiu tudo: o chão por onde caminhamos, o ar que respiramos, a alegria familiar, nosso sono e a vida de nossas crianças", disse Batsh, vestido com uma *jalabiya*[22] branca, que contrasta com o vermelho das manchas de sangue, o azul dos hematomas e o preto da sutura em seu olho esquerdo, atingido durante o ataque israelense. "Os israelenses transformam a alegria em tragédia. Não nos restou nenhuma chance de celebrar o sucesso de nossas crianças, depois de duros anos de estudo em busca de uma vida melhor", lamentou Batsh.

Apesar da enorme perda que significou a morte de parte de sua família, o idoso não está sozinho em sua dor – e isso faz com que ainda consiga desenhar um sorriso no rosto. Ao seu lado, muitos vizinhos estão igualmente de luto por suas perdas. Um sentimento domina aqueles que passaram nos exames e

---

22 N. do T.: Vestimenta feminina típica da região

seus parentes: o de que não celebrarão seu sucesso, em solidariedade aos que estão de luto.

Ahmed al-Qanou acertou 99,3% das respostas nos exames, mas depois de receber suas notas recusou-se a falar com a imprensa local, que geralmente corre à casa dos estudantes que melhor pontuaram para registrar sua reação de felicidade com os resultados.

Embora tenha se esforçado enormemente, Qanou diz que não quer falar sobre suas notas enquanto Israel continuar lançando mísseis sobre Gaza, já sitiada, massacrando famílias inteiras em suas casas. A alegria que esperou por tanto tempo pode aguardar mais um pouco, explica. "Em cada casa, em cada família, em cada bairro há feridos, doentes e mártires", diz Qanou. "Como podemos comemorar em meio a tanta dor? Neste momento, nossa alegria deve ser mantida em silêncio, em nossos corações", suspirou Qanou.

O ministro da Educação da Palestina, Khawla Skakshir, disse ontem à imprensa que 84.211 estudantes concluíram seus exames, com um índice de aprovação de 60,4%, na Cisjordânia e em Gaza. Ao mesmo tempo, o diretor-geral do Ministério da Educação em Gaza, Zakaria al-Hur, explicou que adiará o anúncio adequado dos resultados até o final da crise. "Em Gaza decidimos não publicar os resultados sob circunstâncias tão terríveis, apesar de Ramallah tê-lo feito", disse ele ao *Middle East Eye*. "Tenho recebido telefonemas de jornalistas, pais e personalidades respeitadas pedindo que adiemos o anúncio", completou.

Os resultados dos exames estão disponíveis online para os estudantes que têm a sorte de ter eletricidade e conexão com a internet, mas não há muito a fazer com as notas neste momento. "Alguns dos estudantes mortos em Gaza tiveram as maiores pontuações, mas foram assassinados antes mesmo de conhecer o fruto de seu enorme trabalho". Aparentemente, contudo, esses resultados foram removidos pelo Ministério da Educação, e os nomes e séries dos estudantes mortos na semana passada não aparecem publicados na internet.

Assim, quando normalmente dezenas de milhares de estudantes estariam correndo para as universidades – a Universidade al-Azhar, a Universidade Islâmica e a Universidade Al-Aqsa – para matricular-se nos cursos que desejam de acordo com suas notas, Gaza está transformada numa cidade fantasma, onde as pessoas só pensam em se esconder das onipresentes bombas e drones. Este ano não haverá fitas coloridas, balões ou doces para felicitar os estudantes no *tawjihi*.

"Uma celebração palestina foi morta por Israel", completa Hur.

SILÊNCIO CAUTELOSO NO "CESSAR-FOGO"

"Abu Zyad desejaria que a janela de cinco horas de calma pudesse ser estendida para conseguir coletar tudo o que sua família precisa – pois pressente que, após a trégua, ataques muito piores virão"

17/Julho

O silêncio cauteloso em meio aos barulhos da guerra em Gaza é quebrado por buzinas de carros: no espaço de cinco horas, todos correm para lojas, mercados e caixas eletrônicos atrás de dinheiro, comida, água e outros suprimentos. Correm também atrás de notícias de familiares e vizinhos.

A pausa humanitária de cinco horas acordada entre Israel e Hamas teve início depois de 10 dias de guerra contínua na Faixa de Gaza. Os ataques aéreos de Israel e os foguetes lançados de Gaza continuaram até que a curta trégua começou, às 10 horas da manhã.

Vários jornalistas de Gaza aproveitaram para checar suas próprias famílias. Muitos não viam seus familiares há 10 dias.

Agora, o número de mortes é de 249 e de feridos, cerca de 1.880 palestinos, diz o funcionário de saúde Dr. Ashraf al-Qidra. A ONU continua afirmando que a maioria dos atingidos é de civis. Os foguetes do Hamas mataram um israelense e provocaram ferimentos leves em outros.

Geralmente, durante um período de calma, a população de Gaza primeiro inspeciona os danos causados, depois tenta encontrar pessoas feridas nos destroços e enterrar seus mortos, antes de visitar as tendas de luto para oferecer suas condolências.

Alguns minutos antes do início do cessar-fogo, o disparo de um tanque israelense atingiu uma casa no sul de Gaza matando três pessoas, de acordo com fontes médicas. "Cinco horas de cessar-fogo não é tempo suficiente para todos enterrarem seus mortos, prestar condolências e se prepararem para os próximos ataques", afirma Ashraf al-Helow, de 32 anos. Comida e água tornaram-se prioridade para as famílias e estão ficando cada vez mais escassas.

"Estamos cansados dessa guerra, é verdade, mas também não queremos voltar para a situação anterior", diz ele. Todos aguardam ansiosamente o homem que vende galinhas para poder comprar algumas e voltar para casa, onde estarão "protegidos" antes que a trégua de cinco horas termine.

A trégua foi respeitada por ambos os lados. "A população estava sedenta por colocar um pouco de água em suas bocas", diz Abu Zyad Hajj, um senhor de 61 anos, enquanto aguarda na fila vestindo o seu *jabalyia* branco.

"Gaza tem sofrido com dificuldades imensas nesses oito anos de cerco israelense – isso não pode e não deve continuar para sempre", disse ele. Ele afirmou também que Israel está ciente de que a ocupação e bloqueio estão colocando a população contra os israelenses, produzindo um solo fértil para o aumento do apoio à resistência palestina. Não era esse o que ocorria alguns anos atrás, quando dezenas de milhares de palestinos que trabalhavam em Israel – inclusive ele – não aprovavam os ataques a Israel.

"Até o momento eu era contra essa ideia, mas agora estou prestes a morrer e, vendo nossos apelos ao mundo cair em ouvidos surdos, já não sei mais o que fazer", lamenta.

Bem nesse momento, o vendedor de carne anuncia que seu estoque está zerado e seu fornecedor não pôde vir por causa dos drones israelenses que estão sobrevoando sua granja. Todos que estão na fila voltarão para casa de mãos vazias.

O cessar-fogo, que deve durar até as 3 da tarde, horário local, foi um pedido das Nações Unidas, com o intento de distribuir suprimentos e auxiliar pessoas que estão à procura de abrigo, comida, água e kits de higiene. Depois que as forças armadas de Israel avisaram que as casas dos palestinos também podem ser consideradas alvos militares, mais de 22 mil passaram a usar as escolas da ONU como abrigo.

Abu Zyad desejaria que a janela de cinco horas de calma pudesse ser estendida para conseguir coletar tudo o que sua família precisa – pois pressente que, após a trégua, ataques muito piores virão.

Invasão por terra

Benjamin Netanyahu e Moshe Ya'alon, respectivamente primeiro-ministro e ministro da defesa de Israel, ordenaram aos militares que iniciassem uma ofensiva por terra em Gaza. O anúncio foi feito no final da quinta-feira, pouco antes do *sabbath*[23] muçulmano da sexta-feira.

Um pronunciamento das forças armadas de Israel afirmou que a ofensiva incluirá "infantaria, unidades de veículos armados, corpo de engenheiros, artilharia e inteligência, contando com apoio aéreo e naval".

Israel transferiu dezenas de milhares de tropas para a fronteira com Gaza para dar início à invasão. A operação começou no final da quinta-feira e matou diversas pessoas – a primeira vítima sendo Fares Al-Tarabeen, um bebê com apenas três meses de vida. Quando seu corpo chegou ao Hospital Shifa, ele ainda vestia fraldas.

Médicos no Hospital Abu Yousef al-Najjar contaram que muitas pessoas foram levadas para lá depois de inalar um gás branco venenoso. As pessoas não conseguiam respirar e os médicos eram incapazes de tratá-las por não saber que tipo de gás era aquele. As pessoas que o inalaram gritavam incontrolavelmente e era difícil contê-las. O ministro da Saúde palestino apelou a grupos internacionais para que ajudassem a lidar com a crise e a identificar o tipo de gás utilizado na primeira hora da invasão terrestre.

As Nações Unidas afirmaram que no mínimo 1.370 casas foram destruídas e mais de 22 mil pessoas estão desabrigadas em decorrência das recentes hostilidades em Gaza. A expectativa é de que, nos próximos dias, a invasão terrestre aumentará o número de famílias sem casa.

---

23 N. do T.: É o nome do dia da semana dedicado ao descanso ou adoração religiosa, observado em diversas crenças pelo mundo. Derivado do hebraico, que significa "cessar", foi usado pela primeira vez na Gênesis, do Velho Testamento da Bíblia que indicava o sétimo dia após a criação do mundo.

A EVOLUÇÃO MILITAR DO HAMAS: DE UZI A FOGUETES

"Especialista afirma que o uso de túneis para realizar incursões, a habilidade para combater unidades de assalto israelenses e os poderosos foguetes caseiros sinalizam maturidade militar do grupo"

17/Julho

A imagem de poder projetada pelo Hamas baseia-se no potencial militar do movimento – sua capacidade de usar a força contra o inimigo. Ao longo dos anos, engenheiros e soldados do braço militar do Hamas, as Brigadas Izz al-Din al-Qassam, morreram para que o grupo pudesse alcançar sua atual capacidade militar.

Foi um processo doloroso de tentativa e erro, dizem os analistas. Quando o Hamas foi instituído, em 1987, a ideia era simplesmente copiar a icônica submetralhadora israelense Uzi. Agora, o grupo utiliza mísseis M-75 com alcance de até 80 km, que podem atingir alvos além de Tel Aviv.

A capacidade do Hamas de confrontar e impedir dois desembarques das forças especiais israelenses, com apoio aéreo, nas praias de Gaza não passou despercebida pelos observadores internacionais. O Hamas também imobilizou tanques israelenses e lançou incursões por túneis, levantando questões sobre a capacidade militar desenvolvida pelo grupo desde sua derrota na Operação Chumbo Fundido, em 2008 e 2009.

"As guerras de 2008, 2009 e de 2012 fizeram com que o Hamas amadurecesse. Estamos assistindo agora à introdução de novos foguetes", afirma Ibrahim Al-Madhoun, especialista nos assuntos do Hamas. "Sua capacidade militar melhorou, tanto em qualidade como em quantidade", disse-me.

De acordo com Madhoun, esse progresso deriva de experiências dolorosas durante a Operação Chumbo Fundido. Por exemplo, as Brigadas Qassam introduziram os Tandem, novos mísseis capazes de atingir tanques a distâncias maiores. Os Tandem, que têm origem russa, podem penetrar na blindagem até 900 mm. Bem diferente do ocorrido em 2008, quando os mísseis P7 e RPG-7 falhavam em deter tanques israelenses mesmo quando lançados de curta distância.

Apesar de não haver informações sobre quantos mísseis Tandem o Hamas possui, Madhoun diz que o grupo mantém outras armas como "surpresa" para uma eventual invasão de Gaza por terra. "Túneis que atravessam cidades são outro fator que possibilita ao Hamas usar táticas defensivas que podem surpreender Israel", sustenta. As forças armadas israelenses disseram na quinta-feira que rechaçaram uma incursão do Hamas sob parte da fronteira altamente fortificada próxima ao *kibbutz* de Sufa – mas as Brigadas Qassam afirmam que a "missão foi bem-sucedida durante o ataque subterrâneo".

Gênio militar

Ahmed Jabari, comandante-chefe das Brigadas Qassam assassinado durante ataque aéreo israelense em novembro de 2012, é considerado o responsável pelo desenvolvimento da capacidade de construir mísseis domésticos, desafiando o bloqueio do Egito e de Israel à Faixa de Gaza. Em homenagem a Jabari, o Hamas introduziu dois novos mísseis: o J80 e o J160.

Segundo analistas, o grupo também melhorou em treinamento e especialização, organizando-se em diferentes divisões, entre elas as de explosivos, engenharia, lançamento de foguetes, atiradores de elite, defesa naval, defesa aérea e manufatura.

Desde 1987, quando o Hamas surgiu, a variedade e o alcance de seus foguetes – ambos segredos bem guardados – melhoraram continuamente. A manufatura de guerra do Hamas é um processo em evolução que, segundo Al-Madhoun, desenvolveu-se por causa da determinação de seu braço militar.

Comparada com 2008 e 2012, quando Israel teria pego o Hamas de surpresa, a resposta do grupo no atual conflito sugere que ele está mais consciente de suas forças e fraquezas. O padrão dos mísseis de Gaza pareceu consistente nos últimos 10 dias de guerra. Estima-se que os militares do Hamas estão usando menos de 20% de sua capacidade militar, afirmou Madhoun.

De fato, outras divisões também ainda não utilizaram toda sua capacidade militar, preservando poder de fogo dos foguetes para os meses de batalha que podem ter pela frente. "Há mais recursos humanos que ainda não foram usados", continua ele, indicando que a reação, até agora, concentrou-se em ataques com foguetes, cujo número "não está nem aumentando, nem diminuindo". "Penso que a resistência em Gaza ainda não está totalmente mobilizada", conclui Madhoun.

Nos últimos dez dias, os ataques de Israel mataram 230 palestinos e feriram mais de 1.700, a grande maioria civis, principalmente crianças e mulheres, segundo as Nações Unidas. Um comandante naval das Qassam, Mohammed Shaban, foi morto – Madhoun afirma que ele não era um líder, mas um operador de campo, e que ainda há centenas de outros na unidade marítima. No passado, membros das Brigadas Qassam eram mortos antes e depois de lançarem foguetes.

Os planos potenciais de Israel de realizar uma invasão por terra nos próximos dias foram recebidos pelas Brigadas com declarações desafiadoras. "É nossa única opção para libertar os prisioneiros palestinos", disseram, posicionando-se a favor da medida.

Em 2003, os líderes do Hamas estimavam em 20 mil o número de soldados nas Brigadas. Observadores acreditam que esse número, hoje, está próximo de 40 mil. Uma razão para isso é que, depois de vencer as eleições de Gaza em 2006, o Hamas ampliou o recrutamento militar. O grupo também se alinhou com outras facções que possuem milhares de pessoas em suas fileiras.

Apesar das tecnologias de monitoramento, Israel tem pouca certeza sobre o volume exato do arsenal das Qassam. "Esse arsenal é manufaturado principalmente em Gaza, mas o Hamas também se beneficiou do caos na Líbia, de onde têm sido trazidos muitos mísseis".

Um analista da *Jane's Intelligence*, uma consultoria com sede em Londres, disse nessa semana à *Reuters* que, nessa ofensiva, as Brigadas usaram novos foguetes e lança-foguetes que eles próprios desenvolveram, de modo que estão menos dependentes do contrabando de armas.

Quanto ao Irã, visto tradicionalmente como o principal patrocinador da capacidade militar das Qassam, Madhoun diz que o relacionamento foi abalado nos últimos tempos, em razão do Hamas não ter seguido Teerã no apoio ao presidente Bashar al-Assad, na Síria.

Outro sinal de progresso na capacidade militar do Hamas é sua tecnologia de drones. Na segunda-feira, as forças armadas israelenses anunciaram ter derrubado um drone: o primeiro bombardeiro aéreo não-tripulado do Hamas, batizado de Ababeel pelo grupo.

Cautela na invasão

Madhoun observa que o uso, por quatro vezes, do míssil anti-tanque teleguiado Kornet, fabricado na Rússia, pelo Hamas e pela Jihad Islâmica, levou Israel a pensar duas vezes antes de lançar uma invasão terrestre, que resultaria em muitas baixas nas tropas israelenses. Ele diz também que seria errado subestimar a capacidade do Hamas em enfrentar as tropas de Israel. "Uma tática útil do Hamas é capturar soldados israelenses e eles mostraram-se mais do que capazes de fazer isso", diz.

Se iniciar uma invasão, Israel não irá encarar somente a renovada força militar e a habilidade de camuflagem do Hamas, mas também, possivelmente, uma potencial baixa massiva entre seus soldados e a crítica internacional pelo uso de táticas de "terra queimada"[24].

---

24 N. do T.: Tática militar que envolve destruir tudo o que um inimigo possa utilizar como benefício a medida que avança ou recua em uma determinada área.

APESAR DAS DURAS PERDAS, GAZA APOIA A RESISTÊNCIA

"Quando uma criança de 7 anos sabe, desde tão cedo, que está vivendo em um estado de sítio imposto por Israel, não pode haver paz"

19/Julho

O preço da resistência pode ser alto e aumentar a cada dia. Somente na sexta-feira, 55 pessoas foram assassinadas em Gaza, e o bombardeio dizimou duas famílias inteiras. O paradoxo é que, conforme aumenta o número de mortos, aumenta também a determinação das pessoas.

"Temos de fazer uma escolha: ou eles acabam conosco, ou acabamos com eles", me disse Amnah Odah, 66 anos. "Essa situação não pode continuar nem voltar a ser o que era até 11 dias atrás –vivemos sob cerco israelense há oito anos –, quando a vida era igualmente ruim, senão pior". Questionada sobre o que diria ao primeiro-ministro Benjamin Netanyahu se tivesse 30 segundos para falar, ela respondeu: "Você é responsável por isso – mas há um limite para a paciência palestina e humana".

"Forçar Gaza a uma dieta de subnutrição como forma de punição coletiva, cortar o abastecimento de água, interferir nos salários, bloquear direitos humanos básicos e não permitir que materiais para construção passem pela passagem de Rafah é insuportável", continua Odah. "É claro que isso está fazendo com que as pessoas se revoltem e levantem-se para lutar por seus direitos".

"Os árabes, oprimidos, sempre se revoltaram contra regimes tirânicos. A ocupação israelense é apenas a continuação disso, ao roubar nossas terras, destruir nossa economia e insultar nossa identidade durante 66 anos de ocupação e bloqueio", diz ela, deitada num colchão simples dentro de um casebre, no campo de refugiados em Rafah.

Odah não é a única a sentir-se dessa maneira, apesar de saber que haverá ainda mais perdas e mortes do lado palestino. "Se soubéssemos que morreram adultos combatendo no *front*, eu estaria orgulhosa, mas quando eu vejo tantas crianças morrendo fico de coração partido", diz. "Nós nos perguntamos se Israel está matando crianças para nos enviar a mensagem de que ninguém está seguro. Penso que Netanyahu deixou claro que ninguém está imune em Gaza. Acho que atingir civis tem por objetivo perturbar e aterrorizar as pessoas, coletivamente", pondera.

Mohammed Joudeh, 45 anos, pai de quatro filhos, também acredita que o objetivo de Israel é intimidar a população, colocando-as contra a resistência e permitido assim que Israel continue com suas exigências irracionais, tais como o bloqueio. No entanto, a realidade parece indicar que a ofensiva israelense está surtindo o efeito contrário.

"As pessoas estão apoiando a resistência. Apesar do nosso sofrimento, em todos os lugares isso parece óbvio", afirma Joudeh, que não acredita que Israel terá sucesso nessa última tentativa de intimidação. Para ele, os ataques contra os civis, por mais duro que seja, está perdendo a eficácia. Após tantos anos, os palestinos sentem que resistir é o único jeito de conquistar seus direitos como nação e melhorar suas condições de vida, explica. "Por décadas, Israel nunca ofereceu nada sem cobrar um preço. Você tem de lutar para conquistar o que é seu", diz ele.

Apesar da perseverança, contudo, os civis que nos últimos 14 anos encontraram-se na linha de frente dos ataques militares de Israel também afirmam que é hora de acabar com o bombardeio. Eles insistem: estão cansados de viver eternamente com medo. Mohammed Abu Shalob, 45 anos, é um dos muitos que se dizem fartos das bombas de Israel.

O último grande ataque, disparado no final da quinta-feira, obrigou-o a fugir de casa com os dez membros de sua família. Eles viviam perto das ruínas do Aeroporto Internacional de Gaza, em Rafah. Por milagre, a família ainda está viva, embora muito abalada.

"Estávamos dentro de casa quando seis bombas de artilharia nos atingiram", diz Abu Shalob. "Uma parede ruiu ao nosso lado, forçando a família inteira a correr, no meio da noite, em busca de abrigo contra os tanques israelenses".

No entanto, quatro vizinhos de Abu Shalob foram feridos. "Tivemos de chamar ambulâncias, pois não podíamos caminhar – o chão estava coberto com fragmentos do míssil, pregos e vidros". "Também não conseguíamos respirar direito por causa do gás branco expelido pelos foguetes, que deixa nossas bocas secas", disse, deitado no chão do campo de futebol de uma escola da ONU onde muitos desabrigados encontraram refúgio. Embora a ONU esteja provendo rações básicas para alimentação, a escala da emergência a pegou desprevenida e muitos desabrigados reclamam que os alimentos são inadequados para o *suhur*[25] e o *iftar* do Ramadã.

Em cada sala de aula, há cerca de 50 mulheres dormindo, em geral. Os homens ficam espalhados pelo campo de futebol, enquanto outros dormem do lado de fora, nas ruas – usando como travesseiro suas sandálias, camisetas ou caixas vazias de leite em pó.

Contudo, nem mesmo as escolas da ONU são abrigo seguro contra as bombas. Durante o conflito, ambulâncias foram atingidas e forçadas a recuar. Abu Shalob conta que foi forçado a andar quilômetros até um local onde as ambulâncias podiam ser encontradas.

Embora Israel já tenha sido acusada de atingir propositalmente pessoas e infraestrutura civil em outras ocasiões, Abu Shalob diz que, ao menos para ele, essa guerra está diferente das de 2008 ou de 2012. "Antes, não tínhamos artilharia israelense diretamente contra nossas casas", disse.

Outra mudança perturbadora, segundo Abu Shalob, é a suposta utilização pelas forças israelenses de prédios altos como postos para franco-atiradores. Joudeh também percebeu essa tática, e disse que ela deixa os palestinos com poucas opções. "Mas afinal isso não significa que as pessoas estão dispostas a

---

25 N. do T.: É a alimentação digerida pelos muçulmanos antes do sol nascer durante o Ramadã.

aceitar um cessar-fogo – pois ou nós vivemos plenamente, com dignidade, ou não temos vida de verdade", diz.

Para ele, a tecnologia moldou uma nova geração de palestinos que não estão dispostos a aceitar a humilhação que suas famílias suportaram sob a ocupação de Israel. "Faz 66 anos que vivemos assim, Israel não percebeu que é chegada a hora de dar um basta", sustenta.

Mas o preço da resistência é alto. Conforme fontes palestinas, as últimas 24 horas testemunharam o lançamento de 260 mísseis por Israel, enquanto as facções palestinas lançaram cerca de 105 foguetes e morteiros no território israelense. O número de palestinos mortos em Gaza está agora se aproximando de maneira veloz a 300 – incluindo crianças. Do lado israelense, um civil e um soldado foram mortos.

No Hospital Abu Yousef al-Najjar, os médicos decretaram estado de emergência, enquanto mais pessoas são retiradas e transferidas para outros locais. "Desde o início da noite estamos sendo atacados pela artilharia israelense, e panfletos lançados do ar ordenam que abandonemos nossas casas", disse Hani al-Mahmom, 38 anos.

O medo e a confusão são palpáveis. Quando o bombardeio recomeça, a população de Rafah corre para uma das seis escolas da ONU que existe na cidade, únicos abrigos disponíveis aos moradores.

Mahmom e sua família estavam entre os que fugiram nas primeiras horas. "Há dois dias eu estava na minha casa, apesar do bombardeio, mas agora estou desabrigado. Somos resilientes e apoiamos a resistência em Gaza – mas, antes, somos vítimas da crueldade de Israel", afirma. "Se fôssemos nós que estivéssemos lançando os foguetes, eu poderia aceitar que Israel contra-atacasse atingindo nossas casas. Mas não somos nós", indigna-se Mahmom.

O número cada vez maior de civis atingidos está levantando dúvidas sobre as intenções de Israel entre grupos da comunidade internacional. Mahmom acredita que, para Israel, a guerra não tem por objetivo destruir o Hamas, apenas enfraquecê-lo.

Ele afirma que seus filhos não se esquecerão dessas noites insones quando forem adultos, e teme que isso vá prejudicar as chances de paz na região. "Quando uma criança de 7 anos sabe, desde tão cedo, que está vivendo em um estado de sítio imposto por Israel, não pode haver paz", diz Mahmom.

QUANDO HOSPITAIS VIRAM ALVOS

"A resistência é nosso último recurso para conquistar a liberdade e respirar algum ar em nossos pulmões', disse Abu Iyad"

19/Julho

O Hospital Kamal Adwan, no norte de Gaza, está fervilhando de atividade: por suas portas passam correndo dezenas de palestinos feridos com o fogo da artilharia israelense. Geralmente os pacientes sentem-se protegidos num hospital, mas não depois da notícia de que um tanque israelense disparou contra uma instituição em Beit Hanoun, na sexta-feira de manhã.

"A partir do momento em que vi mísseis israelenses atingindo hospitais fiquei ainda mais preocupado, pois isso significava que nós tampouco estávamos seguros", afirma Abu Iyad, 57 anos, que vive a menos de um quilômetro de onde os tanques israelenses se posicionaram, ao longo da fronteira de Beit Lahyia.

As forças armadas israelenses despejaram panfletos pedindo que os residentes deixassem suas casas na quinta-feira. Os panfletos chegaram no momento em que Israel lançava uma operação terrestre sobre a Faixa de Gaza sitiada, penetrando ainda mais no território, em cinco pontos diferentes. Israel afirma que o objetivo da operação era destruir os túneis e os locais de lançamento de foguetes em Gaza.

De madrugada, nas primeiras horas da invasão, Israel atacou mais de 100 lugares diferentes. O governo reportou a destruição de nove túneis subterrâneos e 20 lança-foguetes que estavam escondidos.

Até agora, as forças israelenses não avançaram mais do que dois quilômetros dentro de Gaza, mas o número de civis palestinos atingidos aumentou: mais de 280 palestinos foram mortos em 11 dias de violência. Outros 1.900 foram feridos, sendo que os civis são quem mais tem sofrido com a violência até agora.

"Parece que nem o primeiro-ministro israelense Benjamin Netanyahu, nem o presidente norte-americano Barack Obama querem saber que somos nós, os civis, que temos sido os alvos – a resistência é nosso último recurso para conquistar a liberdade e respirar algum ar em nossos pulmões", disse Abu Iyad.

No final da noite de sexta-feira, o constante bombardeio podia ser ouvido por toda a Faixa de Gaza, enquanto F-16 israelenses atacavam prédios, e navios de guerra disparavam mísseis de suas posições ao longo da costa.

"O exército israelense está operando contra o Hamas e outras organizações terroristas na Faixa de Gaza por mar e ar, e agora também por terra", disse Netanyahu na sexta-feira à tarde, pouco antes de entrar numa reunião especial de seu gabinete. "Não é possível lidar com os túneis apenas por ar, então nossos soldados estão fazendo isso agora por terra", disse.

Enquanto isso, Obama reafirmou seu apoio à operação israelense, mas pediu comedimento. "Nenhuma nação deve aceitar foguetes sendo lançados para dentro de suas fronteiras ou terroristas cavando túneis para dentro de seu território", disse Obama, de acordo com a agência de notícias *Associated Press*.

Relatando à *Al Jazeera*, o Dr. Ashraf al-Qidra, do Hospital Shifa na Cidade de Gaza, confirmou que 55 palestinos foram mortos nas primeiras 24 horas da operação terrestre de Israel, incluindo três crianças assassinadas da família Abu Musallam: Ahmed, Walaa e Mohammed.

Ahmed, 11 anos, teve o rosto inteiramente escurecido por conta de queimaduras e exposição a fumaça. Ao seu lado, no necrotério do Hospital Kamal Adwan, jazia sua irmã Walla, 12, e o irmão Mohammed, 14; eles estavam enrolados numa mortalha branca para o enterro.

Ismail Musallam, pai das crianças, disse que eles estavam dormindo quando uma bomba de artilharia atingiu o apartamento da família, na torre residencial em al-Nahda. O pai começou a retirar as crianças dos escombros por conta própria, antes que as equipes paramédicas chegassem ao local.

A casa da família estava inacessível aos parentes que tentavam visitar as crianças antes do enterro, como é costume, e o funeral também foi retardado por horas em razão do fogo pesado de Israel.

Em Khan Younis, no sul de Gaza, nove pessoas foram assassinadas na madrugada de sexta-feira, incluindo quatro membros da família Radwan. Escavadeiras israelenses foram avistadas destruindo terras agrícolas numa área supostamente neutra, que separa Gaza e Israel.

O Hospital Al-Wafa também foi atacado, de acordo com Attia al-Wadia, chefe de relações públicas do hospital que é especializado em reabilitação. "Israel continua a jogar bombas, forçando os médicos a retirar os pacientes", disse à *Al Jazeera*, explicando que a equipe do hospital deslocou 18 pacientes seriamente feridos para outro prédio por temerem um ataque aéreo israelense.

Finalmente, depois de horas de atraso, as três crianças da família Musallam foram enterradas num cemitério parcialmente coberto por um nevoeiro escuro – resultado da fumaça negra vinda de um prédio próximo que fora atingido.

Um grupo de homens carregou os corpos em macas. O rosto de Ahmed estava coberto por queimaduras negras, enquanto os corpos de seu irmão e de sua irmã encontravam-se crivados por estilhaços e fragmentos. A tensão era palpável entre os enlutados, que ainda temiam um novo bombardeio israelense.

"Há poucas horas eles estavam dormindo em camas quentes. Agora estão num necrotério frios, mortos", disse mais cedo à *Al Jazeera* uma parente que não quis revelar seu nome, enquanto os corpos das crianças ainda estavam no hospital Kamal Adwan.

"Veja, ela estava na flor da idade. Que ameaça representava? O que ela fez a Israel para merecer isso?"

ENERGIA SABOTADA

"Isolar e desconectar as pessoas, impossibilitar o uso de seus equipamentos ou serviços, seja o telefone, a televisão ou mesmo água. A infraestrutura de telecomunicações é geralmente a primeira a ser atacada"

19/Julho

Hassan Zyara está chorando bem alto. O choro acorda toda a família: seu pai, Tahseen, sua mãe e seus quatro irmãos. Já passa da meia-noite e o apartamento está às escuras, pois não há eletricidade. Seu pai pergunta por que ele está chorando e Hassan, com dois anos de idade, responde que está com medo de ir ao banheiro no escuro.

"Geralmente mantemos uma luzinha acesa e ele nunca tem medo, mas essa escuridão o assusta e ele não consegue andar sozinho", diz Tahseen. Ele culpa não apenas a crise atual, mas também a ocupação israelense e seu longo bloqueio. O acesso à eletricidade vem sendo reduzido a cada ano desde 2006, quando navios de guerra de Israel atingiriam a única central de distribuição elétrica de Gaza. Antes disso, as instalações ofereciam o serviço em sua quase total capacidade.

Agora, sob a ofensiva militar de Israel por terra, água e ar, resta à Faixa de Gaza apenas duas horas de energia elétrica por dia, no máximo. Algumas áreas estão há dois dias sem qualquer eletricidade.

"Não podemos fazer muita coisa em duas horas. Como lavar roupa, conectar o gerador de água, recarregar nossos celulares para saber de amigos e familiares, ou checar as notícias na televisão, ou simplesmente dar conta dos afazeres na cozinha", lamenta Umm Mohammed, esposa de Tahseen.

Ela sabe que 120 minutos é muito pouco tempo para fazer tudo o que é preciso, mas essa é realidade que tem de enfrentar agora.

Na sexta-feira, a Companhia de Distribuição Elétrica de Gaza anunciou que Israel recusa-se a fornecer energia elétrica já adquirida de uma companhia israelense para ser disponibilizada em Gaza, de modo que as interrupções já chegam a quase 90%.

Gaza nunca sofreu tamanha escassez de energia elétrica nas guerras anteriores, afirmam funcionários da companhia elétrica. A região tem estado sob ataque de Israel nos últimos 12 dias. No sábado, o número de mortes aumentou. No total, 334 palestinos foram mortos e 2.391 feridos. Israel conduziu 2.450 ataques aéreos e disparou aproximadamente 850 bombas de artilharia e 775 bombas de navios de guerra. Grupos palestinos de resistência dispararam 1.500 foguetes e mísseis que, segundo Israel, mataram dois de seus cidadãos.

Jamal Al Dardsawi, diretor de relações públicas da companhia elétrica de Gaza, afirma que Israel passou a cortar gradualmente a energia elétrica fornecida a Gaza por companhias israelenses. Enquanto isso, mísseis lançados por drones e F-16 danificavam severamente as redes de transmissão que trazem eletricidade do Egito.

De acordo com Al Dardsawi, 13 linhas elétricas foram muito danificadas pelos ataques aéreos contínuos e pelo fogo de artilharia que Israel disparou nas últimas 24 horas.

Ele contou que Israel também recusou-se a permitir que seus funcionários reparassem as linhas danificadas com a intenção de oferecer algum alívio à escuridão que paira por toda a Faixa de Gaza. "A companhia elétrica está à beira do colapso total, com os bombardeios de Israel, constantes e deliberados, sobre as linhas domésticas de energia."

Gaza necessita de 360 megawatts para atender as necessidades dos 1,8 milhão de palestinos que vivem sob o cerco israelense – 46% deles crianças são abaixo de 14 anos.

Gaza compra energia elétrica de três fontes: linhas israelenses fornecem 120 megawatts, linhas egípcias providenciam 28 megawatts e as instalações domésticas de Gaza produzem entre 40 e 60 megawatts.

Testemunhas oculares na zona leste da Cidade de Gaza afirmam que Israel está atingindo propositalmente as linhas de energia elétrica com o objetivo de cortar a comunicação entre os habitantes. Em guerras anteriores, essa também foi uma das primeiras táticas empregadas pelos militares israelenses: isolar e desconectar as pessoas, impossibilitar o uso de seus equipamentos ou serviços, seja o telefone, a televisão ou mesmo água. A infraestrutura de telecomunicações é geralmente a primeira a ser atacada.

Na quinta-feira, Israel anunciou que a Passagem Kerem Shalom, único ponto de acesso para a entrada de combustível industrial em Gaza, seria fechada. A companhia elétrica disse que, por causa dessa medida, nem mesmo os habituais megawatts poderão ser produzidos internamente.

Gaza está funcionando com reservas cada vez mais minguadas, suficientes somente para alguns dias, com apenas 10% da capacidade básica necessária. O Ministério do Interior diz que está em contato com o Comitê Internacional da Cruz Vermelha para garantir a segurança dos funcionários que trabalham no conserto das linhas danificadas.

Durante a guerra, vários funcionários dos serviços públicos foram mortos ou feridos. O último foi assassinado em Rafah quando um carro municipal claramente identificado foi atingido por um míssil israelense, matando o trabalhador e ferindo seus colegas.

O fato de Israel impedir que equipes técnicas consertem as linhas danificadas levará Gaza à uma crise inevitável, afirma Al Dardsawi. "Isso é uma punição coletiva, definitivamente. É como quebrar um braço já quebrado", diz ele.

NOVO ÁLIBI PARA ATACAR CASAS, HOSPITAIS E ESCOLAS

"O exército israelense defendeu sua operação militar, acusando o Hamas de esconder armas. Militares afirmam que casas podem ser consideradas alvos militares legítimos"

20/Julho

Remas Kayed consegue descrever o ataque, do qual seus pais mal conseguem acreditar ter escapado com vida. "O F-16 israelense atacou o quarto da mamãe – olhe, venha aqui ver", contou a criança de 6 anos, quando esta verificava os danos ao apartamento da família, no sétimo andar da Torre Daowd.

Às 3 da manhã da quinta-feira, o pai de Remas, Khaled Kayed, veio convidá-lo, assim como sua esposa e os outros filhos, para partilharem uma refeição *suhur*. Ao sair do apartamento, disse Khaled, eles "acabavam de fechar a porta quando o prédio inteiro começou a chacoalhar por causa do ataque aéreo".

Paralisada pelo medo, a família voltou rapidamente para dentro, encolheu-se num quarto e fechou a porta. "Fomos sacudidos por uma bomba lançada por um drone israelense", recorda Khaled, enquanto examina os destroços causados pelo míssil, que caiu dentro do quarto das crianças.

O prédio residencial onde vivem Khaled e seu pai, também é a moradia de médicos, professores universitários e servidores públicos. "Apenas três minutos nos separaram da morte certa", afirmou Khaled, que é funcionário da Autoridade Palestina em Ramallah, enquanto Remas examinava o que restou de seu quarto.

As cortinas amarelas do apartamento foram rasgadas e queimadas. As roupas de Kayed e de sua esposa foram perfuradas pelos estilhaços. A cama foi partida em pequenos pedaços e os lençóis ficaram cobertos de poeira, cheirando a metal quente.

"Israel é o maioral da intimidação, trata de aterrorizar somente pessoas presas em suas próprias casas", diz Khaled.

Após 10 dias de bombardeio aéreo na Faixa de Gaza, Israel lançou uma ofensiva terrestre para dentro do território sitiado, tarde da noite de quinta-feira. Os israelenses alegam que a escalada da operação militar tem por objetivo destruir túneis que ligam Gaza a Israel, e que seu exército estava "preparado para expandir a ação em terra".

Israel negou a acusação de estar atingindo civis em Gaza, argumentando que está em busca de combatentes filiados à facção palestina do Hamas. O exército israelense defendeu sua operação militar, acusando o Hamas de esconder foguetes e outras armas em "casas, mesquitas, hospitais e escolas", e de operar "dentro de áreas residenciais". Os militares afirmaram também que casas podem ser consideradas alvos militares legítimos.

Contudo, Israel tem sido criticado por grupos internacionais de direitos humanos por alvejar moradias durante sua última ofensiva contra Gaza, já que vários blocos de apartamentos foram atingidos por mísseis e drones. Cerca de 1.780 famílias tiveram suas casas completamente destruídas pelos ataques aéreos de Israel; a ONU estima que algo em torno de 96.400 pessoas estão desabrigadas em toda a Faixa.

O Ministério da Saúde de Gaza relatou que, até o momento, mais de 245 palestinos foram mortos – inclusive 39 crianças. Outras 1.920 pessoas foram feridas. A ONU revelou que cerca de 25 mil crianças palestinas, moradoras de Gaza, estão sofrendo de transtorno de estresse pós-traumático e necessitam de ajuda psicológica, devido a contínua ofensiva militar de Israel.

Khaled afirma que todas as suas crianças estão traumatizadas. "Por que Israel está nos bombardeando?", pergunta sua filha Remas, sem parar.

De volta à Torre Daowd, os apartamentos sete e oito foram os mais atingidos. A estrutura externa do prédio está gravemente danificada: há móveis destruídos, objetos pessoais e brinquedos espalhados por todos os lados.

O proprietário do prédio, Suhil Abu Jebba, disse que os 15 apartamentos do edifício sofreram danos e que cinco carros, estacionados do lado de fora, foram destruídos. Um dos veículos pertencia a um conhecido acadêmico, que estimou o prejuízo em cerca de 14 mil dólares.

Na quinta-feira, F-16 israelenses dispararam três mísseis novamente contra o prédio, sendo que um deles o atingiu no momento em que bombeiros e ambulâncias estavam chegando. Cinco pessoas foram feridas, inclusive um membro da equipe de paramédicos.

"Todo mundo na vizinhança conseguiu correr para fora de casa. Estávamos simplesmente aterrorizados, tremendo e com as crianças chorando", disse Khaled, que fugiu de seu apartamento usando a luz do telefone celular. A cena, conta ele, lembrava "um terremoto, com chamas por todos os lados, poeira e fumaça invadindo tudo e cacos de vidro afiados pelo chão".

FUNCIONÁRIOS PÚBLICOS VIRAM ALVOS E A INFRAESTRUTURA FICA À BEIRA DO COLAPSO

"Redes de distribuição elétrica, abastecimento de água e unidades médicas lutam para funcionar sob o bombardeio"

20/Julho

Quando Umm Ali Abu Sada vai à cozinha de casa, ela vê a geladeira pingando. O derretimento do gelo e de um quilo de frango congelado produz uma mistura de água e sangue que vaza para o seu chão – e não há nada que essa mãe de seis filhos possa fazer.

Os cortes de energia nas últimas 24 horas deixaram Umm Ali, que vive num campo de refugiados em Jabalyia, com mais perdas do que ela pode aguentar. "Está insuportavelmente quente, e sem energia elétrica não tem como minha geladeira funcionar", diz ela.

Apesar da pobreza abjeta e da invalidez do marido, ela estocou comida para a família. Sabe que os próximos dias não serão fáceis com a interrupção quase completa do fornecimento de água.

Também a caixa d'água no telhado precisa de um gerador, e isso só é possível com eletricidade. Até mesmo dar descarga no vaso sanitário já não é mais possível. Sua casa, no norte de Gaza, está numa área que vem sendo pesadamente bombardeada no caminho da ofensiva israelense – o que aumenta ainda mais a gravidade da situação. "As coisas ficaram muito piores com a invasão por terra", contou Umm Ali. Segundo Jamal al-Dardsawi, funcionário da companhia elétrica local, 13 linhas de distribuição elétrica foram atingidas pelos ataques aéreos e bombas de artilharia de Israel. Isso significa que 90% da eletricidade na Faixa de Gaza foi interrompida.

Os 10% remanescentes não são suficientes para encarar as necessidades do 1,8 milhão de habitantes em Gaza, resultando em prolongados blecautes. Dependendo da área, os moradores chegam a ter entre duas e quatro horas diárias de eletricidade, mas alguns distritos estão no escuro há dois dias. Nas duas últimas semanas, funcionários da companhia elétrica têm sido atingidos pelas armas israelenses, levando Dardsawi a relutar em enviar equipes para inspecionar danos e realizar reparos. Três trabalhadores já foram assassinados quando consertavam instalações criticamente atingidas. As contínuas hostilidades tornam o trabalho muito perigoso em várias áreas, afirma Philip Luther, diretor do programa da Anistia Internacional no Oriente Médio e Norte da África.

Um relatório do Escritório de Coordenação para Assuntos Humanitários da ONU (UNOCHA, na sigla em inglês) também apontou os perigos que esses trabalhadores enfrentam. "A falta de proteção durante a verificação e reparação de danos ainda é o maior impedimento para o conserto imediato das linhas de abastecimento de água e de saneamento básico", lê-se no relatório.

A UNOCHA afirma que os danos aos equipamentos técnicos estão afetando a maioria da população de Gaza, apesar dos reparos realizados em duas linhas, numa operação conjunta com autoridades israelenses. "Isso prejudica ainda mais o funcionamento das instalações de água e esgoto, muitas das quais foram danificadas", diz o relatório. A infraestrutura de Gaza deve a sofrer ainda mais danos devido aos efeitos da falta de energia. É o que Umm Ali enfrenta em sua casa: o sistema de esgoto está inundando e o lixo, parado sob o sol quente, não é coletado há dias.

Segundo o Grupo Emergencial para Água e Higiene Sanitária (EWASH, na sigla em inglês), 50% do bombeamento de esgoto e sistemas de tratamento já não estão funcionando. Isso afeta diretamente 900 mil palestinos moradores de Gaza. "A infraestrutura está à beira do colapso, e as consequências da contínua falta de água limpa podem ser catastróficas", alerta Luther. De acordo com a EWASH, a situação é extremamente perigosa. A organização emitiu um alerta de que o contato do esgoto com a água potável eleva os riscos de uma séria crise na saúde pública, com o aumento de doenças transmissíveis pela água.

Com o contínuo ataque de Israel, a maioria dos hospitais está se concentrando principalmente nos casos mais urgentes. Sob bombardeio, milhares de pacientes com problemas de saúde não diretamente ligados ao conflito, ficaram sem atendimento médico. A destruição de instalações de saúde de Gaza, nas últimas duas semanas, preocupa vários grupos de direitos humanos. Segundo a UNOCHA, 16 instalações médicas sofreram danos de 8 de julho até agora – incluindo dois hospitais, 12 clínicas e dois centros de enfermagem.

Um caso que chamou a atenção internacional foi o Hospital de Reabilitação al-Wafa, forçado a evacuar muitos de seus pacientes impossibilitados de se mover, antes que o prédio fosse bombardeado pela segunda vez por Israel. O Ministério da Saúde anunciou que 13 dos 54 prontos-socorros de Gaza foram fechados, a maioria situada em áreas atingidas pela força aérea, navios de guerra e artilharia israelenses.

No sábado, os hospitais em Gaza anunciaram que seus suprimentos médicos estavam minguando rapidamente, e algumas cirurgias essenciais não foram realizadas por falta de provisões. O ministro-interino da Saúde, Dr. Yousef Abuelresh, fez um apelo para as organizações internacionais enviarem, o mais rápido possível, os suprimentos médicos de que Gaza necessita desesperadamente.

Mas o pedido de ajuda não obteve muita resposta. Alguns países enviaram dinheiro, mas os hospitais não podem fazer muita coisa enquanto durar o bloqueio israelense ao longo da costa. De acordo com Amjad Shrafi, secretário do sindicato dos pescadores palestinos, ao menos 39 barcos pesqueiros foram destruídos ou severamente danificados desde o início do conflito.

A UNOCHA estima que 3.600 pescadores necessitam de auxílio para restabelecer seu modo de vida. Shrafi calcula o custo dos últimos danos causados no setor pesqueiro. Esse número aumenta dia a dia: "Temos vivido uma experiência dolorosa nos últimos dias, com os bombardeios tentando atingir os barcos e os portos", disse ele.

Já era mais de meia-noite quando os navios de guerra israelenses dispararam seus mísseis. Cerca de 800 bombas foram lançadas, a maioria atingindo os equipamentos dos pescadores. Alguns barcos foram queimados, e em razão do bombardeio do corpo de bombeiros do porto não foi possível conter os incêndios a tempo.

Os pescadores cujos barcos sobreviveram permanecem sem acesso ao mar devido ao constante bombardeio da marinha israelense. O assassinato, num porto, de quatro crianças da família Bakr pelas bombas israelenses transformou o local numa cidade-fantasma.

CORPOS DESTROÇADOS NO NECROTÉRIO DE SHIFA

"Palestinos correm à procura de entes queridos no Hospital Shifa após ataque mortal em bairro de Gaza; muitos deles não recebem boas notícias"

20/Julho

"Não, não é ele", diz o irmão de Mohammed Al Mobayed, antes de passar para o próximo cadáver. Metade da família está na recepção do hospital e a outra está no necrotério. A ambulância chega, pedindo à multidão que abra espaço para passar e desembarcar feridos e mortos. Assim que as portas traseiras da ambulância se abrem, as pessoas correm em sua direção procurando por familiares desaparecidos.

"Não, não é ele, pai!", grita um dos irmãos. Um grito ecoa no ar e atinge em cheio a família Al Mobayed: "Aqui está Mohammed". A família corre em sua direção, querendo acreditar que ele está vivo. Mas o corpo de Mohammed chega marcado em saco plástico junto de pedaços de outros corpos, com diferentes dedos, cabeças, peitos, pernas e pés. Cabe à equipe da ambulância identificar quais partes pertencem a quem, antes de tratar de enrolá-los em mortalhas brancas e prepará-los para o enterro.

Gritos de dor começam a ser ouvidos entre os familiares. Mas há centenas de pessoas ali, muitas ainda procurando seus entes queridos. Todas temem que a próxima ambulância trará seus parentes ao hospital.

A carnificina humana em Shejaiya começou nesta manhã, quando tanques israelenses iniciaram um bombardeio massivo contra várias residências. Os disparos dos tanques atingiram diretamente as casas; algumas pessoas conseguiram fugir debaixo do fogo pesado, mas muitas outras foram atingidas. Umm Ahed Al Qanou, 55 anos, teve que caminhar por cinco quilômetros com seus oito filhos até que conseguisse encontrar um transporte para levá-los a algum lugar seguro. Já no Hospital Shifa, ela diz não saber onde está o marido. Ela tampouco conhece o paradeiro de seu nono filho. Um jovem a ajuda na busca. Ela ainda tem esperança de que estejam vivos, mas a essa altura ninguém sabe mais de nada.

As equipes nas ambulâncias dizem que não conseguiram recolher os corpos daqueles que foram atingidos nas ruas – ou para lá onde foram lançados pelo impacto das bombas. "É um massacre. Homens, mulheres e crianças, feridos e mortos largados nas ruas e nós sem poder resgatá-los, pois estavam atirando contra nós também", grita um motorista de ambulância, enquanto o entrevisto.

Aparentemente, quatro soldados israelenses morreram na noite passada em uma intensa batalha com os combatentes da resistência palestina. Ao menos 100 palestinos foram mortos no domingo e mais de 300 se feriram, afirmam os médicos no Hospital Shifa. Os números sobem ao passo que mais corpos são retirados dos escombros que costumavam ser seus lares.

De acordo com a ONU, desde que os ataques israelenses começaram, a quantidade de mortos em Gaza chegou a 425 pessoas e 2.900 feridos – a maioria civis. A Cruz Vermelha tentou organizar um cessar-fogo para conseguir recolher os corpos, mas os médicos afirmam que o armistício temporário é insuficiente para desenterrar os corpos que não estão visíveis nas ruas.

Essa foi a noite mais selvagem da luta desde que a guerra começou, duas semanas atrás. Osama Al Orbaji, 28, conta que a maioria das famílias foi bombardeada enquanto dormia, e outras morreram tentando fugir de suas casas em busca de abrigo. "Estávamos todos em casa quando ouvimos o fogo cruzado, às 2:30 da manhã. Achei que ia terminar logo".

Pouco antes do sol se pôr em Shejaiya, na zona leste da Cidade de Gaza, as bombas disparadas pelos tanques começaram a cair por todos os lados. Eu contei 14 cápsulas lançadas em 45 segundos. "Sempre que eu e minha família tentávamos sair de casa víamos tanques disparando em nossa direção. Não há para onde fugir", diz Al Orbaji, enquanto busca os corpos – ou pedaços de corpos – de seus primos.

"Eu vi a família de Ayyad ser massacrada, os tanques atiraram contra eles sem parar. Doze pessoas estavam tentando fugir, mas foram explodidas em pedaços, seus corpos despedaçados pelo chão e pelas paredes", conta Osama, ao observar ambulâncias chegando e uma multidão gritando de medo. "A mãe estava segurando suas crianças pelas mãos quando a vi desaparecer, atingida por um tiro de canhão", diz. Então ele avistou um pequeno rosto infantil – o topo da cabeça da criança. O resto foi destroçado. O corpo da mãe também explodiu em pequenos pedaços, continua ele, lacrimejando.

"Eu comecei a correr com minha família. Sob nossos pés estavam os corpos de quatro vizinhos, e havia sangue por todos os lados", diz. Ele me mostra o sangue em suas calças e nos pés descalços, e o que parece ser um pedaço de carne de alguém em sua testa. "Atacaram mesquitas, escolas, casas, carros, tudo. A área foi transformada em ruínas e escombros, casas destruídas e cadáveres", ele diz. "Meus parentes ainda estão lá dentro. Meus cunhados ficaram presos e não sabemos se ainda estão vivos". Sua única opção é aguardar as ambulâncias. Se nenhuma chegar, Osama teme que ninguém irá recuperar os corpos que ainda estão sob as ruínas.

"O filho caçula dos meus cunhados tinha dois meses de vida. Foi morto no começo da manhã, dentro de sua casa, próxima à mesquita Al Motase", revela. Entre os corpos frios e queimados no necrotério, ele ainda não encontrou o pequenino cadáver.

"MÍSSEIS CAÍAM COMO PINGO DE CHUVA QUENTE"

"Sobreviventes do massacre de Shujayea lembram histórias horrendas em meio à busca frenética por familiares desaparecidos"
21/Julho

Mahmoud al-Sheikh Khail, 36 anos, um dos poucos sobreviventes de Shujayea, aguardava nervosamente em frente aos portões do Hospital Shifa a chegada da próxima ambulância. Seus olhos assustados avistaram o veículo tentando passar com dificuldade pela multidão. As portas da ambulância se abriram e os mortos começaram a ser descarregados. Ao reconhecer um pequeno rosto familiar, Khail desmanchou-se em lágrimas, gritando "Samia al-Sheikh Khalil!".

O corpo de três anos de Samia havia sido destroçado pelo disparo de um tanque israelense. Mesmo com todas as queimaduras, ainda era possível identificá-lo. Khail descobriu que os corpos que continuaram enrolados na mortalha branca eram seus primos. Ele desmoronou: "Estávamos tentando correr, mas os tiros de canhão nos perseguiam em todo lugar", contou. "Era cerca de seis da manhã e eu estava dentro de casa. Ouvi os vizinhos pedindo ajuda logo após uma explosão. Consegui sair para tentar resgatá-los, mas havia sido um massacre: mulheres e crianças feitos em pedaços", acrescentou.

Shujayea, no leste da Cidade de Gaza, foi um dos ataques mais horrendos desde que Israel começou a guerra há 14 dias. A carnificina de ontem deixou 72 pessoas mortas, conforme declaração do Ministério da Saúde palestino. Praticamente todos os assassinados eram mulheres, crianças e idosos. De acordo com Ashraf al-Qedra, porta-voz do ministério, o número de mortos em Gaza aumentou para 506 pessoas, com mais de 3.150 feridos, desde 8 de julho. Aqueles que sobreviveram, como Khail, afirmam ter sido um milagre. Segundo os relatos de inúmeras testemunhas oculares, moradores de Shujayea balançavam com as mãos qualquer pedaço de tecido branco que encontravam: camisetas, roupa de baixo, toalhas de mesa. Queriam escapar da área que estava sob constante e pesado bombardeio israelense. No fim dos ataques, os panos brancos estavam em pedaços ou manchados de sangue.

Iman Mansour, outra sobrevivente, conseguiu escapar com suas três crianças. "Não havia lugar seguro", ela contou. Seus três filhos estavam feridos e recebiam cuidados médicos no Hospital Shifa. "Fomos obrigados a deixar nossa casa, porque os mísseis caíam sobre nós como pingos de chuva quente". Sua sogra, Umm Wael Mansou, que também estava sendo tratada no hospital, teve sua casa destruída pelos tanques. "Eu vivi a guerra de 1967 e todas as guerras de Israel que se seguiram, mas esta é indescritível. É mais cruel que os massacres de Sabra e Shatila".[26]

Quando sua residência foi atingida, ela gritou. Os vizinhos que tentaram ajudá-la foram assassinados na porta de sua casa. "Corpos de homens, mulheres e crianças estavam espalhados por todos os lados, ninguém podia se aproximar para tentar salvá-los", conta, com as lágrimas caindo.

O cheiro no Hospital Shifa é de carne humana queimada. O necrotério está abarrotado com os restos da matança: braços e pernas desmembrados e corpos carbonizados, inclusive rostos de crianças mortas.

O necrotério tem mais cadáveres do que suporta. Muitas vítimas estão irreconhecíveis. Aqueles que procuram entes amados

---

26 N. do T.: Dois campos de refugiados palestinos no Líbano onde ocorreu o assassinato de mais 3 mil pessoas entre os dias 16 e 18 de setembro de 1982, tendo em sua maioria crianças, mulheres e idosos. O massacre perpetrado pelas Falanges Libanesas, grupo cristão maronita de extrema-direita. Três meses depois, a Assembleia Geral da ONU declarou a ação como genocídio por 123 votos a favor e 0 contra. Apesar de não estar diretamente envolvido, a Corte Suprema de Israel considerou o Ministro da Defesa do país, Ariel Sharon, pessoalmente responsável pelo massacre, por ter falhado na proteção aos refugiados, uma vez que os campos, localizados no sul de Beirute, estavam sob controle do exército israelense.

esforçam-se para relembrar detalhes físicos – cor da pele, velhas cicatrizes, peso, altura – para poder identificar algum familiar entre os corpos terrivelmente deteriorados. Durante a trégua de duas horas, as equipes de resgate das ambulâncias faziam o possível para recolher os cadáveres. Cruzaram com pessoas ainda vivas, mas que davam seus últimos suspiros, sangrando até a morte.

Em determinado momento, um paramédico viu uma maca no chão. Debaixo dela estava o corpo de seu colega Fouad Jaber, assassinado pelo disparo de um tanque israelense. "Oh meu Deus, Fouad... Fouad é um deles. Está morto", gritou o paramédico, antes de carregar o corpo do colega.

Jaber estava em missão de resgate, tentando salvar uma família com dez pessoas – a maioria mulheres e crianças. Morreu dentro da casa. A ambulância foi destruída pelos disparos dos tanques. "Ao invés de atingir profissionais de saúde, em violação às leis internacionais, as forças israelenses deveriam proteger médicos e pacientes para garantir que os feridos possam ser levados à hospitais em Gaza e, quando necessário, fora da Faixa", disse Philip Luther, da Anistia Internacional.

De volta ao hospital, mais sobreviventes aguardam as ambulâncias, procurando desesperadamente por familiares. Khail ficou até o fim do dia buscando mais parentes, em vão. Os paramédicos confirmaram que sete de seus primos estavam mortos.

Tudo o que ele queria agora era um novo cessar-fogo, para poder voltar para casa e procurar os familiares ainda desaparecidos.

HOSPITAL AL-AQSA VOA PELOS ARES

"Muitos foram atingidos quando tentavam tratar as pessoas. Médicos, enfermeiros e pacientes jaziam no chão, sangrando. O hospital é o único que oferece serviços a vários campos de refugiados"

21/Julho

Ao menos cinco palestinos foram assassinados e outros 70 feridos em ataque de tanques israelenses contra o Hospital Al-Aqsa, em Deir al-Balah, região central de Gaza. Segundo fontes no hospital, o bombardeio durou grande parte do dia, até o anoitecer. Um paciente foi assassinado, e entre os feridos encontravam-se visitantes, profissionais de saúde e outros pacientes. Cerca de 20 profissionais foram atingidos pelo bombardeio, afirma dr. Ashraf al-Qudra, chefe de relações públicas no Ministério da Saúde de Gaza.

O ataque deixou o hospital sem condições de receber mais pacientes ou mesmo de tratar os casos já recebidos, e as ambulâncias foram forçadas a transferir os feridos para outras unidades médicas. Dois veículos que tentavam levar feridos para o Hospital Shifa, na Cidade de Gaza, foram atingidos por disparos de tanques.

Segundo Qudra, os mísseis danificaram várias salas de operação, assim como equipamentos médicos importantes, como uma unidade para produção de oxigênio utilizada em procedimentos cirúrgicos. Fontes médicas me informaram que o terceiro e o quarto andares, assim como a recepção e a cobertura, foram seriamente atingidos. Os disparos danificaram ainda as instalações de raio-x e as alas da maternidade.

Israel nega, com frequência, estar mirando instalações médicas, apesar de dizer insistentemente que o Hamas utiliza infraestrutura civil – incluindo casas, escolas e hospitais – para esconder suas armas. "Estamos atingindo o que a máquina de guerra do Hamas usa para esconder foguetes", disse Mark

Regev, porta-voz do primeiro-ministro israelense Benjamin Netanyahu, à *Al Jazeera*. "Não tenho nenhuma dúvida de que o Hamas usou e continua a usar hospitais... Nós não atiramos contra civis, mas não tenho conhecimento dessa situação específica", disse, referindo-se aos ataques ao Hospital Al-Aqsa.

O dr. Khalil Khattab estava operando um paciente ferido num ataque anterior quando as primeiras bombas atingiram o hospital. Rapidamente correu escadaria abaixo e viu vários colegas feridos. Muitos foram atingidos quando tentavam tratar as pessoas. Médicos, enfermeiros e pacientes jaziam no chão, sangrando. "O elevador foi destruído e todos os recursos do hospital estão muito danificados", relatou Khattab, verificando a destruição ao seu redor.

O Hospital Al-Aqsa, na região central de Gaza, é o único que oferece serviços a vários campos de refugiados, inclusive al--Maghazi e al-Nuseirat, assim como para outras cidades e vilas, tais como Deir al-Balah e Juhu al-Dik. Profissionais de saúde estimam que Aqsa é o principal hospital da Faixa de Gaza, atendendo mais de 350 mil moradores.

Desde que a Operação Margem Protetora teve início, foram mortos mais de 550 palestinos, a maioria civis, e pelo menos 3.350 foram feridos. Um civil e 25 soldados israelenses também foram mortos no conflito.

A infraestrutura médica de Gaza já havia sido severamente atingida pela guerra, mas o ataque ao Hospital Al-Aqsa reduziu ainda mais os recursos médicos. Pacientes seriamente feridos tiveram de ser evacuados para o andar térreo, deixando o hospital amontoado, precariamente equipado e com todos - pacientes e médicos – em estado de pânico.

O dr. Al-Qidra, outro médico atingido no ataque em Aqsa, estava realizando uma cirurgia na Unidade de Tratamento Intensivo quando a primeira bomba israelense atingiu o hospital. Qidra está clamando para que a Organização Mundial da Saúde (OMS), assim como outros grupos internacionais, intervenha imediatamente para que Israel interrompa seus ataques a hospitais, pacientes, equipes médicas e ambulâncias. Grupos de direitos humanos também intensificaram seus pedidos para aumentar a proteção.

"O ataque de hoje ao Hospital Aqsa é o mais recente de uma série de ataques contra instalações médicas, ou próximo delas. Gaza tem lutado para conseguir atender as milhares de pessoas feridas desde que a ofensiva israelense começou, em 8 de julho", disse Philip Luther, diretor do programa da Anistia Internacional para o Oriente Médio e Norte da África. "Não existem justificativas para atingir instalações de saúde, em qualquer situação. Esses ataques exigem uma investigação internacional imparcial, como manda a ONU", completou revoltado.

Não se sabe se o hospital terá condições de funcionar nos próximos dias. As autoridades estão tentando transferir as equipes de saúde e todos os pacientes para outras unidades, de modo que pudessem receber tratamento apropriado. "Não é possível para os médicos realizar procedimentos cirúrgicos enquanto bombas israelenses caem sobre nossas cabeças sem parar", diz Khattab.

Na última semana, os ataques aéreos israelenses atingiram o Hospital de Reabilitação al-Wafa, mesmo com ativistas pela paz anunciando que iriam posicionar-se no hospital como "escudos humanos". Depois do ataque, os médicos foram forçados a transferir 18 pacientes para outro hospital, embora apenas ferimentos leves tenham sido relatados. O Hospital Europeu de Gaza também foi atingido por ataques aéreos israelenses, que danificaram a sala de cirurgia.

Esse tipo de ação levou pacientes e moradores a se sentirem inseguros dentro ou próximo de hospitais, vistos antes como lugares imunes e protegidos pela lei internacional. "Vamos ficar esperando nossos feridos serem atingidos novamente? Israel sabe que aqui há um hospital, mas mesmo assim atira bombas contra nós", afirma Abuel Abed, 44 anos, que vive próximo ao Hospital Al-Aqsa.

"Essa guerra é entre Israel e Hamas, então por que eles atiram contra hospitais que não têm nada a ver com política? Esses hospitais prestam serviços públicos vitais para vítimas e famílias, e não há qualquer razão válida para bombardeá-los – nenhum foguete é disparado próximo daqui", sustenta.

Mas não são somente os pacientes e os civis que estão com medo – até mesmo os médicos, treinados para lidar com situações de alta intensidade, estão lutando para suportar a pressão do quase contínuo bombardeio israelense. Agora, diz Abuel Abed, "Israel fará nossos pacientes morrerem mesmo sem lançar bombas contra eles".

CENTENAS DE FAMÍLIAS BUSCAM REFÚGIOS NAS IGREJAS

"Com Israel lançando bombas contra prédios da ONU, escolas e hospitais, famílias desesperadas tentam abrigar-se nas igrejas"

22/Julho

Umm Abdullah Hijazi segura Yousef, seu filho de um ano, enquanto joga um pouco de água numa barra de sabão e tenta limpar o bebê e suas roupas. Apesar de esfregar com força, não consegue tirar a sujeira e as manchas de sangue que se fixaram no corpo do bebê quando ela e sua família fugiam de casa sob uma chuva de bombas israelenses.

"Nós corremos para fora assim que começaram os disparos. Os tiros dos tanques israelenses caíam sobre nossas cabeças e mataram alguns de nossos vizinhos", conta Hizaji, que conseguiu fugir com o marido e os seis filhos. A primeira coisa que veio à sua mente após o bombardeio foi correr para uma das escolas da ONU que estão servindo de abrigo improvisado aos que perderam suas casas. Mas, com quase 120 mil pessoas alojadas nas 77 escolas e centros médicos da ONU, Hizaji não encontrou lugar para si e suas crianças.

Sem outro lugar para recorrer, buscou abrigo na Igreja Ortodoxa Romana de Gaza, no bairro de Zaitoun. É aqui que ela agora se esconde com os seis filhos. Teimosamente, esfrega as roupas manchadas de sangue do bebê e as pendura como pode nos corrimãos do antigo altar. Nos últimos dias, as três principais igrejas de Gaza abriram suas portas para centenas de palestinos aterrorizados que seguiram para lá como um bando de ovelhas, na esperança de que as estruturas religiosas – e seus tetos e paredes relativamente robustos – possam oferecer-lhes algo que se assemelhe a proteção.

Multidões começaram a inundar as igrejas assim que ficou claro que Israel estava bombardeando hospitais, escolas, mesquitas e residências, deixando "os civis sem nenhum lugar seguro para ir, literalmente", conforme afirmou a ONU. Com a escassez de água, comida e medicamentos, a pequena, porém ativa comunidade cristã palestina faz todo o possível.

Durante o dia, litros de leite foram trazidos para alimentar as crianças. "Não temos alimentos nem líquidos suficientes. Apenas o básico, é o que podemos oferecer, mas os vizinhos também estão ajudando", diz Kamel Ayad, responsável pelas relações públicas da Igreja Ortodoxa Romana.

Sem lugar para ir

"Viemos à igreja para ficar seguros", conta Mustapha Hizaji, 9 anos, visivelmente aterrorizado. Lágrimas escorrem pelo seu rosto sujo, enquanto observa a mãe pendurando as roupas do irmão caçula sob o sol forte. "Nós alugávamos um apartamento no prédio de onde fugimos. Se você olhar agora vai ver que ele desapareceu junto com tudo o que tínhamos. Só restaram escombros", diz a criança.

No final de semana, a família Hizaji fugiu de Shujaiyeh levando suas vidas, apenas. Eles não têm mais nada: dinheiro, outras roupas, cobertores, comida ou água. "Estávamos aterrorizados com os disparos dos tanques. Não conseguíamos dormir à noite, cozinhar ou comer, porque a energia estava cortada. As crianças só choravam e gritavam", conta a mãe. Seus filhos estão descalços e alguns vestem só camiseta, calça ou fraldas, pois tiveram de fugir correndo. Tudo o que têm são as roupas sujas de sangue com as quais escaparam.

Shujaiyeh foi esmagada pelos ataques aéreos israelenses no final de semana, num massacre que deixou 130 pessoas mortas e 300 feridos. A família de Umm Abdullha diz que eles têm sorte, pois sobreviveram, mesmo que sua casa tenha sido destruída e ninguém consiga dormir, nem à noite nem durante o dia, atormentados por pesadelos.

"Não tivemos tempo de pegar nada, agarrei só minhas crianças e fugimos", conta a mãe, que ainda veste a roupa usada em casa para fazer suas preces. "Só espero e rezo para que as paredes desta igreja protejam minhas crianças das bombas israelenses".

Sem final à vista

Mas Anwar al-Jammal, 19 anos, não tem tanta certeza. Tendo chegado à igreja na noite anterior, Jammal é testemunha do pesado bombardeio da segunda-feira, que aconteceu muito próximo à igreja. Após apenas uma noite, todas as esperanças de que a igreja fosse um local seguro desapareceram.

"Os disparos e o bombardeio foram pesados. Na noite passada, ficamos aterrorizados", diz Jammal, que está abrigada na igreja com suas cinco irmãs e quatro irmãos. "Essa cortina azul na janela e essas peças de ferro pesados que ficam no altar foram jogadas no chão e voaram para todos os lados. Não acho que Israel hesitaria em bombardear uma igreja", conclui.

O dano é visível. Algumas janelas da igreja estão despedaçadas e partes do teto têm rachaduras, com telhas e pedras caindo do alto. Como as famílias bem sabem, a igreja não está longe de Shujaiyeh, o bairro que testemunhou um dos piores bombardeios até agora. "Uma mulher refugiada aqui sofreu um aborto espontâneo e perdeu o bebê, pelo terror dos ataques", diz Ayad. "Disparos dos tanques israelenses também destruíram 15 túmulos cristãos e um carro para serviços funerários".

Na Operação Chumbo Fundido, em 2008, ataques com dois mísseis israelenses atingiram a Igreja Anglicana da Cidade de Gaza, causando um enorme estrago. Não há muita gente aqui ciente disso. Mas Umm Abdullah ainda insiste, este lugar é sua única opção. "Não quero ver meus filhos mortos como meus vizinhos", ela grita, parando de enxaguar as pequenas calças de Yousef, logo depois que outro disparo passava voando acima de todos, fazendo toda a igreja tremer. Khalil, um de seus filhos, reclama: "Mãe, estou com fome".

Ela se senta e não diz nada: são recém-chegados, eles ainda não foram registrados pela igreja. Uma mulher próxima tem algumas sobras da noite passada e oferece ao garoto um pedaço de tomate para comer, mas, com os recursos cada vez mais reduzidos, a luta diária para conseguir os alimentos mais básicos se tornará ainda mais difícil

A igreja está amontoada de pessoas e não há camas para todos. A mãe não sabe o que fará essa noite, exceto que vai reunir as crianças ao seu redor, num canto da igreja que conseguiu para deitar.

Seus traumatizados filhos querem ir para casa assim que for seguro, apesar do sangue e dos horrores do massacre por todos os lados. No entanto, o pai delas sabe que a casa agora está em ruínas e a mãe diz que pensam ficar abrigados na igreja até mesmo depois da assinatura de um cessar-fogo.

Ao longo do dia, as notícias chegam dizendo que mais vizinhos foram mortos e mais famílias foram soterradas debaixo dos escombros. "Não temos mais casa, tudo foi destruído; e não sabemos para onde ir", lamenta ela.

BLECAUTE NA TELEFONIA: GAZA SE DESLIGA DO MUNDO

"Cortar os serviços de telefonia celular significa que jornalistas não poderão relatar eventos no local e que famílias não receberão avisos de bombardeio"

23/Julho

Por trás das manchetes dominadas por bombardeios e assassinatos, está se desenrolando uma história mais sutil, porém extremamente perigosa. Depois de semanas de pesados bombardeios, a Companhia de Comunicações Celulares da Palestina (Jawwal) começou a avisar seus clientes de que os serviços em Gaza terão de ser interrompidos nos próximos dias. A empresa, que fornece telefonia celular a toda Palestina, sabe que o corte nas comunicações é uma má notícia para a população civil. É por meio dessa rede que as pessoas recebem, às vezes, alertas sobre possíveis ataques de Israel. A rede é um canal de comunicação fundamental para as famílias, já que muitas se perderam, espalhando-se por toda a Faixa de Gaza.

Uma suspensão seria também uma má notícia para centenas de jornalistas palestinos que dependem de seus telefones celulares para comunicar-se com seus editores além das fronteiras de Gaza. Os celulares são usados para levar informações vitais ao resto do mundo.

Abdelnasser Abueloun, um repórter da TV Gaza, diz que está aumentando a preocupação com o possível corte da comunicação – cujas consequências podem ser terríveis para 1,8 milhão de pessoas em Gaza. "Isso contribuirá para a crise humanitária, uma vez que as pessoas não serão capazes de se comunicar com as equipes de resgate", afirma.

Apesar do temor, bem real, de que esses cortes isolarão ainda mais a Faixa de Gaza, já cercada depois de 17 dias seguidos de bombardeio e quase uma semana de ataques terrestres pelos militares israelenses, ainda não houve uma mobilização significativa da comunidade internacional sobre o possível blecaute nas comunicações.

"Durante 17 dias, 25% de nossas operações foram derrubadas. Muito da nossa capacidade foi danificada por causa das casas com antenas no teto que foram bombardeadas e destruídas", diz Younies Abu Samra, diretor-geral da Jawwal em Gaza. Com a destruição geral de sua infraestrutura e a provável continuidade dos ataques, a Jawwal afirma que não lhe restou outra saída senão enviar um aviso aos clientes.

No total, há 328 unidades de operação por toda a Faixa de Gaza, de acordo com a empresa; 122 delas tiveram que ser desligadas por falta de combustível, e outras 12 foram danificadas pelas bombas de Israel. O restante funciona com energia elétrica ou, algumas com bateria; mas devido à ampla falta de eletricidade que atormenta Gaza, apenas 10% – cerca de 30 estações – estão operando plenamente. "Não temos energia nem combustível para funcionar com capacidade total", afirma Abu Samra.

Até agora, estima-se que os prejuízos para a Jawwal estão na casa dos 4 milhões de dólares, mas esse valor ainda aumentará, pois está contabilizando apenas os equipamentos avariados – e os danos são provavelmente maiores.

A princípio, os equipamentos podem ser consertados, mas a Jawwal perdeu mais do que isso. A empresa transmite seu sinal pagando para as pessoas instalarem antenas nos tetos de suas casas. A destruição generalizada em toda a Faixa e a consequente falta de estrutura para instalar os equipamentos tornam o desafio da reconstrução ainda maior.

Dois proprietários dos "tetos hospedeiros" da Jawwal foram mortos recentemente enquanto um técnico da empresa tentava consertar sua antena. O funcionário teve a perna amputada, mas sobreviveu ao ataque israelense. A Jawwal se esforça o máximo. A empresa ofereceu um abono de 10 siclos (3 dólares) para seus clientes de Gaza, como um gesto de boa vontade, embora isso não signifique otimismo. "O serviço vai piorar, mas não desaparecerá completamente. A não ser que mais redes sejam bombardeadas e destruídas", diz Abu Samra.

Quebrando o silêncio

Em geral, o quadro de funcionários da Jawwal é relutante em comentar questões politicamente sensíveis. Mostram-se cuidadosos e se restringem aos aspectos técnicos, para não gerar problemas com Israel e, assim, ameaçar seus trabalhos. Todavia, até mesmo estes pequenos fragmentos de informação pintam um quadro perturbador.

Segundo Abu Samra, a equipe técnica simplesmente não consegue reparar todos os danos causados pelas ofensivas israelenses. Com a infraestrutura remanescente ainda sob contínuo ataque, a Jawwal informa que não teve outra escolha a não ser publicar o aviso sobre a interrupção dos serviços.

Companhias de internet em Gaza também estão reclamando que as redes estiveram muito lentas nas últimas semanas. Alguns especialistas afirmam que isso se deve ao dano causado nos provedores que fornecem serviços de internet, além da frequente falta de eletricidade, que aumenta ainda mais o problema.

Abu Raed, 51 anos, residente em al-Zaytoun, diz que tem tentado, desesperadamente, saber como está sua irmã que vive próximo da fronteira com Israel. Contudo, ainda não conseguiu contato. "Sem um telefone celular, não consigo falar com minha família", diz.

A região na Cidade de Gaza em que vive foi uma das mais afetadas pelos ataques israelenses, e é provável que, se a crise não for resolvida, al-Zaytoun ainda veja mais ataques. "Quanto mais demorarmos, mais catastrófico será", diz Abu Samra. "A solução está nas mãos de outros países que devem agir para pôr fim à agressão e garantir que a rede não seja afetada".

Na guerra contra Gaza em 2008, os prejuízos para a Jawwal chegaram a 5 milhões de dinares jordanianos (7 milhões de dólares). Isso incluiu 950 mil dólares em danos à rede, 85 mil dólares em danos à infraestrutura e pouco menos de 6 milhões em danos gerais. Mas o impacto nas comunicações não é apenas financeiro. Abuelon, da TV Gaza, diz que as interrupções do serviço de telecomunicações têm um enorme impacto na coleta de informações.

Isso não apenas impedirá que jornalistas e outros profissionais de mídia, que dependem de celulares, realizem contatos com suas fontes em toda a Faixa, mas isolará os jornalistas locais quando a situação ficar de fato ruim – os correspondentes internacionais podem acessar as redes israelenses via satélite.

Com os profissionais locais incapazes de contatar suas fontes em busca de notícias exclusivas, uma fonte de renda importante será perdida. Mas, igualmente importante, irá emergir um cenário cada vez mais incompleto da situação, o que pode sabotar as respostas diplomáticas ou inibir ações de assistência internacional. "É o que não queremos, particularmente durante a guerra", diz Abuelon. "As comunicações devem ficar de fora da disputa e do conflito".

As tentativas internacionais de negociar um cessar-fogo estão aumentando. Há esperanças de que ambos os lados suspendam as hostilidades a tempo do *Eid* – período que marca o final do Ramadã –, quando familiares e amigos geralmente se reúnem, ou ao menos ligam ou mandam email uns aos outros, para marcar a comemoração.

Entretanto, com o número de mortes em Gaza chegando a 700, com grande chance de aumentar, até mesmo a proximidade de um armistício pode não ser suficiente para fazer as linhas de comunicação funcionarem novamente.

ISRAEL ATROPELA OS DIAS SAGRADOS, O QUE FORTALECE FUNDAMENTALISTAS

"O doutor Khalil Khatab, cirurgião, estava operando um paciente quando a primeira bomba caiu. As pessoas da equipe de saúde transformaram-se, eles próprios, em pacientes"

23/Julho

No Ramadã, o cair da noite é geralmente um período alegre. Amigos e familiares se reúnem para interromper o jejum com um jantar *iftar*. Este ano, porém, foi diferente.

As noites são piores. É quando o bombardeio aumenta. Não existe lugar seguro. Nem uma mesquita. Nem uma igreja. Nem uma escola, nem mesmo um hospital. Todos são alvos em potencial.

Na segunda-feira, os militares israelenses dispararam sua artilharia contra o hospital Al-Aqsa em Deir al-Balah, no centro de Gaza, alegando mirar num depósito de mísseis antitanque. O doutor Khalil Khatab, cirurgião, estava operando um paciente quando a primeira bomba caiu. Correu para os andares inferiores e descobriu quatro mortos, ao menos, e dezenas de colegas feridos – médicos, enfermeiros, atendentes, administradores. As pessoas da equipe de saúde transformaram-se, eles próprios, em pacientes.

Em duas semanas de bombardeio, mais de 700 palestinos foram declarados mortos oficialmente. Desde que teve início a invasão por terra, 28 soldados israelenses morreram; o conflito também já tirou a vida de dois civis israelenses.

Qualquer pessoa com mais de sete anos vive pela terceira vez sob ataque constante. Aqui na Cidade de Gaza acabou a eletricidade; está escuro por todos os lados. O fornecimento de água foi cortado, a comida está mofada e o medo penetrou na noite de verão. Na rua Oito visitei a família al-Baba. Nessa família de 15 pessoas, tudo o que havia entre suas cabeças e as bombas acima delas era um telhado de estanho enferrujado. Habi al-Baba, de 23 anos, ouviu o zunir de um drone. Alguns são de vigilância, outros estão armados. Qual é qual, nunca ninguém sabe. O zumbido é o suficiente para fazer as crianças se esconderem nos cantos, tremendo e orando. Nervoso, Hani examina o céu noturno. Os ataques israelenses já mataram famílias inteiras.

No domingo, num município próximo a Khan Younis, mais de 20 membros da família Abu Jahmeh morreram quando sua casa foi atingida. Por segurança, o pai de Hani divide a família em diferentes quartos –cena repetida em praticamente todas as casas de Gaza, cruel variável do ditado: "não colocar todos os ovos na mesma cesta".

Subitamente, uma bomba explode na área atrás da casa dos al-Baba: uma bomba seguida por um clarão de luz. Todos gritam. O chão treme, o ar parece implodir, sugando o ar dos pulmões. E então a escuridão retorna. O porquê dessa área ser bombardeada não era claro. Não havia "terroristas" nem mísseis escondidos. Era um bairro residencial, com famílias assustadas encolhendo-se no escuro.

O longo cerco sangrou a Faixa de Gaza até o final. Não há dinheiro para os serviços públicos e a maioria da população vive numa pobreza abjeta. Agora, cerca de 120 mil pessoas em Gaza estão desabrigadas por causa do conflito, e milhares vivem em abrigos temporários nas escolas da ONU. Muitos irão retornar às casas danificadas ou destruídas, com pouco ou nenhum meio de reconstruí-las. O cimento é severamente racionado, pois Israel desconfia que seja desviado pelo Hamas para construir túneis para seus combatentes.

No Hospital Shifa, o que me impactou foi a resiliência e a dignidade das famílias. Forçadas a se retirar sob fogo cerrado, elas se tornaram refugiadas dentro da própria terra. Observei uma avó que havia fugido para o leste da cidade somente para confortar seus quatros netos e duas filhas.

A família quebrou o jejum com fatias de pão, dois iogurtes, pepino e tomates. Foi esse o seu *iftar*. Um acordo de cessar-fogo é possível, mas todas as partes precisam sentar-se à mesa de negociação. O Hamas não foi consultado sobre a proposta apresentada pelo Egito na última semana. Até a paz pode ser possível – se a comunidade internacional tiver coragem de engajar-se num diálogo com o Hamas. Os termos definidos pelo Hamas para o cessar-fogo são os mesmos que a ONU pediu repetidas vezes: abram as fronteiras; deixem as pessoas trabalharem, estudarem e construírem sua economia. Uma população capaz de cuidar de si mesma iria aumentar a segurança de Israel: uma segurança que não leve ao desespero.

Em janeiro de 2008, as barreiras ao longo da fronteira entre Gaza e Egito foram derrubadas. Milhares de pessoas saíram de Gaza rumo ao país vizinho para comprar suprimentos essenciais. Lembro-me do alívio da comunidade palestina. Esse breve frescor de liberdade foi um presente.

Um vizinho estava simplesmente deliciado em poder tomar uma Coca-Cola. Liberdade para locomover-se, ter comidas frescas e água limpa, e o simples prazer de dar um gole num refrigerante, é disso que os habitantes de Gaza necessitam: uma vida normal que todo mundo gostaria de garantir.

Durante os primeiros dias em que a fronteira esteve aberta, o Hamas suspendeu os ataques vindos de Gaza. Os políticos israelenses deveriam tomar nota. Sejam lá quais forem os discursos oficiais, Israel não possui interesse algum em destruir o Hamas; busca simplesmente isolá-lo e enfraquecê-lo. O Hamas oferece a Israel um álibi, um vilão de conveniência, alguém em quem jogar a culpa. Contudo, o cerco a Gaza não serve a outro propósito além de radicalizar a próxima geração de palestinos.

Famílias como os al-Babas não deveriam ter de espalhar suas crianças pela casa na esperança de que algumas delas sobrevivam. Nem deveriam as famílias israelenses de Ashod, na fronteira, ter de esconder-se em abrigos por causa dos foguetes do Hamas.

Sem um processo que inclua todas as partes na mesa de negociação, temo que esse ciclo de violência – punitivo e desproporcional – poderá apenas levar a um extremismo entre os palestinos, tipo Estado Islâmico no Iraque e na Síria. Apenas o mais sombrio dos cínicos desejaria tal coisa.

ESCOLAS DA ONU TINGIDAS DE SANGUE: "NÃO A PORTO SEGURA CONTRA A IRA DE ISRAEL"

"Dezoito civis, incluindo um bebê, e três assistentes humanitários morreram em ataques contra instituições de ensino protegidas pelas Nações Unidas. Já são sete escolas atingidas pelas bombas"

24/Julho

No Hospital Kamal Adwan, as ambulâncias chegaram com vários feridos de uma vez só. Apesar de estar se tornando um fato cada vez mais comum em Gaza, havia algo de novo sobre essas pessoas transportadas pelas ambulâncias de uma escola da ONU em Beit Hanoun.

Cada um dos mortos ou feridos acreditava estar seguro em uma escola sob a proteção das Nações Unidas. Mas não estavam. Nas últimas semanas, muitos buscaram abrigo nas dependências de prédios dirigidos pela ONU, quem estava oferecendo refúgio a 117.469 palestinos desabrigados em suas 77 escolas – até o ataque de hoje, pelo menos. Esse número é mais que o dobro do registrado na última incursão israelense sobre Gaza, em 2008. Muitos desses refugiados internos acham que agora não têm nenhum lugar para ir, já que até mesmo as escolas da ONU estão sendo atingidas pelo bombardeio de Israel.

As cenas nas escolas no norte de Gaza são horríveis. As paredes pintadas com o pacífico azul-claro da ONU estão agora tingidas de sangue. As crianças que estudavam ali foram forçadas a ver essa nova cor na decoração de suas escolas. O piso preto e branco está coberto com manchas vermelhas. Um cobertor ensopado de sangue e um par solitário de sandálias estão jogados por ali. O sangue pertence às pessoas que estavam apenas aguardando o fim do jejum, dentro de três horas.

Médicos informaram que o massacre nessa escola tirou a vida de 18 pessoas, incluindo um bebê, e deixou mais de 200 feridos.

Desde o ataque, o nível de pânico entre as famílias, já aterrorizadas, ganhou novas proporções. Mulheres e crianças fugiram das escolas e agora estão buscando abrigo nos hospitais, mas estes também já estão superlotados e passando por enormes dificuldades. O fluxo de feridos é muito grande para ser absorvido por apenas um hospital, obrigando a que muitos sejam enviados para outros quatro: Beit Hanoun, Kamal Adwan, al-Awda e Shifa.

É exaustivo para uma mãe sair a pé procurando a esmo por seus filhos, que podem estar em qualquer um desses quatro hospitais espalhados por Gaza. Diversas vítimas ainda não foram contabilizadas, deixando seus parentes numa busca contínua e desesperada.

A família de Doaa Abu Awada, 17 anos, foi forçada a vagar atrás de sua filha. Apesar de forte bombardeio na área, eles correram para o Hospital Shifa, na Cidade de Gaza, depois de descobrirem que ela estava ferida e sendo tratada lá. Assim que chegaram, porém, foram informados pela recepcionista de que não se encontrava ali. A família percorreu todos os corredores, tentando achá-la, mas não a viram em lugar algum. Depois de exaurir todas as possibilidades, a família desceu até o necrotério e, tragicamente, a busca chegou ao fim.

Abu Awda estava abrigado com sua família num lugar que acreditavam ser seguro. Mais de mil palestinos encontravam-se refugiados na escola de Beit Hanoun, quando as bombas caíram. "Eu estava no campo de futebol quando ouvi o disparo de cinco tiros de tanque", conta uma criança ferida, esforçando-se para pronunciar as palavras. Outra mulher, correndo aterrorizada, grita: "Minha filha, minha filha... Eles tiveram que amputar seus braços e suas pernas!".

Este é um dos ataques mais mortais ocorridos hoje e o mais sangrento contra uma instituição da ONU até agora. Nas últimas 24 horas, sete escolas da ONU foram atingidas pelas bombas israelenses. Na quinta-feira, três assistentes humanitários foram mortos quando uma bomba atingiu a escola onde trabalhavam. Cinco pessoas também foram feridas em outro ataque a uma escola para garotas, informou a ONU.

Esses fatos incendiaram ainda mais o debate sobre os ataques de Israel contra prédios civis em Gaza, principalmente escolas da ONU e instalações médicas, consideradas zonas seguras.

Israel insiste em afirmar que não atacou propositalmente os prédios da ONU. "Não sabemos dizer se foi um disparo perdido. De qualquer maneira, não alvejamos instalações da ONU", disse aos repórteres o tenente-coronel Peter Lerner, porta-voz militar. Lerner afirmou que os militares pediram que a ONU e a Cruz Vermelha evacuassem as escolas três dias antes do incidente.

A missão da ONU em Gaza, porém, contradisse a afirmação. Representantes das Nações Unidas disseram à imprensa árabe que, quando foram avisados, não havia mais tempo suficiente para evacuar o prédio. Chris Gunnes, porta-voz da missão, escreveu sobre o ocorrido no Twitter: "As coordenadas precisas do abrigo da ONU em Beit Hanoun foram formalmente entregues ao exército israelense".

Muitos dos palestinos que se abrigavam na escola estão agora criticando as agências humanitárias. Afirmam que foram enganados pelo Comitê Internacional da Cruz Vermelha, segundo o qual as escolas eram o local mais seguro a se dirigir. Testemunhas oculares me contaram que, pouco antes das explosões, a Cruz Vermelha ordenou que se reunissem num só lugar para que os ônibus pudessem pegá-los e levar a um local mais seguro. No entanto, antes dos ônibus chegarem, o bombardeio começou. Com tantas pessoas aglomeradas num só lugar, o número de mortos e feridos só podia ser enorme. Se isso vai ou não ser confirmado não importa, o resultado será o mesmo. Muitos palestinos, desiludidos, afirmam já estar desconfiados da organização.

O Hamas também se pronunciou sobre o incidente, afirmando que o massacre de Beit Hanoun foi extremamente ameaçador. Sami Abu Zuhri, porta-voz do grupo, criticou a Cruz Vermelha pelo silêncio. O Hamas jurou vingança. "Lamentavelmente, a Cruz Vermelha não está fazendo nada para denunciar o escândalo dos crimes da ocupação e a violação do cessar-fogo humanitário", disse aos repórteres.

Israel iniciou sua ofensiva militar em 8 de julho com o objetivo declarado de evitar que o Hamas lançasse foguetes a partir de Gaza. Mesmo assim, os foguetes continuam sendo disparados, depois de quase três semanas de conflito. Até agora, a maioria dos alvos dentro de Gaza é de civis inocentes, segundo a ONU. O bombardeio de estruturas civis é proibido pela lei internacional. Apesar disso, Israel alega que o Hamas esconde seus foguetes em muitas dessas estruturas, e assim declara que são alvos legítimos.

Não há porto seguro contra a ira de Israel, numa área densamente povoada como Gaza. O custo em vidas civis tem sido enorme. O número de mortes, só nessa quinta-feira, é de 112 palestinos, com mais ataques sendo esperados ao longo da noite. Até agora, os piores bombardeios ocorreram depois que o sol se põe. Nos últimos 17 dias de guerra, mais de 805 palestinos foram mortos e 4.800 pessoas se feriram, do lado israelense foram mortos 33 soldados e 2 civis.

É provável que esses números continuem a subir. Enquanto a noite cai em Gaza, diversas famílias de Beit Hanoun ainda procuram por parentes desaparecidos. Assim como em outras partes de Gaza, as pessoas têm lutado para não perder contato com amigos e familiares.

No leste da Cidade de Gaza, o Crescente Vermelho* afirma que entre 30 a 50 pessoas estão desaparecidas. Não há qualquer informação sobre seu paradeiro. Umm Mohammad Shamali encontra-se perdida de três irmãos e uma sobrinha. A última vez em que esteve em contato com seu irmão, ele disse: "Me envie uma ambulância, por favor. Estou ferido e sangrando". Foi quando seu telefone celular silenciou e Umm Mohammed não ouviu mais nada sobre ele.

Grupos internacionais de assistência estão tentando intensificar esforços de busca e resgate, mas com pouco sucesso. De acordo com Chris Gunness, porta-voz da Agência das Nações Unidas de Assistência aos Refugiados Palestinos, tentou-se, ao longo do dia, abrir com Israel uma janela que possibilitasse aos civis de escaparem, "mas Israel nunca concordou".

Isso deixa Umm Mohammed e incontáveis outras pessoas com pouca esperança de que essas agências serão capazes de agir como uma barreira contra os ataques israelenses, que aparentam estar resolutos em continuar infligindo um terrível fardo a Gaza.

GAZA ESTRANGULADA

"Combustível e eletricidade não são essenciais apenas para acender a luz ou recarregar os celulares. A energia elétrica é desesperadamente necessária para uma gama de serviços vitais"

24/Julho

A única usina de energia em Gaza está perigosamente perto de ficar sem combustível, informaram autoridades palestinas, lançando um apelo desesperado por suprimentos de emergência. Nessa quinta-feira, a Autoridade Palestina de Energia intensificou seus pedidos às unidades governamentais, às organizações humanitárias e à União Europeia (UE), clamando para que se tomem providências imediatas para fornecer ao menos o que é extremamente necessário para a usina funcionar.

Há quase um mês, toneladas de combustível doado pelo Qatar está parado na fronteira de Gaza. Com o Egito controlando os embarques no Canal de Suez e a passagem de Rafah fechada, nenhuma gota chega a Gaza. "Informamos a Autoridade Palestina em Ramallah que não fomos capazes de coletar a mensalidade das pessoas por causa da guerra que Gaza está sofrendo", afirmou nessa quinta-feira Fathi El-Sheikh Khalil, chefe interino da Autoridade Palestina de Energia.

Ele pediu que as autoridades liberassem o combustível do Qatar, dizendo que aquele era o momento certo para agir. Todavia, até agora nenhuma providência parece ter sido tomada, e as últimas reservas de Gaza estão se esgotando rapidamente. Nos últimos dias, Gaza recebeu 250 litros de combustível, metade daquilo que necessita diariamente.

Nos três últimos dias, a usina de energia não recebeu uma só gota de combustível e, de acordo com Khalil, as reservas acabarão nas próximas 24 horas. Por mais de uma semana, Gaza tem tido duas horas de eletricidade por dia, no máximo. Mas isso ainda pode diminuir. Para piorar as coisas, as instalações de energia foram atingidas por bombas israelenses na manhã de quarta-feira.

Jamal al-Dardasawi, chefe de relações públicas da Companhia de Distribuição Elétrica de Gaza, afirmou que sua equipe técnica conseguiu reparar os danos, mas a situação permanece tensa e muitos funcionários temem que a planta seja atingida novamente. Alguns funcionários dizem que só retornarão ao trabalho depois de receberem garantias que não correm risco de serem bombardeados. Mesmo assim, qualquer garantia pode muito bem soar inconvincente. Dardasawi alega que o bombardeio contra infraestruturas civis, como a usina de energia, é um ato de punição coletiva que tem como objetivo afetar a vida de 1,8 milhão de palestinos que moram em Gaza – ao contrário da suposta alegação de enfraquecer o Hamas ou qualquer outra organização que Israel diz estar combatendo.

Equipes de manutenção da companhia elétrica trabalham 24 horas por dia, mesmo sob as mais difíceis circunstâncias. A empresa afirma que, geralmente, consegue coordenar suas ações com as autoridades israelenses, para evitar que seus funcionários sejam pegos no meio da batalha. Mas nem sempre essa coordenação funciona. Pela manhã, em Bani Suheila, no leste de Khan Younis, funcionários que usavam uniformes laranjas foram atingidos e, segundo Dardasawi, três foram feridos.

Israel, que normalmente fornece grande parte da eletricidade de Gaza, já danificou muito da infraestrutura existente ou cortou completamente o fornecimento. Isso deixou Gaza com um déficit energético de 80%, de acordo com Dardasawi. É possível que a usina nunca mais possa compensar essa perda, mesmo que receba combustível o bastante para que funcione em capacidade total. "Depois de voltar a funcionar, a planta produzirá 113 megawatts, enquanto que, nessa época do ano, a população em Gaza necessita de 480 a 500 megawatts", afirma.

Impacto maior

Combustível e eletricidade não são essenciais apenas para acender a luz ou recarregar os celulares. A energia elétrica é desesperadamente necessária para uma gama de serviços vitais – do tratamento médico ao saneamento básico. Os serviços para filtrar a água e tratar o esgoto foram afetados pelos cortes de energia, assim como os hospitais e as lojas.

O Escritório de Assuntos Humanitário da ONU estima que 1,2 milhão de pessoas conta com limitado ou nenhum acesso aos serviços de abastecimento de água e saneamento por causa dos danos no sistema elétrico e da falta de combustível para fazer os geradores funcionarem. As agências internacionais humanitárias pediram publicamente que Egito e Israel permitam a entrada de mais suprimentos em Gaza; a Anistia Internacional afirmou que ambos os países "devem garantir a liberação de suprimentos médicos urgentemente necessários, assim como viabilizar a entrega da quantidade necessária de combustível à Faixa de Gaza de forma contínua". Até o momento, tais pedidos caíram em ouvidos moucos.

Os cortes de energia já levaram muitos comerciantes a tentar vender seus produtos a qualquer preço. Na zona oeste da Cidade de Gaza os lojistas ainda tentam desafiar o contínuo bombardeio abrindo seus estabelecimentos, mas eles sabem que a falta de refrigeração significa que seus produtos, os laticínios e as carnes, podem apodrecer.

Abu Taha, 32 anos, disse que se não vender toda sua carne agora, terá que jogá-la fora. "Mesmo que as pessoas comprem fiado, é melhor do que ir pro lixo", disse. Alguns farmacêuticos também têm reclamado que estão sendo obrigados a descartar medicamentos que devem manter-se refrigerados – o que só aumenta a crise de saúde que abala Gaza. Os hospitais também já estão implorando para que a companhia elétrica restaure a energia. Muitos têm geradores, mas eles não são confiáveis. Frequentemente sobrecarregam a corrente elétrica, o que danifica equipamentos e adultera remédios, afirma Khalil.

A única esperança de Khalil está na mídia, que ele torce para informar ao mundo o que está acontecendo, e que isso provoque uma forte resposta internacional. A Autoridade Palestina e Israel parecem não estar ouvindo.

EQUIPES DE RESGATE NO FRONT LINE CONTRA BOMBAS E FÓSFORO BRANCO

"Para eles, é importante remontar os corpos humanos despedaçados cruelmente. 'Israel está usando armas mortíferas que queimam a carne e explodem os corpos em pedaços ainda menores do que nos ataques militares anteriores'"

25/Julho

Tornou-se uma regra para Ayman Sahwan resgatar civis feridos. É um trabalho que vem fazendo há 15 anos. "Todos os dias vejo rostos novos e encontro pessoas em situações semelhantes de muito estresse", conta.

Sahwan acabou de receber o sinal de alguém que atende chamados de emergência informando-lhe sobre outro ataque aéreo de Israel à Cidade de Gaza – o míssil de um drone atingiu a casa de outra família. Ele e seu colega correm em direção à ambulância. Mal a porta do veículo se fecha, e a ambulância já dispara para a próxima missão. "Esses mísseis dos drones israelenses, chamados de 'destruidores de tetos' – que supostamente servem para avisar a família sobre o bombardeio – estão ferindo e matando muitas pessoas, pois o teto desaba sobre as cabeças das famílias", diz ele, dirigindo em direção à área da Rua Nasser, no centro da Cidade de Gaza.

A ambulância para diante de uma multidão de pessoas ansiosas. Sahwan vê um homem, uma mulher e crianças vestindo camisetas regatas, como se tivessem acabado de sair de cama. Sahwan então percebe um corte profundo, de pelo menos 10 centímetros, na cabeça do homem. "Tenho visto muito sangue nos últimos dias, já não me afeta mais", diz. "Mas ainda me sinto afetado pelo horror e o medo no olhar das pessoas, e pelos gritos e choro de crianças, homens e mulheres que têm de sair correndo de suas camas, algumas praticamente nuas, e deixar suas casas para tentar escapar da morte pelos ataques de Israel".

As pessoas correm para todos os lados e para lugar nenhum, pois não há onde se esconder. Todos os lugares podem sofrer um ataque. Nem mesmo as ambulâncias são seguras. Para Sahwan, não há muito mais a fazer além de enterrar os mortos e levar os feridos para os hospitais superlotados de Gaza.

Ele reconhece que seu maior medo é partir em direção ao desconhecido. Sabe que um míssil israelense acabou de cair ali, mas, mesmo assim, teme que outro possa ser disparado no local para onde se dirige – ou até mesmo ser disparado diretamente contra a ambulância, como já aconteceu tantas vezes. A luz vermelha na sirene não irá protegê-lo. "Às vezes sinto o impacto da explosão do míssil, mas é muito tarde para reagir ou dar meia volta", diz.

Sawhan já adquiriu muita experiência. Está familiarizado com os vários tipos de mísseis que Israel lança contra Gaza – os diferentes sons que produzem, assim como o tom e o intervalo de tempo entre os disparos de um drone ou de um F-16, e quando eles atingem seus alvos. Assim como seus colegas, ele percorre todos os hospitais tentando combinar os diferentes pedaços de corpos destruídos que foram deixados sob os escombros ou espalhados pelas ruas em consequência da ofensiva militar de Israel. Para eles, é importante remontar os corpos humanos despedaçados tão cruelmente. "Isso é muito comum. Israel está usando armas mortíferas que queimam a carne e explodem os corpos em pedaços ainda menores do que nos ataques militares anteriores".

Na quinta-feira, o Ministério do Interior de Gaza acusou novamente Israel de usar fósforo branco, assim como bombas contendo pequenos dardos de metal que perfuram o corpo e se alojam dentro dos órgãos dos palestinos.

Grupos de direitos humanos, familiarizados com o uso dessas armas por Israel – inclusive Explosivo de Metal Inerte Denso - não precisam informar Sahwan sobre isso. Durante seus turnos de 24 horas, quando encontra uma chance de se alimentar ou orar com os colegas, eles conversam sobre o impacto das armas que conhecem tão bem por testemunharem, em primeira mão e por diversas vezes, seus efeitos sobre os corpos das pessoas.

Sentados nas ambulâncias, conversam sobre amenidades, como receitas de família, para distrair o pensamento da próxima chamada de emergência, que inevitavelmente virá.

A família chama

Sahwan é pai de três crianças que telefonam para ele imediatamente, para se certificar de que ainda está vivo, toda vez que ouvem falar de um ataque envolvendo equipe médica em ambulância. Quando divulgaram a notícia de que o colega de Sahwan, Fouad Jaber, havia sido morto no ataque israelense contra uma casa em Shujayea, no leste de Gaza, vários familiares de Sahwan lhe telefonaram para saber se estava bem. Ele evita atender essas ligações, pois sabe que precisa estar focado no trabalho para cuidar das inúmeras vítimas, feridas ou mortas.

Os telefonemas que sempre atende são os de seus filhos, como acontece exatamente agora: sua filha caçula, Shahd, 12 anos, preocupa-se com a segurança do pai e quer saber quando ele vai voltar para casa. Sua família sabe que o turno de 24 horas está quase terminando. Já é de manhã cedo. Agora é hora de sua jornada de volta a Khan Younis, ao sul da Faixa de Gaza. A viagem é outro risco assustador para as crianças. Ele não vai de ambulância, o que de certo modo aumenta os riscos. "Tome cuidado, papai. Eu preciso de você!", diz ela.

Quando Shahd liga, ele tenta não pensar na possibilidade de que algo pode acontecer com ela ou com o resto de sua família. Seus parentes já estão acostumados com histórias de socorristas mantidos como reféns, feridos pelas tropas israelenses ou até mesmo detidos e presos. "Às vezes tenho medo de não conseguir voltar para casa e para minhas crianças", diz. Mas, quando chega a manhã, sente-se aliviado: pelo menos seu turno acabou e as preocupações vão diminuir quando todos estiverem juntos. "Sempre me preocupo com o que pode acontecer com minha esposa e meus filhos, caso eu seja morto num ataque israelense".

O departamento de bombeiros é outro que está em constante perigo. Os bombeiros têm sua parcela de preocupações e sofrimento. Quando Sahwan precisa evacuar vítimas de uma casa em chamas após ter sido bombardeada por mísseis israelenses, ele precisa primeiro esperar os amigos bombeiros chegarem para conter o fogo.

Combater fogo debaixo de fogo, tarefa difícil

Ahmed Joudeh, um bombeiro de 24 anos, lembra quando navios de guerra israelenses atacaram o edifício dos bombeiros na Praia de Gaza. Eles tiveram que evacuar o local e depois correr para ajudar os pescadores com seus barcos que também estavam sendo incendiados. "Estávamos tentando apagar o fogo quando outro míssil explodiu perto de nós. E depois outro, e mais outro", ele conta.

Enquanto isso, Omar Abu Owdah, 44 anos, no comando do turno da noite, diz que todos sabem porque Israel ataca os bombeiros e os serviços de emergência, mesmo que eles se mantenham tão visíveis e reconhecíveis. Sua família tenta falar com ele constantemente. Ele é pai de 9 filhos, de dois a dezesseis anos de idade, e diz que só na Palestina acontece dos serviços de emergência serem atingidos em tempos de guerra. Um aspecto difícil de seu trabalho é ensinar os novos recrutas, que estão substituindo os socorristas feridos ou mortos por Israel. Não é fácil explicar porque são de serem alvejados com tanta frequência.

De acordo com o Ministério da Saúde, sete paramédicos em ambulâncias foram assassinados e 16 foram feridos desde que a ofensiva israelense começou, há três semanas. Uma das vítimas mais recentes foi Mohammad Alabadla, 32 anos, morto em Khuza'a, ao sul da Faixa de Gaza. Hamed al-Borai é outro que foi assassinado: sua ambulância foi atingida pelo disparo de um tanque israelense em Beit Hanoun. Ele foi queimado vivo dentro do veículo, e os outros sofreram queimaduras graves. Hussam Radi, especialista em análises clínicas, morreu por causa dos ferimentos sofridos em outro ataque. O Ministério da Saúde diz que esses ataques são contra a Quarta Convenção de Genebra e violam as leis internacionais humanitárias.

GAZA PULVERIZADA E IRRECONHECÍVEL

"Se pudéssemos transformar nossos ossos em pontes para a liberdade, nós o faríamos, para escapar desse cerco terrível imposto por Israel"

26/Julho

"Ou você me entrega o corpo dos meus dois irmãos para que eu possa enterrá-los, ou me diz que eles estão vivos para que eu possa abraçá-los", grita uma mãe com quarenta e poucos anos, enquanto procura seus irmãos em Shejaiya, no leste da Cidade de Gaza, durante o cessar-fogo humanitário de 12 horas.

Ela não está só em sua busca desesperada – uma busca que leva horas, em meio ao cheiro de morte e de carne queimada que exala das ruínas e escombros onde, até recentemente, haviam casas de famílias. Durante o cessar-fogo, 155 cadáveres – resultado dos últimos bombardeios israelenses –foram recolhidos por toda a Faixa de Gaza.

Ahmed Al-Hassan, 32 anos, está entre os moradores do bairro de Shejaiya que buscam parentes desaparecidos. Ele procura os tios, com quem perdeu contato há mais de duas semanas. Al-Hassan esteve aqui há um mês, mas nada do que vê agora havia antes das bombas de Israel começarem a cair. "Não sei dizer onde costumava ser a rua e onde era a casa", ele diz, pisando cuidadosamente sobre as pilhas de escombros à procura de qualquer pessoa, viva ou morta.

Grupos de resgate usam máscaras por causa do cheiro forte. Equipes médicas sofreram disparos de armas israelenses e foram barrados quando tentavam entrar nessa área. Sete médicos já foram assassinados, e muitos outros foram feridos.

Al-Hassan continua a andar lentamente em cima daquilo que sobrou das casas destruídas pelos F-16, drones e tanques de

Israel. "Isso é a tragédia do século, e o mundo está deixando Israel escapar impune", afirma ele, enquanto retira uma cópia destruída do Corão dos escombros de uma casa. "Olhe, até mesmo mesquitas e lugares sagrados são bombardeados... Olhe, aqui é onde eu costumava orar quando visitava minha avó. Eu reconheço esse lugar", diz, com os olhos cansados, o rosto coberto por poeira e ainda em busca de qualquer coisa reconhecível em meio à destruição.

Consegue identificar uma peça de mosaico da mesquita. Não encontra a pedra-pilar que ficava no meio da casa de seu tio, nem o pequenino jardim na entrada da casa, ou a porta prateada que conhecia desde a infância. Só restam ruínas. Continua a busca por corpos, seguindo a tradição islâmica que requer que o morto seja enterrado rapidamente, como maneira de honrá-lo. Essa é uma prática realizada também pela fé judaica. "Mas eles não permitem para Gaza esse costume humano e espiritual", diz Al-Hassan. "Deus criou os seres humanos para serem tratados com dignidade, mas em Gaza até mesmo os mortos perdem a dignidade e o respeito: são humilhados pelos ocupantes israelenses".

Ainda confuso e tentando visualizar a planta da casa, para relacioná-la aos escombros ao seu redor, ele diz: "Acho que ali é onde minhas crianças costumavam ficar. Era um lugar cheio de amor e lindas lembranças". Al-Hassan terá de se adaptar à nova realidade, mas fica triste toda vez que as equipes de resgate gritam dizendo que encontraram mais corpos. Consegue reconhecer os vizinhos de sua avó. O cheiro em torno de Al--Hassan fica mais forte.

Chave para as ruínas

Quando o cessar-fogo humanitário foi anunciado, Haider Abu Hussein, 34 anos, pegou a chave de casa e deixou o parque onde havia encontrado abrigo, seguindo para lá a fim de procurar roupas para os filhos. Mas ele não conseguiu localizar sua antiga residência. "Tivemos de abrir buracos na parede da nossa casa para conseguir fugir para a rua", ele conta, explicando o milagre de ainda estarem vivos quando tantos de seus vizinhos estão mortos e soterrados nos escombros. Seu rosto fica tenso quando sente o cheiro dos cadáveres.

A família de Abu Hussein teve que se separar: alguns foram para o parque, outros para a escolas da ONU ou casa de parentes. Ele está entre as 170 mil pessoas obrigadas a abandonar suas casas por causa dos ataques israelenses. Um bebê chora de fome, mas Abu Hussein não tem nada a oferecer, pois tudo o que havia dentro de sua casa foi destruído e queimado.

Caminhando pela Rua Nazaz, na Cidade de Gaza, as pessoas sabem que a trégua de 12 horas é crucial para encontrar os familiares e conseguir colocar as mãos no máximo de suprimentos possível antes que Israel volte a lançar suas bombas.

O cessar-fogo expôs a extensão da destruição causada por Israel em sua ofensiva, que já dura 19 dias. O bombardeio mais pesado foi aqui, em Shejaiya, onde os ataques israelenses mataram e feriram centenas de pessoas. Enquanto as equipes de resgate continuam seu trabalho de recolher corpos, amigos, vizinhos e colegas das vítimas usam essa janela de 12 horas para procurar por todos que têm chance de encontrar. Mais de 150 corpos foram descobertos, elevando para 1.015 o número de mortes em Gaza.

Quando Abu Hussein chega ao lugar que acredita ser sua casa, ele fica chocado. Diz que isso é um furacão criado por Israel. Ele não recebeu qualquer telefonema de alerta nem o impacto do "destruidor de telhado" antes do bombardeio. Os mísseis simplesmente caíram. Agora, há pessoas mortas debaixo do prédio e profissionais de saúde solicitam uma limpeza urgente, a fim de evitar que essa crise humanitária torne-se ainda pior.

Contudo, para Abu Hussein não sobrou muito, nem mesmo uma cédula de identidade ele pode usar para provar que uma vez vivera ali. Essa é a realidade imediata que ele não pode mudar – seu legado não passa de uma casa transformada em ruínas e uma família desabrigada. Muitos outros, à sua volta, trazem na face o mesmo horror, junto com a necessidade de ter que lidar com isso da melhor maneira.

"Ali estão os colchões onde minhas crianças costumavam dormir", diz um vizinho de Abu Hussein. "Mas toda vez que nós, palestinos, somos assassinados sob a ocupação de Israel, nós nos levantamos e seguimos em frente do melhor jeito que conseguimos. Dessa vez, nossa resistência é mais forte e temos que acreditar nela, em vez de acreditar em fracos líderes mundiais".

Muitas pessoas estão chorando, outras sucumbem ao ver os cadáveres sendo gentilmente retirados dos escombros, pulverizados além de qualquer reconhecimento.

Um vizinho de Abu Hussein diz: "As casas podem ser reconstruídas, se Israel permitir que os materiais de construção cheguem a Gaza". Ele não espera que isso aconteça. "Se pudéssemos transformar nossos ossos em pontes para a liberdade, nós o faríamos, para escapar desse cerco terrível imposto por Israel".

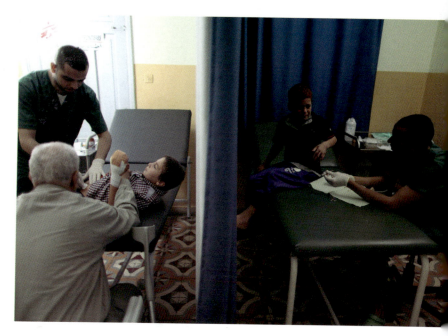

Fotografias por JOÃO LAET

"Israel sempre alega precisão. Precisão? Por que então tantas crianças, mulheres e idosos são feridos, mutilados e mortos, o tempo todo? Por que o hospital é bombardeado? Por que miram em escolas, pontes, instalações de tratamento de água, estufas e outros alvos civis? As estatísticas e fatos sempre contam uma história diferente."

EM RUÍNAS: "SÓ RESTAM AS PEDRAS"

"Palestinos estão chocados com a escala da destruição imposta por Israel, que culpa o Hamas pelo sangue em suas próprias mãos"

27/Julho

Umm Ahmed Abu Sahwish segura alguns pedregulhos nas mãos. É tudo que restou de sua casa demolida. "Meu lar se foi, sobraram apenas pedras", diz a idosa de 65 anos. Centenas de casas têm sido destruídas, e bombas israelenses que acabaram não detonando se espalham pelo chão em Beit Hanoun, cidade no extremo norte de Gaza, perto da fronteira com Israel. O hospital local, os equipamentos emergenciais de resgate e a infraestrutura vital também sofreram danos pesados com o bombardeio israelense.

Outra mulher, de uma família com 20 pessoas, chora enquanto tenta cavar as ruínas de sua casa. "Uma vida inteira de móveis e itens pessoais se foram com um único míssil de Israel. Para onde podemos ir? Não temos comida, água, cama ou roupas", lamenta.

As cenas de devastação estão em toda parte, conforme dirijo por esse estreito pedaço de terra onde fica Gaza. A viagem do norte ao sul da Faixa só foi possível durante as 12 horas do cessar-fogo humanitário firmado dia 26 de julho entre Israel e Hamas. No domingo, Israel retomou sua operação militar em Gaza, com a seguinte declaração do gabinete do primeiro-ministro Netanyahu: "Se os residentes forem inadvertidamente atingidos, a responsabilidade é do Hamas, pois foram eles que violaram, novamente, a trégua humanitária com a qual Israel concordou".

O Hamas e outras facções palestinas concordaram com uma trégua de 24 horas na Faixa de Gaza, com início no domingo às 2 da tarde, horário local. Ao menos 1.052 palestinos já foram mortos e outras 6 mil pessoas feridas, desde que a ofensiva militar de Israel contra Gaza começou. Quarenta e três soldados israelenses também foram mortos, junto com dois civis e um trabalhador tailandês.

Na Cidade de Gaza, pouca coisa pode ser aproveitada após a destruição. O bairro Shujaiyeh, no leste da cidade, é uma cidade fantasma. Cabos elétricos estão destruídos e saem para fora das ruínas que já foram casas. Carros estão queimados pelas ruas, junto a cadáveres e partes de corpos espalhados por todos os lados. O ar é denso e tem um cheiro pútrido. "Eu tenho 45 anos e nunca vi uma destruição como essa", disse-me um residente que não quis se identificar,

Ao menos 120 palestinos morreram e centenas ficaram feridos quando Shujayea foi fortemente bombardeada por Israel, na madrugada de 21 de julho. O cessar-fogo deu às famílias a primeira oportunidade de retornar às suas casas para verificar destruição e tentar salvar algum pertence. As sirenes das ambulâncias gritam, anunciando a descoberta de mais cadáveres debaixo de escombros. Cerca de 90 corpos foram retirados da destruição durante o cessar-fogo, no sábado.

"Isso é mais horrendo que Sabra e Shatila", diz Umm Hesham, referindo-se ao assassinato de quase 2 mil palestinos nos campos de refugiados em Beirute, no Líbano, em 1982. Enquanto fala, seu filho a ajuda a desviar dos cadáveres espalhados pelo chão. Fora de Shujaiyeh, na Rua al-Wehda, o tráfego foi interrompido, e os moradores aproveitam o cessar-fogo para conseguir comida, água e medicamentos. Abu Haytam, pai de oito filhos, parou num mercado em busca de massa e lentilhas. Ele disse não saber o que está por vir nos próximos dias: "Sem eletricidade, não podemos comprar carne ou frango. Com esse calor, apodrecem rapidamente".

Próximo dali, um vendedor de vegetais foi cercado por clientes, e cerca de 300 homens aguardavam pão na padaria Tal al-Hawa. Os bancos estavam lotados, aglomerados de pessoas tentando conseguir dinheiro. Há duas estradas ligando o norte e o sul de Gaza: a Estrada Saladin e a Estrada da Praia. Ambas foram danificadas, a primeira com disparos de tanques e a última, com as bombas dos navios de guerra israelenses, enfileirados próximo da costa.

Ao longo da Estrada Saladin, fazendas leiteiras e fábricas locais de cerveja estavam destruídas, e equipes técnicas trabalhavam para restaurar a eletricidade e instalações de água. O Hospital Al-Aqsa, em Deir al-Balha, ficou danificado depois que ataques israelenses atingiram salas de operação e o departamento de radiologia, no dia 21 de julho, matando cinco pessoas e ferindo mais de 70.

Em Khanis Younis, uma cratera foi aberta na rodovia principal em consequência de um míssil israelense disparado por um F-16. Os moradores de Khuza'a, bairro próximo que sofreu pesado bombardeio de Israel, estão dormindo nas ruas. O acesso à água é extremamente difícil: um homem que vendia galões de água por 15 NIS (4 dólares) está agora pedindo 100 NIS (29 dólares) pelo mesmo galão.

A estrada para Rafah, no extremo sul de Gaza, está em situação igualmente precária. Dois dias antes do *Eid al Fitr*, que marca o final do mês sagrado do Ramadã, o Mercado Dahra, em Khanis Yunis, encontra-se movimentadíssimo, mas ninguém está no clima de celebração. A maioria só quer estocar suprimentos. Uma barbearia em Rafah está lotada de jovens querendo cortar cabelo. O ar é alegre, mas a conversa logo cai em histórias de morte e destruição. Os jovens criticam o vizinho Egito por não abrir a fronteira na passagem de Rafah, a poucas centenas de metros dele.

"O cerco egípcio-israelense impactou cada aspecto de nossas vidas. Se precisar de peças extras para minha máquina de barbear, elas estão inacessíveis", conta o barbeiro Abuel Bara, de 29 anos. "Antes, nós comprávamos dos comerciantes nos túneis, mas os túneis agora estão fechados". A máquina de Bara é a única fonte de renda para alimentar suas duas filhas, a esposa, seus pais e irmãos. "Mas Israel não vê necessidade humanitária para terminar o cerco", lamenta.

ENQUANTO GAZA CELEBRA, MATAR É O "ESPORTE FAVORITO DE ISRAEL"

"O Eid al-Fitr desse ano não será celebrado pelas 170 mil pessoas desabrigadas, mas seus espíritos resistem, pois não há mais nada a perder"

28/Julho

Amjad Habeeb deveria estar celebrando o *Eid al-Fitr* na segunda-feira, com sua esposa e filhos. Para marcar o final do mês sagrado do Ramadã, os muçulmanos celebram o *Eid al-Fitr* visitando-se uns aos outros e trocando presentes com amigos e parentes. Este ano, no entanto, o impacto devastador da Operação Margem Protetora lançada por Israel significa que o homem de 33 anos não tem nada para oferecer à sua família além de boa vontade. Não tem onde receber seus parentes, uma vez que sua casa, localizada em Shejaiya, foi apagada do mapa pelos ataques israelenses.

A realidade do Ramadã desse ano para Amjad é que ele é dependente daquilo que a Agência das Nações Unidas de assistência aos refugiados da Palestina pode lhe oferecer – ele e sua família estão se abrigando numa escola administrada pela ONU. Não há razão em lhe perguntar como ele se sente. Amjad ganhava seu sustento como eletricista, mas agora não pode oferecer um teto ou alimento para sua família. "Uma semana atrás, nós fugimos de nossa casa", ele diz, detendo-se nos seus quatro filhos: Mohammed, 12, Laila, 10, Shams, 7, e Abdel Rahman, 4.

"Nós fugimos às seis da manhã debaixo do bombardeio israelense", ele conta, enquanto acaricia a mão de sua filha Shams, que dorme no chão empoeirado de uma sala de aula. A família de Amjad, assim como as outras que compartilham da sala, penduraram mudas de roupa nas janelas para criar alguma sombra e manter as temperaturas mais baixas, ao mesmo tempo que tentam manter alguma privacidade. Sua voz soa cansada e falha, mas ele ainda consegue falar sobre sua experiência na ofensiva de Israel. "O alvo nunca foi a Resistência. O objetivo era nos matar, destruir nossos lares e destruir nossas raízes mais uma vez", afirma.

Apesar da trégua de 24 horas acordada entre Israel e o Hamas, ele ainda acha difícil voltar para sua casa. Nesse ano, a celebração do *Eid* não acontecerá para Amjad, nem para sua família, nem para outras 170 mil pessoas desabrigadas em Gaza. Nos anos anteriores, ele era um dos poucos sortudos em Gaza que podia comprar vestidos novos para suas filhas e terninhos para seus dois garotos celebrarem o *Eid*. "O primeiro-ministro israelense Benjamin Netanyahu não tem a intenção de nos deixar celebrar, mas ele subestima nossa grande capacidade de sobreviver", diz ele.

Amjad ecoa as vozes de centenas de milhares de famílias desabrigadas que não têm qualquer conexão com a resistência de Gaza, e nem mesmo com a resistência de Shejaiya. A única relação entre eles é o fato de, por acaso, viverem em Gaza. "Nós ainda ouvimos os foguetes sendo disparados daqui de Gaza, mas Netanyahu não pode fingir que ele conseguiu alguma coisa além de ferir mais civis encurralados".

Fracasso na ofensiva militar

O analista político Hani Habeeb enxerga na ofensiva de Israel um fracasso em dois pontos: a escolha dos alvos e a tentativa de acabar com os ataques de foguetes caseiros da resistência. "A continuidade dessa guerra significa que Netanyahu não alcançou seus objetivos".

Habeeb afirma que o primeiro-ministro israelense sabe que, aos olhos da opinião pública e dos eleitores, fracassar significa que tanto ele como seu partido estarão fora da política de Israel.

Em Gaza, há uma crença entre a população de que a continuação da ofensiva reflete o fato de que Netanyahu está em apuros. Mas Amjad e as pessoas que dormem nas escolas da ONU se perguntam por que elas devem pagar o preço da política interna de Israel. "A última vez que eu vi combatentes no meu bairro foi há sete anos", diz Habeeb.

O analista político afirma que alguns ambiciosos líderes israelenses veem a si mesmos como os futuros sucessores de Netanyahu. "Eles forçaram-no a realizar um show de guerra ainda maior para que então pudessem tomar seu lugar quando fracassasse em acabar com a resistência palestina".

Enquanto isso, os grupos palestinos de resistência em Gaza afirmam que continuarão a retaliar até que suas condições sejam aceitas: acabar com o longo bloqueio de Gaza, libertar todos os que foram presos nos últimos dois meses e abrir todas as fronteiras.

"Naftali Bennet está esperando que Netanyahu fracasse para então apresentar-se como um forte candidato na próxima eleição", completa Habeeb. O analista também diz que o sangue palestino é o "preço" para conseguir por votos israelenses. Quanto mais sangue palestino é prometido, mais votos são conquistados em Israel.

O cessar-fogo de 24 horas, iniciado pela ONU, aparentemente não foi cumprido, uma vez que Hamas e Israel trocam acusações sobre a violação da trégua. O Hamas acusa Israel de bombardear o bairro de Khuza'ae outros lugares durante o armistício. Dezesseis palestinos foram mortos e outros 30 foram feridos no domingo. Um israelense foi ferido.

Habeeb diz que a ofensiva irá continuar, mas o cessar-fogo será a regra, por razões humanitárias. "Eu acho que ambos os lados querem uma trégua. A resistência palestina e Israel estão se pressionando mutuamente para que se aceite as condições do cessar-fogo".

Países da região e potências internacionais são incapazes de colocar um fim à ofensiva em Gaza. O Hamas não está em bons termos com o Egito, após ter apoiado da Irmandade Muçulmana nas eleições egípcias de 2012.

Habeeb acredita que, com ou sem resistência em Gaza, a matança irá continuar. Ele afirma que matar é o "esporte favorito de Israel", especialmente antes de suas eleições nacionais. Segundo ele, o público israelense deve estar consciente que a ofensiva militar está fracassando em atingir seus objetivos. Ele convida o mundo a iniciar um processo de levar os responsáveis pela matança em Gaza às cortes criminais internacionais.

Habeeb diz que as pessoas viram suas casas serem destruídas e seus filhos mortos, não têm mais nada a perder. O apoio à resistência está aumentando. Ele próprio não aprovava a resistência até poucos meses atrás, mas agora diz que não há mais o que fazer, já que todo o resto fracassou. "Hei de ser paciente, pois este é o meu lar. Eu pertenço a esse lugar e nunca deixarei a Palestina".

Quando perguntado pelo *Middle East Eye* – enquanto vagueia pela sala de aula da ONU, com suas paredes pintadas em azul-claro, procurando por um pedaço de papelão que sirva de colchão para sua filha dormir – o que ele diria à população de Israel, se tivesse uma chance, ele responde:

"Alá nos observa e apenas ele julgará Netanyahu e seus militares". Ele então conforta seu filho inquieto, que chora de fome e de calor. O seu primeiro-ministro fracassou em sua missão. Os combatentes da resistência ainda estão vivos. Somos nós, civis, que estamos sendo assassinados ao lado de nossas crianças".

GAZA VELA SEUS MORTOS DURANTE UMA TRISTE CELEBRAÇÃO SAGRADA

"Ao invés de segurar pães de centeio para orações e flores brancas, ele passou os dias de feriado cavando um pequeno buraco onde depositou as flores na frente da cova de seu primo"

29/Julho

Izzddin Akila sabia o que queria fazer no primeiro dia do *Eid al-Fitr*, quando os muçulmanos ao redor do mundo celebram o fim do mês sagrado do Ramadã. Mas os desejos do homem de 35 anos – trocar presentes, visitar parentes e ver as crianças de sua família brincando – não aconteceram como planejado. Ao invés disso, segurando pães de centeio para orações e flores brancas, ele passou o primeiro dos três dias de feriado cavando um pequeno buraco onde depositou as flores na frente da cova de seu primo Mohammed, de apenas 20 anos. "Você sempre foi a luz do luar e uma inspiração para seus irmãos", disse Izzddin, sentado ao lado da cova. "Volte Mohammed. Volte para sua mãe que chora. Ela está com o seu presente do *Eid*", disse outro primo chorando enquanto as pessoas tentavam consolá-lo. Todos choravam em volta da sepultura.

Mohammed foi morto na última semana quando o disparo de um tanque atingiu sua casa. Ele estava sentado com sua família na sala de estar. A explosão também feriu o marido de sua tia e oito crianças. "Num segundo, um míssil israelense acabou com sua a vida", disse Izzddin, incapaz de segurar as lágrimas.

Antes de morrer, Mohammed e seu pai haviam aberto a porta de sua casa para palestinos desabrigados que fugiam das bombas israelenses em Shujayea. Eles compartilharam comida e água com mulheres e crianças que tiveram que deixar seus lares. "Ele ainda não tinha planejado seu futuro, mas era esperto e inteligente e já tinha decorado o Corão inteiro, verso por verso", Izzddin chora e seus dedos se movem pela areia que cobre a cova de Mohammed.

Pelo menos 1.110 palestinos em Gaza já morreram e mais de 6.200 foram feridos desde que Israel começou sua guerra. 53 soldados e 2 civis israelenses também morreram, assim como um homem de nacionalidade tailandesa.

A noite de segunda-feira testemunhou um dos bombardeios mais pesados em Gaza, com mais de 30 palestinos mortos. As forças armadas israelenses telefonaram e enviaram mensagens de texto para as pessoas em Shujayea, Zeitoun e no Leste de Jabaliya, instruindo-as que deixassem suas casas.

Para a maioria em Gaza, a matança e a destruição generalizada nas últimas três semanas tornaram o *Eid* sombrio, sem qualquer celebração. "Nós deveríamos estar celebrando o *Eid* com alegria e amor fraterno. Normalmente, nossos filhos se divertem muito e brincam juntos. Mas a ocupação israelense nos negou esse direito e nos obrigou a levar nossos filhos ao cemitério para dizer adeus aos parentes assassinados, ao invés de celebrarem a alegria da vida", diz Izzddin.

Milhares de famílias palestinas por toda Gaza estão desabrigadas. Segundo a ONU, mais de 10% de toda a população local (cerca de 215 mil pessoas) estão refugiados nas instalações dirigidas pela ONU ou hospedadas na casa de familiares. Cerca de 3.695 famílias, ou 22 mil pessoas, tiveram suas casas completamente destruídas ou gravemente danificadas. Pelo menos 22 hospitais ou centros médicos foram alvejados pelo bombardeio israelense, e a ONU estima que 133 escolas por toda a Faixa de Gaza foram atingidas.

O principal cemitério no leste de Gaza também sofreu um pesado ataque aéreo de Israel, tornando perigoso até mesmo os funerais. Como resultado, a família Akila não teve outra opção a não ser enterrar Mohammed em outro lugar. "Nós tivemos que cavar no túmulo do avô de Mohammed para conseguirmos usar o espaço", conta Izzddin, enquanto seus irmãos choram ao seu lado. "É como abrir antigas feridas no corpo de meu avô para deitar o corpo recentemente ferido de Mohammed ao seu lado".

Enquanto Izzddin e seu irmão Khaled visitavam a cova, os drones israelenses sobrevoavam suas cabeças. O cemitério foi bombardeado na segunda-feira pelo míssil de um F-16: há ossos espalhados pela areia. "Então nós tivemos que correr para enterrá-lo imediatamente, sob o bombardeio constante de Israel", disse Izzddin. "Pelo menos Mohammed está aconchegado junto de seu avô".

Às 18h30 de segunda-feira, o primeiro dia do *Eid*, o cemitério estava cheio de gente que vinha visitar seus entes queridos, alguns deles mortos durante a última ofensiva israelense. Enquanto as pessoas tentavam consolar umas às outras, Khaled e Izzddin verteram água e areia no túmulo, tentando remodelá-lo e garantir que permaneça intacto.

"Nós choramos por aqueles que amamos e perdemos", diz Khaled. "Mas nós também dizemos que Deus está olhando essas atrocidades cometidas contra pessoas inocentes".

EM NOITE DE CARNIFICINA, NÚMERO DE CIVIS MORTOS DISPARA

"Ataques se concentraram em áreas residenciais e infraestrutura civil, incluindo os tanques de combustível da única usina elétrica em Gaza, assim como fábricas de papelão e refrigerantes"

29/Julho

Palestinos em Gaza afirmam que o ataque israelense da noite anterior e no começo dessa manhã foi o mais agressivo desde o início da ofensiva, há três semanas. De acordo com funcionários locais de saúde, estima-se que 60 palestinos foram mortos em decorrência de pelo menos 60 ataques aéreos. Isso aumenta o número de vítimas fatais no conflito para 1.137 palestinos, em sua maioria civis inocentes. Israel contabiliza 53 soldados mortos e três civis, além de um funcionário de nacionalidade tailandesa.

Os caças israelenses F-16 bombardearam um cais de pesca em Gaza, mirando uma estátua erguida em homenagem às vítimas do ataque à flotilha Mavi Marmara, em maio de 2010, e também o mercado de peixe, uma mesquita e salas usadas pelos pescadores de Gaza.

"Essa é a noite mais selvagem que tivemos até agora", disse-me Aya Humaid, lembrando que o bombardeio durou por 10 horas. "Essa foi a noite em que Israel lançou mão de uma política de terra arrasada".[27]

O bombardeio veio no segundo dos três dias que deveriam ser os mais alegres do calendário muçulmano. O feriado de segunda-feira do *Eid al-Fitr* também foi marcado por luto e derramamento de sangue na Faixa de Gaza, na esteira das três úl-

---

27 N. do T.: Uma tática de terra arrasada envolve destruir qualquer coisa que possa ser proveitosa ao inimigo enquanto este avança ou recua em uma determinada área.

timas semanas do impiedoso conflito. Na tarde de segunda-feira, tropas israelenses mandaram os civis evacuarem suas casas em Jabalya e na Cidade de Gaza e seguir em direção ao centro e oeste da Faixa. No entanto, os bombardeios noturnos se concentraram exatamente nas áreas centrais e ocidentais. A manhã de terça-feira foi palco de diversos ataques na zona oeste da Cidade de Gaza. Um míssil israelense atingiu a casa do chefe político interino do Hamas em Gaza, Ismail Haniya. Seu filho comentou o incidente algumas horas depois: "Uma gota de sangue de uma criança palestina é mais preciosa de que todas nossas casas".

A escalada dos ataques acontece depois que o primeiro-ministro de Israel, Benjamin Netanyahu, prometeu não terminar a operação em Gaza "sem neutralizar os túneis", alertando que a operação perduraria "muitos dias mais" antes de uma trégua. Contudo, os ataques conduzidos na manhã da terça-feira se concentraram em áreas residenciais e infraestrutura civil, incluindo os tanques de combustível da única usina elétrica em Gaza, assim como fábricas de papelão e refrigerantes na estrada Salahddin. Os bombeiros não conseguiram lutar contra o enorme incêndio causado pelos ataques no começo do dia. Outros prédios governamentais também foram atingidos pelos mísseis dos F-16 israelenses, incluindo o Ministério das Finanças, de acordo com testemunhas.

Segundo o diretor interino da autoridade de energia do território palestino, a única instalação capaz de fornecer energia elétrica para a Faixa de Gaza foi destruída pelo bombardeio israelense de terça-feira. Diversas mesquitas também foram alvejadas, incluindo a mesquita al-Amin, que fica em frente à residência do presidente da Autoridade Palestina, Mahmoud Abbas. A mesquita foi atacada três vezes na manhã dessa terça-feira. Netanyahu já tinha afirmado, no dia anterior, que os israelenses deveriam estar preparados para uma longa campanha militar em Gaza, depois que um disparo de morteiro do Hamas matou quatro soldados israelenses e feriu 12 em Eshkol.

Mazen Hawleh, de Jabaliya, afirma que há claramente uma escalada de violência contra civis. "Os aviões de guerra de Israel têm como alvo todos os aspectos de nossas vidas. Até mesmo uma loja que vende tintas foi atingida". Hawleh se pergunta que ameaça pode haver nisso. "O bombardeio continua acertando apenas os civis em Jabaliya".

Em Khan Younis, os cidadãos afirmam que a crise humanitária está se intensificando, ao passo que os cortes de eletricidade afetaram os serviços de telecomunicação para 250 mil pessoas. Abu Fouad, morador do bairro, disse que não pôde se comunicar com as equipes de ambulâncias para informá-las de que havia pessoas feridas nas redondezas.

O míssil de um F-16 israelense atingiu as casas da família Al Najjar. Vinte e dois membros da família foram assassinados. O ataque aéreo veio sem qualquer alerta. Famílias estão impedidas de telefonar para os serviços de emergência por conta da queda na rede de telecomunicações. Por isso, dezenas de carros particulares levaram as vítimas dos ataques ao Hospital Nasser. Na manhã de terça-feira, os vizinhos da família Al Najjar disseram que ainda havia pessoas debaixo dos escombros e que eles aguardavam as escavadeiras para retirar os corpos.

Famílias inteiras foram aniquiladas em ataques durante a madrugada do centro e sul da Cidade de Gaza, até Rafah, onde uma das casas atingidas sem qualquer aviso pertencia à família Abu Zaid.

Abu Yousef Al Najjar, médico, disse que sete pessoas morreram no ataque à residência. Dezenas ficaram feridas. Equipes de resgate ainda estão tentando retirar mais corpos do edifício, que tem três andares. Os moradores de Rafah afirmam que não havia motivo algum para que a casa da família fosse atacada.

A casa do prefeito de Buriej, na região central da Faixa de Gaza, foi atingida por vários mísseis israelenses. Até o momento, autoridades de saúde afirmam que quatro pessoas foram mortas no ataque.

Durante as primeiras horas da manhã, aos aviões de guerra de Israel atacaram a Torre al-Shrouq, um prédio que é a base de diversos canais locais e internacionais de televisão. O alvo parece ter sido a Rádio Voz de Al-Aqsa, do Hamas. Um pronunciamento ao vivo divulgado pelas Brigadas Qassam, que falava sobre os disparos de foguetes contra Tel Aviv, foi interrompido subitamente. Entre os outros cinco prédios atacados estava a sede do canal de satélite Al-Aqsa, na Cidade de Gaza.

O Sindicato dos Jornalistas Palestinos condenou o ataque e exigiu que a Federação Internacional dos Jornalistas envie uma missão para Gaza com o objetivo de investigar crimes contra a liberdade de imprensa e contra os jornalistas. Em nota à imprensa, a rede Al-Aqsa disse que o ataque não os impedirá de noticiar o sofrimento e a firmeza do povo palestino. "Atacar a imprensa é um sinal de fracasso e um erro grosseiro. O que aconteceu é uma clara violação à liberdade de imprensa".

FAMÍLIAS PREPARAM "BOLO DE RESISTÊNCIA"

"Sob bombardeio israelense, palestinos desabrigados estão preparando os tradicionais bolos do feriado Eid para dar alguma alegria a seus filhos"

30/Julho

Quando Elham Elzanin, 39 anos, abandonou sua casa em Beit Hanoun, ela só teve tempo de pegar seus filhos aterrorizados e fugir. Agora, abrigando-se numa escola na Cidade de Gaza, sua filha Nima de 9 anos chora por perder um dos momentos mais encantadores do feriado: o bolo.

"Eu disse a mim mesma: 'Nós temos que fazer as crianças sentirem a atmosfera do *Eid*, mesmo com aviões de guerra soltando bombas", relatou. Ela explica que a ideia se espalhou rapidamente entre as crianças refugiadas com suas famílias na escola al-Huda, e logo um grupo de mães começou a cozinhar. "Os israelenses deveriam saber que eles não irão nos impedir de encontrar alguma alegria em preparar o bolo do *Eid*", disse, e completou afirmando que o bolo representa "resiliência e resistência".

A amontoada escola al-Huda fornece abrigo a muitas famílias palestinas desabrigadas em toda a Faixa de Gaza. Mais de 240 mil palestinos buscaram refúgio em escolas administradas pela ONU ou pelo governo, em abrigos informais e nas casas de amigos e parentes. Pelo menos 747 prédios residenciais foram destruídos ou danificados em Gaza.

No dia 20 de julho, bombas israelenses atingiram uma escola da ONU que estava abrigando tais famílias, matando pelo menos 19 pessoas e ferindo dezenas de outras. Como resposta, os militares israelenses alegaram que os combatentes palestinos estavam atirando de algum lugar perto dali. Essa foi a segunda vez em uma semana que uma escola da ONU que serve de abrigo para famílias foi atingida pelos ataques de Israel. A organização internacional relatou que pelo menos 133 escolas em Gaza foram danificadas pelos ataques israelenses, 23 centros de saúde foram alvejados.

Mais de 1.303 palestinos foram mortos desde que Israel iniciou sua operação militar em Gaza, há pouco mais de três semanas, enquanto mais de 7.203 pessoas ficaram feridas. Cinquenta e cinco soldados e dois civis israelenses também morreram no conflito, além de um tailandês.

Enquanto isso, na escola al-Huda, Khitam al-Fayomi, 46 anos, mãe de nove crianças, disse que seu filho Abdullah de 7 anos, e sua filha Fatima de 9 anos, imploraram que ela preparasse o bolo. "Nós não podemos privá-los disso por conta do que Israel está fazendo conosco", disse Fayomi. Ela fugiu de sua casa em Tuffa, próximo de Shujayea. Sentada num longo corredor, ela era uma entre as 40 mulheres mexendo a mistura e colocando tâmaras prensadas dentro do bolo. Esses doces do *Eid* são bem conhecidos por toda a Faixa de Gaza como um marco do feriado *Eid al-Fitr*. Geralmente, as famílias competem entre si para ver qual versão do bolo é mais saborosa.

Próxima de Fayomi, está Nawal Abu Asi, que sorria enquanto ajudava a fazer os doces. Dezoito membros da família Abu Asi fugiram de suas casas em Shujayea depois do pesado bombardeio israelense, duas semanas atrás. Ela me contou que chegou a testemunhar o bombardeio de sua casa com seus próprios olhos. "Quanto mais vocês nos desabrigam, mais resistiremos. Quanto mais vocês nos matam, mais plantaremos felicidade no coração de nossas crianças", disse a mulher de 24 anos. Ela perdeu tudo no bombardeio, inclusive o vestido de casamento que planejava usar em suas núpcias, marcadas para o dia 15 de agosto. "Meu vestido de casamento, minhas roupas, meu quarto novo – tudo foi transformado em ruínas".

Khader Abelkas, 48 anos, era o único homem entre as mulheres preparando o bolo. O míssil de um F-16 israelense o obrigou a fugir com a esposa, seis filhos e três filhas, para um abrigo. "Nós também queremos dizer a Israel que apesar do cerco, destruição e matança, nós iremos continuar a preparar o bolo da resistência".

ZONA DE SEGURANÇA: NOVA ESTRATÉGIA PARA SUFOCAR GAZA

"Com escolas e hospitais também sendo bombardeados, nós não temos alternativa a não ser montar barracas e esperar para morrermos nelas"

01/Agosto

Na última semana, Israel declarou uma zona de segurança ao longo de três quilômetros além das fronteiras de Gaza, uma área que representa 44% do território da Faixa. Segundo os militares israelenses, qualquer pessoa dentro desse perímetro deve deixar a área ou corre o risco de ser bombardeada. Esta zona de segurança apenas endureceu o cerco sobre Gaza: ao leste, a população está encurralada pelos tiros de tanque, morteiros, balas de canhão e franco-atiradores de Israel; a oeste, navios de guerra israelenses formam um cordão de bloqueio, concedendo aos pescadores de Gaza apenas três milhas no mar; ao norte há mais postos de segurança e soldados, e ao sul os militares do Egito fecharam a fronteira com a cidade de Rafah.

Essa Dogmush, 25 anos, conduzia um negócio familiar alugando apartamentos numa torre residencial onde ele e sua família também viviam. Ele afirmou que o prédio foi reduzido a escombros logo depois de ter recebido um telefonema do exército israelense, na hora do almoço. A pessoa do outro lado da linha apenas ordenou que ele evacuasse o prédio. Dogmush correu batendo na porta de cada apartamento, gritando: "Israel vai nos bombardear!". O ataque ao prédio residencial de sete andares deixou 21 famílias desabrigadas.

"Por que o nosso prédio? Eu não sei. Essas são pessoas pobres que nem conseguem pagar suas dívidas por não receberem seus salários", ele disse, segurando uma conta a pagar que encontrou por cima dos escombros, mostrando a dívida de alguém que vivia em seu prédio.

Dogmush acredita que a atual política de Israel consiste em, deliberadamente, forçar as pessoas a se afastarem da resistência do Hamas. Mas ele insiste que seus negócios eram politicamente neutros. "Eu geralmente verifico se as pessoas não são afiliadas a nenhuma facção política antes de alugar o apartamento", contou. Ele se senta no topo da ruína e conta quantas pessoas viviam no prédio. Em média, em cada apartamento vivam 10 pessoas de uma mesma família. "Nenhum lugar é seguro", lamenta.

Jalal Jundia, 41 anos, se tornou um desabrigado pela segunda vez em 10 dias. "Na última semana, nossa casa foi demolida em Shujayea. Eu busquei abrigo com parentes nesse prédio, e agora ele foi bombardeado", conta, enquanto tenta confortar seus filhos aterrorizados. Jundia era um funcionário público da Autoridade Palestina que foi demitido há sete anos por conta da disputa política interna da Palestina. Ele é pai de seis filhos – de 3 a 15 anos – que agora não têm mais para onde ir. "Nós não tivemos tempo de evacuar o prédio – o míssil do drone nos atingiu quando ainda estávamos lá dentro. Conseguimos escapar pouco antes do míssil do F-16 nos atingir novamente", completa.

Suliman Jarboe, 51 anos, vive próximo dali. Ele descreveu como "mulheres e crianças correram de suas casas, algumas usando apenas as roupas de baixo. Eu tive que lhes dar proteção em minha casa, e agora eles não têm o que vestir e nem onde se esconder", conta. Jarboe também foi demitido oito anos atrás, depois de trabalhar grande parte de sua vida com construções em Israel.

Após realizar o *Umrah*, recentemente, na Arábia Saudita, Abdullah Nassar estava recebendo alguns amigos, quando um telefonema lhe disse: "Mussa, falando do Exército de Defesa Israelense. Fuja porque nós vamos bombardear a casa". O primeiro míssil veio de um drone e atingiu uma casa próxima. "Israel afirma que estamos abrigando milicianos, mas eles sabem que somos civis inocentes", afirma, enquanto recolhe decorativos de um quarto de hóspede.

Nassar está preocupado quanto ao futuro de sua família – seu bairro inteiro teve de ser evacuado e ele sente que o lugar onde está não é seguro o bastante para ficar. "Com escolas e hospitais também sendo bombardeados, nós não temos alternativa a não ser montar barracas e esperar para morrermos nelas"

QUANDO OS ABRIGOS VIRAM ALVO

"Após ataque atingir à noite escola dirigida pela ONU, crianças estão com medo de dormir. Os pais sabem que escolas e hospitais – tradicionalmente refúgios seguros – tornaram-se alvos"

01/Agosto

"Durante a noite me assustam as bombas, os mísseis e a lembrança do sangue de pessoas machucadas na rua". diz Karam Abu Shanab, 8 anos de idade. "Eu não consigo dormir à noite. Minha mente está cheia de imagens ruins por causa das bombas israelenses", ele conta à sua mãe. Seus outros três filhos, Saleh, Malak e Sjoud, também não conseguem dormir desde que ouviram sobre as crianças sendo bombardeadas durante o sono, nas escolas da ONU, em Jabalyia.

Karam está agora se abrigando na escola al-Rafdeen, na Cidade de Gaza. Entre as crianças, há conversas constantes sobre ser bombardeado e como os pais não conseguem pôr um fim naquilo. Dezenove pessoas, pelo menos, foram mortas no ataque ao campo de refugiados em Jabalyia e outras 200 ficaram feridas. Israel está sendo acusado de violar as leis internacionais por conta do ataque, que foi condenado pela ONU como "uma fonte de vergonha universal".

Famílias como a de Karam buscaram abrigo na escola acreditando que aquele seria um lugar seguro para se proteger, mas ninguém está seguro. "Todo mundo é um alvo aqui, mas para onde mais deveríamos ir?", pergunta Umm Karam, enquanto segura seus filhos, temerosos de um próximo ataque israelense. "Todos os dias eu olho para meus filhos e os abraço, tentando fazê-los se sentirem seguros e protegidos". Cerca de 10 dias atrás, Karam Abu Shanab perdeu sua casa, suas roupas e todos seus pertences no bombardeio na zona leste da Cidade de Gaza. Agora, a escola al-Rafdeen é o único abrigo que resta. Seu lar foi um dos 747 que foram danificados ou totalmente destruídos desde que Israel começou sua ofensiva há mais de 3 semanas.

De acordo com as Nações Unidas, mais de 240 mil palestinos já buscaram refúgio em alguma escola dirigida pelo governo ou pela ONU, em abrigos informais e casas de parentes e amigos. Dentro das escolas da ONU, os refugiados não se sentem seguros. Alguns abandonaram esses lugares para buscar outro abrigo, depois que Israel atacou uma das escolas na quarta-feira, a segunda vez na semana – uma escola que Israel sabia que estava sendo usada como abrigo para civis. Segundo as Nações Unidas, isso eleva o número de escolas atacadas e danificadas para 133. Cerca de 23 instalações médicas já foram alvejadas.

Umm Ahmed Suhawil, 54 anos, sabe que escolas estão sendo atacadas e está considerando buscar refúgio num hospital – o que tampouco é uma opção segura, pois os hospitais têm sido igualmente atacados pelas armas israelenses. Na quinta-feira de manhã, um disparo de artilharia israelense atingiu o Hospital Al-Aqsa, em Deir al-Balha, na região central de Gaza, deixando uma enfermeira ferida. Na semana anterior, o mesmo hospital foi atacado por 10 disparos de tanques israelenses, assassinando cinco pessoas e ferindo outras 70, de acordo com o dr. Khalil Khattab.

Algumas famílias decidiram se separar em diferentes abrigos, na esperança de que, quando Israel atacar novamente, ao menos alguns membros da família possam sobreviver. Como mãe e avó, Suhawil cuida de 17 crianças na casa da família em Beit Hanoun, no norte da Faixa de Gaza. "Tive que abandonar minha casa quando as tropas israelenses telefonaram, avisando que eu deveria deixá-la, foi o que fiz, vindo para cá", ela conta, enquanto pendura roupas íntimas infantis nas janelas de uma sala de aula para secar.

Ela diz ainda que não fugiu imediatamente e aguardou até ver que seus vizinhos também estavam deixando suas casas. "Ainda bem que partimos, pois momentos depois disparos de tanques israelenses começaram a cair como pingos de chuva de fogo". Ela e sua família não tiveram tempo de levar nenhum tipo de suprimento de emergência consigo. Eles partiram apenas com algumas roupas extras, sem saber se retornariam alguma vez para casa. Algumas crianças partiram descalças. "Era o começo da manhã. Eu arranquei todos da cama, com a ajuda do meu filho e sua esposa", ela diz, tentando confortar a filha de 10 anos, Fatima Suhwail, que está chorando novamente com o som de um míssil israelense em algum lugar próximo. "Agora as crianças têm medo de tudo, de todos os sons. Até mesmo uma porta batendo as deixa tensas. Elas gritam e tremem e se agarram firme em mim", ela conta, segurando as mãos de Fatima.

Suhwail descreveu os momentos de horror quando eles fugiam de casa. Ela ficou com medo de ter deixado uma das crianças para trás, então ela ia e voltava para garantir que todas estavam junto dela durante o percurso para longe dali. Quando Israel e Hamas concordaram com o cessar-fogo humanitário de 12 horas, na última semana, ela retornou para a casa em busca de roupas extras. Porém não conseguiu reconhecer a área, destruída pelo bombardeio de Israel. "Não era possível distinguir a rua do que fora nossa casa, até que eu vi nossas roupas e pertences queimados em cima das ruínas – nenhum deles podia mais ser usado", diz Suhwail nos seus olhos lacrimejantes Sua filha Fatima insiste com sua mãe que ela não deseja ter o mesmo destino das crianças que foram mortas ou feridas no bombardeio da quarta-feira da escola da ONU. Chorando, ela diz: "Mãe, vamos sair daqui, por favor?".

Sua mãe tenta confortá-la, sem muito sucesso – ela não sabe para onde mais poderiam ir. Ela explica que Fatima tem estado muito doente há mais de uma semana por conta do bombardeio constante e por viver na sala de aula lotada. "À noite, tenho medo do bombardeio. Não consigo dormir, meu estômago dói e meus ouvidos doem", diz a criança, baixinho, mal conseguindo falar sem sentir dor. "Os foguetes e bombas me deixam com muito medo e com dor – o zunido dos tanques me assusta", completa Fatima.

Dez dias atrás, ela podia ouvir o barulho dos tanques e escavadeiras, mas agora que está no abrigo, pode ouvir os F-16, drones e os disparos dos tanques e navios de guerra. Fatima pediu que sua mãe trouxesse seu brinquedo favorito – uma boneca noiva – quando ela voltou para sua casa destruída em busca de mais roupas. "Mãe, eu quero voltar para casa e dormir no meu quarto de sempre com minhas irmãs e me aprontar para a escola", ela diz.

Mas sua realidade agora é outra, e a escola al-Rafdeen é o único lar da família Suhawil. Em setembro, porém, com a volta às aulas, estudantes e professores precisarão de suas salas desocupadas. "Para onde iremos? Eu não tenho ideia", diz a mãe de Fatima Suhwail.

IMPEDIDOS DE EVACUAR CIVIS E ENTERRAR AS VÍTIMAS

"Sem um lugar seguro para onde levar os mortos, as pessoas começaram a armazenar os corpos de seus familiares amados em refrigeradores que outrora serviam para guardar comida"

02/Agosto

Sob contínuos ataques aéreos e fogo de artilharia israelense, Issa Akel não tem outra escolha: o motorista de escavadeira de 50 anos deve interromper as tentativas de retirar corpos debaixo dos escombros e procurar um local seguro para se proteger.

Em Hay al-Junina, ao leste de Rafah, Akel recebeu a missão de resgatar os mortos, mas não demorou para perceber que sua própria vida estava em perigo. No sábado, as estradas da cidade estavam repletas de cadáveres, muitos haviam sangrado por horas antes de morrer, sem que qualquer ambulância conseguisse se aproximar. "Agora nós estamos incapacitados de retirar os corpos debaixo das ruínas", Subhi Radwan, prefeito de Rafah, contou à *Al Jazeera*. Ele explicou que seu gabinete recebe centenas de chamadas telefônicas pedindo ajuda, mas os caminhões municipais não conseguem acessar boa parte da cidade.

Médicos locais afirmam que pelo menos 110 pessoas foram mortas em Rafah nas últimas 24 horas, enquanto centenas de outras foram feridas. Desde o início da ofensiva militar de Israel contra Gaza, em 8 de julho, pelo menos 1.680 palestinos foram mortos e outras 8.500 pessoas ficaram feridas. Na sexta-feira, um disparo de um tanque israelense atingiu uma ambulância em Rafah, assassinando três paramédicos: Yousef Elshiekh Eid, Yousef Darabeh e Atef Alzamli. Enquanto isso, o único hospital da cidade, Abu Yousef Al Najjar, está sob constante fogo da artilharia de Israel, obrigando os médicos a evacuarem os pacientes e mortos. As matanças em Rafah ocorreram apenas duas horas depois do início de um cessar--fogo humanitário de 72 horas, que fora acordado entre Israel e Hamas com intermediação internacional. Israel culpou o Hamas por violar a trégua, enquanto o grupo palestino afirmou que tropas israelenses se aproveitaram do breve acordo para avançar em Rafah e matar moradores.

Enquanto isso, o ministro da Saúde em Gaza, Ashraf al-Qedra, fez um apelo às organizações internacionais para que as ambulâncias possam trabalhar em segurança a fim de evacuar as vítimas para a cidade de Khan Younis, próxima dali. Sem qualquer lugar seguro para onde levar os mortos, as pessoas em Rafah começaram a armazenar os corpos de seus familiares amados em refrigeradores que outrora serviam para guardar comida. Uma equipe da *Al Jazeera* contabilizou dezenas de corpos amontoados num desses refrigeradores.

Praticamente metade da cidade esteve sob bombardeio israelense no sábado, dificultando a realização de enterros apropriados. "As pessoas feridas estão chamando por nós, mas não conseguimos chegar até elas", afirmou um motorista de ambulância. "Ninguém está seguro. Equipes de ambulância, funcionários municipais e os civis em suas casas estão sendo atacados", disse o prefeito Radwan à *Al Jazeera*.

A crise em Rafah resultou na interrupção da eletricidade, água e serviços sanitários. "Estamos agora recebendo centenas de telefonemas de pessoas que não têm água e não podem se deslocar por causa do constante bombardeio", disse Radwan, explicando que entre 30 e 40 mil pessoas estão sem água potável na zona leste de Rafah. Segundo as Nações Unidas, a violência também gerou milhares de novos refugiados internos, incluindo muitos que buscaram proteção nas escolas superlotadas da ONU. Pelo menos 280 mil palestinos estão desabrigados por toda a Faixa de Gaza. A ONU estima que 76 famílias perderam três ou mais membros nesse mesmo incidente, totalizando mais de 400 mortes. Radwan afirma nunca ter visto uma guerra como essa em seus 62 anos de vida, mais da metade deles trabalhando nos serviços públicos em Rafah. "No passado, eu lidei com os militares do Egito e de Israel", ele diz. "Mas nunca se havia chegado a esse nível de desconsideração à crise humanitária".

CARNIFICINA EM RAFAH: MORTOS SÃO MANTIDOS EM REFRIGERADORES

"Aperta o cerco a Gaza e necrotérios lotados obrigam a armazenar cadáveres em refrigeradores. 'Não tivemos outra opção', afirma Subhi Radwan, prefeito de Rafah"

02/Agosto

Abu Taha, um agricultor em Rafah, abriu o refrigerador onde normalmente guardava suas batatas e cenouras. Ali dentro estavam os corpos encharcados de sangue de crianças, homens e mulheres, um em cima do outro. Muitos estavam irreconhecíveis e apenas alguns estavam enrolados em uma mortalha branca.

Essa foi a selvageria do bombardeio de Israel em Rafah, onde o número de mortos foi tão grande que simplesmente não havia outra opção além de usar refrigeradores em necrotérios improvisados. O fechamento dos hospitais, causado pelo bombardeio, gerou uma grande quantidade de cadáveres. Tudo começou quando a equipe médica foi obrigada a abandonar o principal hospital de Rafah, Abu Yousef al-Najjar, na zona leste da cidade, esteve sob constante ataque da artilharia israelense.

Eles transferiram os feridos para o Hospital Kuwaiti, uma instalação que não estava preparada para lidar com os casos mais graves. Diversos corpos foram deixados nas estradas. Pessoas que sangraram por horas sem que qualquer ambulância viesse resgatá-los. Três paramédicos foram assassinados. Seus corpos ficaram irreconhecíveis depois que a ambulância onde estavam foi atingida em cheio por um tanque de Israel. Muitos dos feridos localizados nas proximidades do hospital permaneciam inalcançáveis pelas equipes de resgate, afirma Abu Ahmed, um motorista de ambulância. "Toda vez que eu estava dirigindo, os tanques começavam a disparar", diz. Ele estava a apenas duzentos metros de dezenas de vítimas sangrando na estrada. A maioria dos que foram mortos em Rafah são civis – assassinados pelos disparos de canhões que apagaram do mapa diversas casas na área de Hay al-Junina. Aviões de guerra israelenses dispararam mísseis contra inúmeros lares em Rafah, tentando acertar as casas de Abu Saliman, Zorb e Alshaer. O número de mortos em Rafah, nas últimas 24 horas, é agora de 110 pessoas, com centenas de feridos. Médicos afirmam que há ainda mais pessoas mortas que não puderam ser encontradas.

Os cadáveres foram colocados em refrigeradores em Rafah, que funcionam com um gerador próprio. Até mesmo o ato de enterrar os mortos era muito perigoso, uma vez que os cemitérios no leste da cidade também têm sido alvejados pela artilharia israelense nas últimas 24 horas. "Não tivemos outra opção a não ser colocar os corpos nas geladeiras", afirma Subhi Radwan, prefeito de Rafah.

O hospital Al-Najjar possui camas suficientes apenas para algumas dezenas de pacientes, mas a evacuação do hospital significa que as vítimas dos ataques não têm para onde ir. Radwan diz que sua equipe está incapacitada de oferecer qualquer ajuda às pessoas em campo. As linhas de fornecimento elétrico e de água foram destruídas pelos ataques. "Fazemos um apelo para que as organizações internacionais intervenham e nos ajudem a evacuar os feridos que jazem pelo chão no leste de Rafah", diz ele. Alguns grupos internacionais tentaram, sem sucesso.

Os sobreviventes do bombardeio de 24 horas afirmam que nunca tinham visto nada parecido em suas vidas. Eles foram bombardeados por ar, mar e terra, simultaneamente. "É aterrorizante. Os militares israelenses estão fora de controle. Eles bombardearam um prédio onde havia famílias fugindo e mataram 23 inocentes", afirma Abdelraouf Ayyad, 33 anos. Ele abandonou sua casa em Hay al-Junina, quando as bombas começaram a cair, 24 horas atrás. "Ninguém está seguro – nenhuma casa, nenhum hospital, nenhum abrigo", ele diz, enquanto foge para Tal al-Sultan, a fim de encontrar refúgio na casa de um primo.

O ministro da Saúde em Gaza, Ashraf Al Qudra, implorou à comunidade internacional para que as ambulâncias possam socorrer as pessoas feridas nas estradas no leste de Rafah, próximas ao Hospital Kuwaiti. "Nós precisamos de rotas seguras para que as ambulâncias resgatem as vítimas e as levem para outros hospitais em Khan Younis", disse ele. Os tanques israelenses podiam ser vistos ao leste supervisionando Rafah, onde moram 180 mil habitantes. A cidade está localizada no extremo sul da Faixa de Gaza, fazendo fronteira com o Egito. O massacre em Rafah ocorreu duas depois do início do cessar-fogo humanitário de 72 horas anunciado no dia anterior. Hamas e Israel trocam acusações mútuas de violação à trégua. Apesar do cessar-fogo, Israel teria insistido em conduzir operações militares terrestres próximas à fronteira leste.

O governo israelense anunciou que um soldado havia desaparecido após a ofensiva por terra, enquanto o braço militar do Hamas, as Brigadas Qassam, afirmam que perderam o contato com alguns de seus membros que combatiam as tropas israelenses logo após o início do cessar-fogo. As Brigadas Qassam disseram ainda, em pronunciamento, que o soldado israelense provavelmente morreu durante uma emboscada, assim como seus membros.

Desde que a guerra começou, 27 dias atrás, o número de mortos na Faixa de Gaza é de 1.680, com mais de 8.500 feridos – na maioria sendo civis, de acordo com a ONU. Três civis e 50 soldados israelenses foram mortos.

Esperava-se que Israel e facções palestinas viajassem ao Cairo, no Egito, para tratar de uma trégua definitiva em Gaza, mas a presença de tanques israelenses ao redor da passagem de Rafah significa que isso não acontecerá tão cedo.

HAMAS, JIHAD ISLÂMICA, ABBAS E ISRAEL: O QUE A POPULAÇÃO DE GAZA PENSA?

"Cidadãos comuns foram questionados sobre sua visão quanto à resistência armada, o Hamas, Mahmoud Abbas, o papel do Egito e o futuro"

03/Agosto

Durante um incomum momento de paz, questiono moradores da Faixa de Gaza sobre suas opiniões a respeito da última guerra de Israel e a resposta palestina. Abaixo, algumas de suas respostas e reflexões.

Nashaat Al Wehidi, 47 anos, escritor

"Atualmente, diante dos contínuos ataques de Israel, há um consenso nacional sobre a resistência. Eu me refiro a um grupo de facções militares que trouxe esperança e consciência aos palestinos, assim como a todos os árabes. A resistência palestina tem capacidade de frear o exército israelense – conhecido como o 'exército que nunca foi derrotado', uma das forças militares mais poderosas no mundo.

Os palestinos têm a esperança de que a liderança política palestina, exercida por Abu Mazen Mahmoud Abbas, retornará ao mesmo estágio de unir islamitas e nacionalistas, de modo a liderar um projeto nacional para acabar com a ocupação israelense na Palestina, libertar os prisioneiros e trazer de volta os refugiados palestinos.

Eu tenho uma filha de 7 anos. Ela já passou por três guerras com Israel que causaram a morte de cerca de 5 mil palestinos. Quando se fala de guerras, falamos dos impactos físicos, psicológicos e emocionais nas crianças palestinas, desde o momento de seu nascimento. Muitas crianças no mundo não conseguem imaginar isso.

Quanto ao Egito, nós, como palestinos, estamos esperando por um líder egípcio que assuma o papel que há muito tempo está vago na política árabe, desde o tempo de Mustafa Hafed – o egípcio que foi morto na Palestina por um explosivo israelense, cuja reputação ainda é honrado, servindo de nome para uma escola em Gaza. Nós nos lembramos de Ahmed Abdelaziz, morto junto a oficiais e soldados egípcios no Sinai pelas mãos das forças israelenses, que os amarraram como prisioneiros de guerra, com suas mãos nas costas e executou a todos, exceto por um ou dois que foram obrigados a cavar as covas coletivas para depois serem executados também. A ordem de Israel era para não levarem prisioneiros. Os egípcios precisam se lembrar dessas coisas, e nós, como palestinos, precisamos que o Egito trabalhe conosco para uma reunificação árabe. O relacionamento entre Egito e Palestina não é simples. Nossas duas nações possuem relações históricas e humanas. O Egito é considerado, para todos os árabes, o coração pulsante que combina todas as esperanças e dores de todas as nações árabes.

Quando eu falo sobre minha filha Areej, eu tenho que mencionar a derrota em junho de 1967. Eu nasci nessa época, que foi dura para os movimentos nacionais e islâmicos. Desde então, eu vivi por diversas guerras até a de hoje: 2014. Apesar de nossa dor e das armas pesadas de Israel fazerem os corpos dos palestinos em pedaços, eu enfatizo o princípio de que os velhos morrem e os jovens nunca se esquecem".

Hekmat Abu Zakary, 32 anos, administrador público

"O Hamas é um grupo de resistência palestino que defende as terras ocupadas por Israel. Eu discordo deles ideologicamente e de algumas de suas políticas. A diferença ideológica apareceu na época das eleições em Gaza, nos confrontos militares contra o Fatah e a Autoridade Palestina liderada por Abu Mazen. Isso fez o Hamas perder popularidade, pois ele queria impor seus princípios e crenças ao povo palestino. No entanto, como um movimento de resistência legítimo, eu os respeito, principalmente por confrontar Israel, que há tantos anos massacra o povo palestino.

No que tange à Jihad Islâmica, é um movimento que sempre evitou disputas políticas, conquistando o respeito de muitas pessoas. Eles se colocaram à margem do trabalho político e se concentraram apenas em resistir à ocupação israelense. Isso os torna muito respeitados perante a opinião pública palestina, embora algumas pessoas os vejam como uma extensão do regime iraniano na Palestina. Mas isso não é um problema para mim.

O pilar da resistência palestina é a defesa dos direitos dos palestinos, e eu respeito isso, desde que a arma esteja apontada para ocupação israelense e seu alvo seja resistir à ocupação em nome da liberdade da Palestina. Eu acredito que o Egito, como um país vizinho, permanecerá como defensor da Faixa de Gaza. O relacionamento humano e geográfico entre nós significa que o Egito estará sempre presente, mesmo que eles se ausentem do cenário por conta dos conflitos internos a seu sistema político. Mas não há alternativa, o Egito tem que voltar.

Quanto a Mahmoud Abbas, ele ainda é o presidente da Palestina, independentemente do quanto concordemos ou discordemos dele. Ele implementa uma política que acredita servir ao povo palestino e suas aspirações, enquanto os movimentos islâmicos talvez tenham opiniões diferentes. Mas eu acredito que grande parte do povo palestino o apoia, apesar de seus erros".

Abdelmajeed Abu Nasser, 22 anos, estudante

"Acredito que o Hamas é um movimento que defende os direitos dos palestinos – eu os vejo como um potencial exército de defesa e meu respeito por eles é muito grande. A Jihad Islâmica também é uma extensão do Hamas, trabalhando num só objetivo: libertar a Palestina da ocupação. Eu respeito a Jihad Islâmica por não se envolver com a política palestina, mas por combater o projeto sionista na Palestina.

Enxergo Mahmoud Abbas como o presidente legítimo da Palestina e eu o respeito por levar a causa palestina para a arena internacional. Agora Abbas está do lado do seu povo em Gaza, depois de ter compreendido que Israel tem pouco a oferecer em termos de negociações reais.

Quanto ao Egito, com o presidente Abdul-Fattah al-Sisi no comando, Cairo apoia Israel 100%, endossando o bloqueio israelense em Gaza e o fechamento da passagem de Rafah para pessoas doentes e feridas que estão presas na Faixa. Na era do ex-presidente egípcio Mohamed Morsi, a vida era mais fácil para nós. Durante a guerra de Israel contra Gaza, em 2012, Morsi enviou o seu primeiro-ministro para monitorar a situação mais de perto. Eu sinto falta de Morsi. Quando estava no poder, pudemos experimentar alguma liberdade e tivemos atenção de nossos vizinhos".

"O Hamas é um movimento de resistência trabalhando pela libertação da Palestina – do Rio Jordão ao Mar Mediterrâneo. Ele tenta resistir à ocupação de todas as maneiras possíveis. Nós vimos o Hamas evoluir ao longo dos anos e qualquer pessoa que resista contra a ocupação tem meu enorme respeito. O Hamas nos deixa orgulhosos quando captura soldados israelenses e os troca por prisioneiros palestinos, que Israel se recusa a libertar.

A Jihad Islâmica é também um movimento de resistência que almeja libertar a Palestina ao adotar o projeto islâmico. Eu não sei por que eles têm suas reservas quanto a se unir a um governo, mas eu sei que na guerra de 2012 a Jihad Islâmica desempenhou um papel importante na negociação do cessar-fogo, e agora tem um papel fundamental na intermediação entre o Egito e o Hamas.

Quanto a Abbas, ele é o presidente da Palestina, mas deveria ficar ao lado de todo o seu povo. Abbas deveria interromper a coordenação de segurança que tem com Israel. O poder da resistência do Hamas em Gaza é mais forte por conta de sua intenção em combater os palestinos que colaboram com as forças de ocupação. Na Cisjordânia, o presidente Abbas não permiti que seu povo lute contra a ocupação ilegal.

Com Morsi, o Egito teve um papel diferente ao longo da guerra de 2012 em Gaza, mas agora estamos sob cerco e nem mesmo suprimentos médicos estão chegando. Na época de Mubarak, a guerra foi anunciada no Cairo, mas ele afirmou que não permitiria que os palestinos passassem fome. Agora nossa linha vital através dos túneis está fechada e o fornecimento de eletricidade e água estão seriamente comprometidos. O Egito já não desempenha o papel de mediador. Eu vejo o Egito como uma parte envolvida na imposição do cerco de Israel. Nós esperamos que o Egito, como o conhecemos, retorne ao seu antigo papel e negocie um acordo de cessar-fogo honesto para as facções palestinas". "Hamas: eu acho que eles são bons. Que Alá os abençoe pelo trabalho que fazem. São eles que vão nos tirar deste longo cerco imposto por Israel. Nós temos apenas Alá e o Hamas. Eu sempre os respeitei. Eles já ajudaram muitas mulheres e crianças órfãs quando o resto do mundo lhes deu as costas.

Jihad Islâmica: que Alá os proteja por nos defender com seus foguetes, quando somos atacados diariamente por Israel. Eles vão nos resgatar e nos dar a vida. Agora, nós vivemos na sombra de sua resistência. Antes, nós éramos mortos sem razão alguma; hoje nós ainda somos mortos, mas pelo menos nós temos a resistência. Quanto mais Israel nos ataca, mais nós precisamos recorrer a eles, já que não há mais ninguém. As fronteiras estão fechadas e nossos irmãos árabes se esqueceram de nós.

Estou infeliz com o Egito. O presidente al-Sisi supostamente devia ser muçulmano, mas ele está vendo os corpos de nossas crianças serem despedaçados pelas armas de Israel e nossos lares caírem sobre nossas cabeças. O governo egípcio está apoiando Israel e não os palestinos. Sisi não viu o cérebro de uma criança palestina saindo de sua cabeça? Ele deveria ter agido de maneira mais humana. Ele não pode negociar um cessar-fogo enquanto ajuda o opressor israelense ao mesmo tempo.

Abbas ainda está só olhando, como o resto da comunidade – Abbas e Sisi não estão se posicionando corretamente. Eles se venderam a Israel e aos EUA. Eu sempre me lembro deles em minhas preces, e peço que Alá os puna. Abbas lida conosco como um país que precisa de caridade, enviando remédios, como se fôssemos um país pobre da África, e não sua própria nação palestina".

Othman Swaliem, 38 anos, taxista

"Nunca gostei do Hamas porque discordo do seu método para acabar com o conflito, mas eu receio que não haja outra maneira de conquistar nossos direitos. Israel falhou com Abbas nas negociações e fortaleceu o Hamas, fazendo com que pessoas como eu enxergasse neles a única opção para mudar uma realidade sombria. O cerco está matando pessoas como eu, que precisam alimentar oito crianças. Agora, os combatentes do Hamas sacrificam suas vidas e merecem o nosso respeito por tentar com a luta armada – para pôr um fim ao cerco de Israel e abrir as fronteiras para a liberdade.

A Jihad Islâmica sempre foi um bom combatente em campo. Eu nunca tive problemas com eles. Eles são menos duros que o Hamas, mas seu relacionamento com o Egito abrirá as portas para o Hamas depois que elas foram fechadas na esteira da deposição de Morsi.

Quanto a Abbas, eu queria que ele prestasse mais atenção em pessoas como nós, que estão há sete anos perdidos entre o cerco e a divisão da Palestina. Eu entendo que ele tentou seu melhor com Israel, oferecendo muitas coisas, mas meu conselho é que desmonte a Autoridade Palestina e diga ao mundo: "Nós estamos acabados e os ocupantes de Israel devem agora assumir a responsabilidade de fornecer os serviços. Se você mantém um animal numa jaula de zoológico, você deve cuidar dele. Você não pode deixá-lo morrer de fome."

Quando o Egito é mencionado, eu não consigo deixar de ver a imagem de Sisi. Ele nos causou muito dano e nos levou a um ponto de estrangulamento. Muitos de nós adorávamos e apoiávamos o presidente Morsi. Eu estou sendo pessoalmente punido, pois antes de Sisi ordenar o fechamento da passagem de Rafah, eu fiz duas ou três viagens da Cidade de Gaza até Rafah para encontrar com visitantes estrangeiros que tinham dinheiro para gastar aqui e novos rostos que trouxeram alguns sorrisos para essa depressão toda. Nada disso existe hoje e o Egito carrega toda a responsabilidade. Não posso dizer que esteja furioso com eles, mas fico silenciosamente infeliz, pois apesar, de uma revolução ter encerrado uma era de tirania no Egito, uma nova tirania nos atingiu, com os regimes de Israel e Egito trabalhando juntos. Eu gostaria que tivéssemos de volta o velho Egito que amávamos".

A RÁDIO DO POVO VOA PELOS ARES, MAS A TRAMISSÃO CONTINUA

"Agora seu trabalho vai além do jornalismo, pois usa frequências abertas e envia mensagens diretas para oficiais da Cruz Vermelha"

04/Agosto

Quando os ouvintes sintonizam no rádio o programa ao vivo de Ahmed Said eles mal conseguem acreditar que ainda esteja no ar. O prédio onde se localizava seu escritório e estúdio foi alvejado três vezes pelos ataques de Israel nas últimas quatro semanas. A voz de Said, 30 anos, chega aos ouvintes com a ajuda de um grupo de jovens exaustos, porém dedicados, da Rádio Al Shaab (Rádio do Povo), que oferecem cobertura ao vivo dos eventos e notícias mais traumáticos do dia por toda a Faixa de Gaza.

Agora, Said se senta debaixo de uma escadaria com um microfone, um *mixador*, um transmissor e a vontade de resistir por meio de palavras. A interação em tempo real de Said com a comunidade pode ser profundamente tocante. Uma mãe liga de Shejaya, leste da Cidade de Gaza. Ela tem apenas alguns minutos de bateria em seu celular, pois os mísseis de Israel atacaram a única rede de transmissão em Gaza e a vários lugares ficaram sem eletricidade.

"Eu imploro a você! Minhas crianças estão aterrorizadas! Tanques israelenses estão atirando contra meus vizinhos!", grita a mãe ao vivo. Ao fundo, os ouvintes podem identificar o som dos disparos de tanques e as crianças gritando. "Eu mesmo me sinto impotente e percebo o quanto nosso papel como jornalistas se limita a refletir a verdadeira dor das pessoas, porque nós não podemos resgatá-las de seu sofrimento", diz Said, durante um intervalo. Mas agora seu trabalho vai além do jornalismo, pois usa frequências abertas e envia mensagens diretas para oficiais da Cruz Vermelha, instando-os a intervir e resgatar as famílias atingidas pelos ataques aéreos israelenses. Como um preocupado pai de duas crianças, ele diz que pode ver seus próprios filhos gritando quando ouve o sofrimento dos filhos de outras pessoas.

Debaixo das escadas há também carregadores de celular, um computador e algumas roupas extras. Os jovens que trabalham no estúdio conhecem o comprometimento de Said. Ele poderia apenas ficar em casa, mas ele ainda vem trabalhar. Seu raciocínio? "Nada me obriga a fazer isso, exceto a urgência de garantir que os pedidos de socorro das pessoas sejam ouvidos".

Todos os palestinos especulam sobre a mentalidade e a estratégia israelense. Ao longo dos anos, Said desenvolveu sua própria análise sobre o pensamento israelense. Sua interpretação fez com que outros canais de mídia, incluindo a *Al Jazeera*, o procurassem para ouvir seus pontos de vista. "Acredito que essa é uma mensagem nacional que tenho de transmitir como jornalista. É um preço que sinto que devo pagar", afirma Said.

O preço pode ser a própria vida, como dezenas de outros repórteres mortos e feridos pelas tropas israelenses. Quando perguntado se sente medo enquanto transmite debaixo de uma escada, Said responde que temeu mais quando os telefonemas vieram de sua família, depois de terem ouvido o anúncio de que o prédio onde ele e seus colegas estavam trabalhando tinha sido bombardeado por Israel. Said conta que as mulheres que se protegiam debaixo das escadas, em Shujaya, foram atingidas por mísseis israelenses. "Tenho mais medo de sermos feridos pelo disparo aleatório de um tanque, do que por um ataque deliberado ao nosso prédio", ele diz.

Mahmoud Elyan, o diretor-executivo da Radio Al Shaab, de 29 anos, trabalha a noite inteira. Às duas da manhã, ele está organizando a troca de turnos e checando a atividade de seus 25 repórteres ao redor da Faixa de Gaza. A decisão de ir para debaixo das escadas foi uma tentativa de garantir a segurança dos membros da equipe. Israel possui *bunkers* especiais para proteger seus cidadãos; este, porém, é apenas um improviso. "Nós percebemos que os canhões israelenses estavam alcançando lugares além de nós e ao nosso redor, então nosso prédio era um possível alvo", diz. A decisão de Elyan se mostrou sábia, pois um míssil israelense atingiu o prédio mais uma vez na última semana, danificando dois andares abaixo deles e mais alguns acima.

Uma força unificadora

A Rádio Al Shaab começou a transmitir em 2006 com objetivo de unir as vozes das pessoas e convidar os líderes do Fatah e do Hamas a falarem no mesmo programa – uma iniciativa que não seria possível em outros veículos de imprensa das facções. "Nós tentamos trabalhar para unir os palestinos e acabar com nossa divisão interna", afirma Elyan.

Durante as últimas quatro semanas, o trabalho da Rádio Al Shaab se concentrou, primeiramente, nos ataques israelenses, e em a ajudar as vítimas mais graves a se comunicarem com as equipes de resgate e de paramédicos. Grupos internacionais sempre criticaram as forças de segurança de Israel e da Palestina por imporem a censura à imprensa. Todavia, Elyan vê isso como uma forma "saudável de monitoramento" com a qual ele parece não se importar. "Fomos abordados com uma comunicação positiva, ao invés de uma obrigação autoritária", ele comentou sobre a medida governamental.

Para ele, os mísseis disparados por Israel são mais perigosos que a censura – e quanto a ela, ele afirma que as instruções que recebe do Ministério do Interior, baseado em Gaza, o ajuda com o trabalho na estação. "Se combatentes da resistência palestina lançam foguetes de uma localização específica e nós divulgamos isso, nós podemos colocar as vidas dessas pessoas em perigo", afirma.

O ministro do Interior em Gaza tem sido proativo quanto à mídia local e as redes sociais ao não fornecer informações que podem prejudicar o front interno. Essa tática começou a ser usada apenas nessa guerra – o mesmo não ocorreu em 2008 e 2012.

"Nós também tentamos alertar nossos ouvintes a não serem induzidos pelas mensagens dúbias vindas de Israel, que funcionam como uma forma de guerra psicológica", diz Elyan, logo depois de relatar que um carro foi atingido no leste da Cidade de Gaza. De acordo com Rami El-Shrafi, o secretário da rádio, seus 25 repórteres de campo e o pessoal no estúdio estão lutando com as palavras contra a guerra psicológica de Israel. "Temos correspondentes voluntários determinados a fornecer mensagens honestas e profissionais, fazendo com que o público se sinta mais seguro", conclui.

ABANDONADOS ENTRE RUÍNAS APÓS CESSAR-FOGO

"Famílias retornam para Beit Lahia, no norte de Gaza, e encontram suas casas praticamente destruídas"

05/Agosto

Quando Israel e facções palestinas anunciaram um cessar-fogo de 72 horas, Umm Feras Abuelneen, 35 anos, tinha poucas opções a não ser retornar para seu apartamento nos prédios residenciais al--Nada, em Beit Lahia. Suas expectativas eram baixas, mas o que seus olhos viram era ainda pior. Seu apartamento localizado o norte da Faixa de Gaza, foi bombardeado e inteiramente destruído. Poeira e escombros espalhavam-se por toda a parte, como se um furacão tivesse passado por dentro dele. "Eles bombardearam para valer nossas casas, com seus mísseis Hellfire, drones, tanques e gases que irritavam a pele e os olhos dos meus filhos", conta Abuelneen

Quando Israel iniciou sua ofensiva, há quatro semanas, Abuelneen conseguiu permanecer em casa por três dias. Mas então Israel passou a despejar panfletos avisando sobre a já planejada intensificação dos ataques, e ela soube que tinha que partir. Localizada na linha de frente, nos prédios residenciais voltados para a fronteira com Israel, sua casa foi uma das primeiras a serem alvejadas pelos tanques que se alinharam e miraram nos prédios.

"Nós tentamos correr. Liguei para as ambulâncias e para a Cruz Vermelha, mas eles disseram que não havia nada que pudessem fazer e que eu deveria me virar", diz Abuelneen, enquanto inspeciona os enormes buracos no que resta de sua casa, e as crateras ao redor das casas dos vizinhos.

Enquanto o horror impactou a todos em Gaza, Abuelneen ficou numa situação particularmente difícil: ela é iraquiana e não possui familiares próximos em Gaza. Seus sogros estão no Egito, seu marido, Mohammed Abuelneen, morreu em 2002, num ataque israelense, logo depois de ter ido trabalhar como guarda-costas do ex-presidente palestino Yasser Arafat, em Ramallah. "Há tantas pessoas e famílias fugindo, muitas descalças, tentando chegar a algum lugar seguro. Mas todos os lugares estão sendo atacados", ela diz.

Assustada, cansada, faminta e com os pés machucados, Abuelneen decide por fim deixar sua casa e arrastar seus cinco filhos para uma escola da ONU que já está abarrotada de refugiados. "A escola Abu Hussein para onde corremos estava lotada de civis. Depois, Israel bombardeou a escola também", ela conta. Com sua casa e o abrigo da ONU destruídos, a única opção de Abuelneen foi recorrer a qualquer um que pudesse oferecer alguma ilusão de proteção.

Ao cair da noite, ela e os cinco filhos tiveram sorte de encontrar uma família caridosa que lhes ofereceu refúgio, mas tal abrigo também não duraria muito. "Quando corremos para a casa deles, o cemitério em frente estava sob constante bombardeio", conta. Afinal, até mesmo aqueles anfitriões tiveram a residência danificada depois que um drone israelense acertou a vizinhança.

Uma batalha difícil

As lágrimas agora correm pelo rosto de Abuelneen enquanto ela segura seu filho Feras. A criança de 13 anos tem ferimentos nas costas e nos braços desde o último domingo, e seus ouvidos ainda estão zunindo por causa do barulho dos mísseis que os atacaram. Ele é apenas uma das milhares de crianças que foram feridas durante os exaustivos ataques de Israel. "Graças a Deus ele está vivo. Eu tenho apenas meus filhos nessa vida", diz Abuelneen.

Mas a atual trégua traz apenas um ligeiro descanso. Abuelneen permanece sem documentos e sem condições de viajar para a casa dos sogros, no Egito, ou para a de seus pais, no Iraque. O que resta é permanecer em Gaza com os cinco filhos, e ela insiste firmemente em criá-los e educá-los, apesar da extrema falta de segurança e difícil situação econômica. Como uma viúva fará isso, agora que seu apartamento foi severamente danificado e queimado por disparos de tanques, ainda não está muito claro.

Toda a área foi transformada em desastre. Debaixo do prédio onde moravam, há centenas de outras famílias que perderam suas casas. Sob as ruínas, é possível ver o que resta de um supermercado: fraldas, pastas de dente, condimentos e os restos de diversos outros produtos estão esparramados pelo chão. Homens, mulheres e crianças voltaram para coletar qualquer coisa que pudessem encontrar do que outrora foram suas casas: documentos, lençóis, roupas, comida, potes, panelas, talheres e tudo mais que conseguirem carregar. Mas aqueles que recolhem desesperadamente seus pertences são os que têm sorte; outras famílias retornaram com a dura tarefa de desenterrar os corpos de seus entes queridos que estavam dormindo durante o bombardeio.

Na guerra de 2012, a casa de Abuelneen também foi danificada, mas nem de longe da mesma maneira como nesse ataque. Daquela vez, apenas as esquadrias das janelas racharam e algumas tigelas de vidro se partiram. "Nunca recebi compensação naquela época, porque o apartamento não estava em meu nome", diz. "Ele é arrendado anualmente pelo governo. A situação se aplica agora, e a maioria das pessoas que moram em casas arrendadas pelo governo talvez não consiga qualquer reparação". Abuelneen sabe que nenhum funcionário público virá ajudá-la com os prejuízos, mas a resiliência reflete em seus olhos, mostrando determinação de seguir em frente e tentar salvar o que puder para reconstruir um lar a partir das cinzas, poeira, escombros e o caos que restou na esteira do bombardeio de Israel.

Com o pôr do sol se aproximando, Abuelneen se levanta de cima das ruínas recolhendo objetos empoeirados e procurando algum lugar onde ela e seus filhos possam dormir e se abrigar – pelo menos durante o cessar-fogo de 72 horas. As crianças, enquanto isso, se juntam para tentar recolher algumas fotografias do armário esburacado. Acariciando os cabelos de um dos meninos, sem perder de vista o resto da prole, a viúva iraquiana diz que sente saudade de seu marido. Ela explica que Feras, com apenas 13 anos, é o homem da casa agora. "Vou permanecer aqui com meus filhos. Nós não vamos a lugar algum".

NOSSOS CORPOS ESTÃO EXAUSTOS, MAS NOSSO ESPÍRITO RESISTE

"Para se ter uma ideia, o número de pessoas mortas em Gaza, considerado o percentual da população, corresponderia à morte de 120 mil israelenses, ou 3 milhões de norte-americanos assassinados em três semanas"

06/Agosto

Os dias fluem um após o outro, pontuados por novas histórias e coberturas, um massacre após o outro. A cada dia, uma nova casa é bombardeada. Casas com crianças dormindo. Nem mesmo o futebol é seguro. Um míssil israelense de alta precisão aniquila alguns meninos que assistiam a um jogo da Copa do Mundo. Eles nunca saberão quem venceu.

Israel diz que somos usados como "escudos humanos" pelo Hamas, apesar de nunca ter sido apresentada qualquer evidência que comprovasse essa tese. Não há nenhuma. Somos alvos de Israel e ainda assim eles é que são as vítimas.

É surreal assistir isso, já viver é um pesadelo. Cada pessoa assassinada aqui tinha uma vida, sentimentos e recordações. Suas mortes afetam parentes, filhos e cônjuges – e eles sequer podem cumprir o luto, pois têm de continuar correndo atrás de suas vidas, dentro de uma jaula cada vez menor. Para se ter uma ideia, o número de pessoas mortas em Gaza, considerado o percentual da população, corresponderia à morte de 120 mil israelenses, ou três milhões de norte-americanos assassinados em três semanas.

Como jornalista, nenhum horror me afetou mais do que testemunhar a morte, por um míssil israelense, de uma mãe amamentando seu bebê – algo que minha esposa faz todos os dias com nosso filho de quatro meses. Milagrosamente o bebê sobreviveu, mas ela morreu na hora.

Eu vejo isso, vivo isso e tuíto e retuíto desesperadamente, pois me ofendo – não apenas como ser humano, palestino e pai, mas também como um jornalista em Gaza.

Para conseguir uma história, navego por um mar de sangue e pedaços de corpos, todos os dias. Muitos deles são restos de gente que eu conheço: meus vizinhos, amigos e pessoas da comunidade. Ao contrário dos correspondentes internacionais, nós aqui em Gaza não reportamos, apenas. Nós vivemos e morremos aqui.

Quando jornalistas globais chegam a Gaza para testemunhar outro banho de sangue, só podemos rezar para que se sintam tocados pelo sangue e corpos destroçados à sua volta – partes de corpos que, momentos antes, eram de pessoas comuns, crianças e bebês tentando existir, viver e sobreviver sob condições desumanas e degradantes. A cada reportagem realizada, o povo de Gaza reza para que esses mensageiros levem a verdade à mídia mundial, sem serem tendenciosos ou preconceituosos.

Lamentavelmente isso é raro. Mesmo que os jornalistas quisessem, geralmente as corporações que os empregam editam a notícia sem contexto ou detalhes. Os poucos que ousam dar voz à sua repugnância ou aos fatos são frequentemente transferidos ou demitidos. O abismo entre realidade e percepção é preenchido nas redes sociais pelas vozes, cada vez mais numerosas, de indivíduos e cidadãos-jornalistas. E elas estão fazendo a diferença.

Consumidores de notícias de todo o mundo, de Nova York, Londres, Paris, Sydney, Berlim, Nova Déli e Nairóbi, é hora de questionar o que leem, não aceitem como verdade o que estão assistindo. Pressionem, questionem, cruzem referências. Cento e quarenta caracteres é um começo, mas não toda a verdade.

Rabisco minhas notas o mais rápido possível, coleto minhas entrevistas, verifico as fontes oficiais e corro ao computador para digitar e condensar minhas ideias, antes que a energia caia. O estresse é sempre o mesmo: "Vou conseguir concluir e enviar minha história antes que interrompam a energia?" Nos melhores dias, tenho no máximo duas horas de eletricidade. Fiquei no escuro durante os nove últimos dias da guerra. E sim, existe um prazo para morrer também. Se eu tiver sorte, consigo ter uma ou duas horas de sono, antes de sair para trabalhar novamente. Essa guerra é mais do que sangue, é uma tortura emocional e psicológica, primorosamente arquitetada para atacar um grupo de pessoas já marginalizadas e nos reduzir a menos que humanos.

Existem diferenças entre o jornalismo local e o internacional. O local não precisa de um contexto mais amplo: as imagens do desespero e da carnificina humana são suficientes. Nós conhecemos a história. Nós a vivemos. Já a mídia internacional precisa responder a mais questões e incluir o pano de fundo histórico. Precisão e verdade são vitais. Eu vi ser atingida uma escola da Agência das Nações Unidas de Assistência aos Refugiados Palestinos (UNRWA, na sigla em inglês) usada como abrigo, e irei perguntar às pessoas afetadas sobre suas histórias com os F-16, os drones, os helicópteros Apache, os tanques, os mísseis Cruise, os navios de guerra e bombas de morteiro – fornecidos a Israel pelos EUA.

Sim, é necessário dizer de onde as armas vêm. A mídia norte-americana reporta as alegações israelenses de que o Irã supre Gaza com armas, mas nunca menciona quem abastece Israel. Em Gaza, ainda se aguardam as tais armas iranianas que Israel diz que temos. O que as facções de Gaza têm são pequenas armas e foguetes caseiros. O que Israel tem é o que há de melhor nos equipamentos militares dos EUA.

Em 2011, cobri a Primavera Árabe em Cairo e no Sinai. Gaza é diferente. É o meu lar, o lugar onde nasci, onde está minha família, parentes, amigos e alguns colegas. É onde minha avó vive, onde vivem meus primos e tios – desde o extremo norte, em Jabaliya, até o extremo sul, em Rafah.

Estou ligado a muitos lugares, em Rafah, em diferentes níveis – do pessoal ao profissional. Tento ouvir, mais do que falar, exceto para fazer perguntas, e estou comprometido com o jornalismo sério. Durante as últimas quatro semanas dos mais recentes ataques brutais de Israel, tem sido difícil conter minhas emoções, tarefa difícil para qualquer ser humano compassivo.

218 EM ESTADO DE CHOQUE

Ironicamente, a carnificina perpetrada por Israel na Escola Abu Hussein, protegida pela ONU, acionou em mim algo mais profissional, pois os fatos falam por si e as imagens são tudo o que o mundo precisa ler e ver para que assuma uma posição e as coisas possam melhorar nessa realidade nefasta.

Ao escrever sobre a escola, tive que reprimir recordações da minha infância – memórias de quando era estudante da primeira série, próximo à casa de minha avó, antes de fugir para Rafah. Ainda assim, imagens de meu primeiro professor, Yasser, me vêm à mente quando vejo os cadáveres. Tenho agora 30 anos, mas tinha 7 quando brincava naquele parquinho onde caiu a cápsula do disparo de um tanque israelense.

Do mesmo modo, na Universidade Islâmica senti a excitação do início da vida adulta. Mergulhei em minha educação para escapar das tristes recordações do campo de refugiados de Rafah, para apreciar a possível beleza da Cidade de Gaza. Foi significativo demais para mim. Nos prédios mais altos da cidade, sentia-me livre depois de estar "preso" em Rafah.

Mas o ar fugiu dos meus pulmões quando tive de relatar, ao vivo na CNN, que Israel havia bombardeado minha maravilhosa universidade, o local da minha educação, a sala de aula onde realizei meu exame de linguística e onde depois passei horas num checkpoint israelense ao retornar para casa. Não foi fácil, e é duro ver a hipocrisia e a injustiça do mundo quando a CNN convida oficiais israelenses a apresentar suas justificativas por terem atingido uma universidade, um lugar para ensinar e aprender.

Eu poderia escolher fechar os olhos e manter minha saúde mental, mas prefiro dedicar-me aos fatos e à verdade, por mais insana que seja, vendo casas em ruínas e desespero no rosto de pescadores, camponeses, médicos e professores. Sinto que nada deve ser deixado de fora, da poeira no rosto de uma mãe às lágrimas de medo nos olhos das crianças, os vizinhos tentando fazer casas com pedregulhos. Podem me considerar parcial, mas Gaza é minha casa, então tomo isso como um elogio e sigo em frente.

VOZES DE GAZA: OS SOBREVIVENTES FALAM

"E eu digo para a resistência: vão em frente, nós estamos atrás de vocês. Eu digo isso apesar de ter perdido minha casa e alguns familiares terem se ferido"

07/Agosto

Um mês se passou desde que Israel começou sua ofensiva contra Gaza. Palestinos dentro do território sitiado ainda estão curando suas feridas depois de quatro semanas de guerra e destruição.

Israel afirmou na quarta-feira à noite que deseja estender o cessar-fogo de 72 horas iniciado na terça-feira. Contudo, há um sentimento generalizado entre a população em Gaza de que o conflito pode recomeçar amanhã, uma vez que o Hamas anunciou que, de sua parte, não tem a intenção de estender a atual trégua até que as exigências das facções palestinas sejam atendidas. Os palestinos exigem o fim do bloqueio que Israel impôs a Gaza há oito anos, assim como a libertação de todos os prisioneiros palestinos, mas Israel rejeita tais demandas.

Eu viajei pela Faixa de Gaza, de norte a sul, para ouvir o que as pessoas estão dizendo sobre a atual ofensiva de Israel.

Jamal Salman, 56 anos, agricultor

"Nós fomos obrigados a deixar nossas casas e buscar refúgio e proteção em uma escola da ONU. Mas, infelizmente, as balas do ódio nos perseguiram até mesmo dentro das escolas, onde acreditávamos estar seguros. Conseguimos receber condolências apenas hoje. Nossos corações estão queimados. Perdemos nossos entes amados que não podem ser substituídos por nada. Um mês depois, nós sobrevivemos para contar a história de como os membros de nossa família foram massacrados pelos disparos de tanques israelenses. Os civis estão em busca de uma vida que seja livre desse mal".

Abu Osama Nofal, 51 anos, professor

"Três minutos antes do início do cessar-fogo de 72 horas e foguetes ainda estão sendo lançados contra Israel. Se se trata de nos fazer perder nossos filhos, eu posso assegurar a Israel que todas as mulheres em Gaza são férteis por natureza. Um mês depois, eu subo nas ruínas dessas casas demolidas e digo 'nós vencemos essa guerra'. O que Israel conquistou? Eles mataram crianças, mulheres e idosos, mas os combatentes da resistência permaneceram intocados. Você mata um, nós trazemos outros dez. Eu me levanto aqui e agora e digo, Israel venceu a guerra contra as pedras que destruiu, mas a resistência palestina derrotou Israel completamente".

Abdullah El Hageen, 54 anos, desempregado

"Eu nunca culpo o Hamas ou nossas facções palestinas de resistência. Por um lado, a destruição em que vivemos é causada por Israel, por outro, pelo silêncio árabe. Hoje, eu estou desabrigado porque minha casa foi bombardeada. Uma guerra travada contra civis, durante um mês inteiro, só pode acontecer por conta do silêncio dos líderes árabes É uma escolha que temos que fazer: ou nós morremos, ou vivemos uma vida digna".

Eid Sabaat, 60 anos, engenheiro

"Enquanto a resistência existir, isso será, por si só, uma vitória. E Deus queira que em breve a resistência torne a vitória tangível. Após um mês, eu gostaria de dizer a Israel, que tomou a decisão de começar essa guerra: quanto à destruição, nós iremos repará-la. Não seremos necessariamente nós que iremos reconstruir tudo, e sim os nossos filhos. Israel tem uma agenda, mas não há qualquer justificativa para alvejar a população civil".

Umm Yousef Shabaat, 50 anos, dona de casa

"Eles querem pôr um fim à questão do Oriente Médio, mas eu posso assegurar que nós permaneceremos resilientes; uma vez que o povo palestino não desistirá, um mártir nosso trará outros mil palestinos ao front. Eu culpo os países árabes por não nos defenderem. Essa guerra não deveria nunca ter acontecido. Eu sinto que todos os árabes estão conspirando contra nós, porque eles querem se livrar de nós, o povo da Palestina. Eu vivo aqui há 14 anos, e eu sei que Deus irá nos compensar por esses danos".

Yousef Rashwan, 28 anos, padeiro

"O presidente da Autoridade Palestina, Mahmoud Abbas está em acordo com Israel para mutilar a população, para que então ele possa eliminar politicamente o partido islamita em Gaza. Israel fracassou nessa guerra. Afinal de contas, matar civis não é maneira de agir. Abu Mazen Abbas é um traidor que nos abandonou. O presidente do Egito Al-Sisi também tomou parte nessa guerra para trazer Abu Mazen de volta à Gaza. Graças a Deus, o Hamas alcançou muito com sua firmeza. As pessoas corriam aqui para comprar pães durante a guerra, e nós não tememos guerrear com covardes que atacam pelo ar".

Ismail Radwan, 45 anos, funcionário público da Autoridade Palestina

"Essa é uma guerra que não terminará – esta é apenas uma pausa temporária, mas, gostemos ou não, devemos nos esquecer as cenas de fuga, tal como durante a al-Nakba.[28] Um mês depois, dezenas de milhares de casas foram danificadas. Sem dúvida alguma, nós perdemos muito nessa guerra depois que dezenas de toneladas de explosivos israelenses foram lançados em Gaza. A resistência palestina e a resiliência do povo de Gaza venceram a guerra. Sem ter para onde ir, nós temos Israel à nossa frente e o mar atrás de nós. Devemos encarar os desafios, pois esta terra é nossa".

---

28 N. do T.: Expulsão de 750 mil palestinos depois da criação de Israel, em 1948.

Mohammed Kullab, 56 anos, trabalhador da construção civil

"Eu realmente espero que o Egito faça com que as condições da resistência sejam bem-sucedidas. Eu estou chocado com o silêncio árabe. Por que eles estão apenas observando Gaza ser massacrada? Onde está o arabismo? Onde está o arabismo? Não há arabismo. Eu confio na resistência".

Osama Ejelah, 9 anos, estudante

"Até mesmo nosso apartamento foi bombardeado. O objetivo é nos desabrigar. E quando estivermos nas escolas da ONU, virarmos alvos para os tanques. Como você pode ver, nós tivemos nossas três lojas completamente destruídas, mas, bem no fundo do meu coração, eu sei que Deus irá nos compensar. Até o último dia da guerra, nós permanecemos em nosso apartamento, mas quando o apartamento vizinho foi danificado, nós corremos em busca de abrigo na casa do meu avô em Shujayea, e ali, fomos bombardeados de novo. Nós acabamos recorrendo a parentes no Oeste. Não há nenhum lugar seguro. Até mesmo o Hospital Shifa foi atacado. Ninguém venceu essa guerra, nenhum dos lados. Eu culpo apenas um lado: os países árabes por seu silêncio, que deu o sinal verde para Israel matar indiscriminadamente. Nenhum árabe gosta de nós palestinos, pois somos nós, afinal, que estamos lutando contra a ocupação mais imunda, mantendo a nossa terra e conservando a coragem árabe".

"E eu digo para a resistência: vão em frente, nós estamos atrás de vocês. Eu digo isso apesar de ter perdido minha casa e alguns familiares terem se ferido. Eu digo isso apesar da minha dor e das feridas profundas. Se eu tivesse que descrever este último mês, eu diria que foi uma guerra de terror. Essa guerra me fez acreditar apenas na resistência, e a resistência colocará um fim a essa ocupação. É a resistência que defende nossas almas – o mundo está nos observando, mas nada fazem por nós".

DESAPARECIMENTOS EM KHUZA'A: MORTOS OU PRESOS?

"Muitas famílias ainda não conhecem o paradeiro de seus entes amados – se estão vivos, se foram presos ou estão soterrados sob os escombros"

08/Agosto

Fareed al-Najjar, 50 anos, não sabe o que fazer – sua casa foi bombardeada por tanques israelenses em Khuza'a e ele está perdido no meio dos escombros "Não se trata de dinheiro ou bens; tudo isso pode ser reconstruído. Mas não saber daqueles que amamos é a maior catástrofe". O sentimento é compartilhado por todas as famílias em Khuza'a, que se sentam sob as ruínas de suas casas bombardeadas, sem saber se seus familiares estão vivos ou mortos. "Aqui estão os corpos de quatro homens idosos que morreram bem na minha frente. Foram arrastados para o lado desse posto de gasolina", diz.

Ele descreve o momento em que as bombas dos tanques começaram a cair sobre eles e atiradores alvejavam as pessoas: "Uma carroça puxada por um burro chegou carregando mais cadáveres – o condutor não podia seguir adiante, então teve que deixar os corpos aqui e ir embora", conta, enquanto ao seu lado o corpo de um burro jaz sem vida na estrada, todo coberto com o que parecem ser ferimentos de estilhaços.

Fareed é um taxista. Seu táxi laranja está esmagado debaixo do prédio, mas ele não diz nada sobre a destruição do veículo que usava para sustentar suas nove crianças. "Há coisas piores que machucam meu coração", ele diz.

Seu irmão Hamdan al-Najjar, 54, descreveu o momento em que teve que encarar a morte junto de sua família – tal como todos naquela área. "Esta não é Khuza'a, o lugar pacífico onde eu nasci", diz. "Ao sair de nossas casas, seremos alvejados pelos tanques e franco-atiradores israelenses, mas ficar ali dentro significa que ainda corremos perigo de ser atingidos por bombas", ele explicou.

Seu vizinho Abu Mustafa al-Najjar, um idoso com 106 anos de idade, colocou a cabeça para fora de sua janela, dizendo para Hamdan: "Nunca vimos uma guerra como essa, nem mesmo a Nakba de 1947". O idoso foi assassinado com o disparo de um tanque de Israel. Muitos da família al-Najjar sabem que ele está morto, pois seu corpo foi recuperado dos escombros. Mas muitos outros membros da família ainda não sabem.

A família al-Najjar contabiliza 82 membros da família mortos – seja por tanques israelenses ou pelos mísseis disparados pelos F-16: "Os explosivos que os soldados lançaram contra nossas casas eram aterrorizantes. Você não sabe qual casa será detonada em seguida quando os soldados estão por toda parte", disse um homem cujos olhos estavam vermelhos de tanto chorar. Até mesmo aqueles que se feriram e foram resgatados de dentro das casas, tiveram que se deitar ao lado da estrada, próximo ao posto de gasolina, apenas para serem mortos pouco depois por mais ataques israelenses. "Os soldados atiravam até mesmo contra as pessoas que já estavam feridas; algumas foram assassinadas bem na minha frente, enquanto ainda sangravam", conta, mostrando as manchas de sangue que espirraram em seu corpo. Dezessete pessoas receberam permissão das tropas israelenses para escapar e buscar abrigo seguro. "Mas quatro delas não conseguiram – foram alvejadas na cabeça pelos atiradores israelenses", ele explica. "Os soldados disseram que eles estavam seguros, e então atiraram".

Os 35 anos que al-Najjar precisou para construir sua casa foram todos desperdiçados – e ele nunca foi um combatente da resistência ou viveu próximo de qualquer um que fosse. "Todos os meus primos foram levados por soldados israelenses. Nós não sabemos nada sobre eles – se estão presos ou mortos debaixo das ruínas". A família Al-Najjar foi até a Cruz Vermelha para tentar encontrar os parentes desaparecidos, mas poucas informações foram fornecidas sobre o paradeiro de dezenas pessoas de seu bairro. Agora, eles imploram por mais informações. Ele explica que também precisam de escavadeiras para retirar os escombros e verificar se há parentes debaixo das ruínas de suas casas.

Alguns presos foram liberados O relato assustador de Baker, 23 anos, é sobre um homem que foi forçado a ficar nu e depois foi espancado: "Os soldados fizeram duas filas, com um tanque à nossa frente e outro às nossas costas, e a areia escaldante debaixo de nossos pés".

Baker disse que eles foram interrogados sobre túneis e foguetes. Não sabia nada a respeito. Por alguns dias, os soldados o mantiveram algemado, vendado e não lhe deixavam dormir. Ele disse aos israelenses que era apenas um agricultor e que só tinha visto foguetes no céu.

O jovem disse ainda que havia outros jovens presos quando ele foi liberado, junto com seu irmão e mais alguns outros. "Tudo depende de como está o humor dos soldados durante o interrogatório", ele continua encarando as ruínas de sua casa demolida. Baker não tem conhecimento do que Hamdan viu quando quinze rapazes foram retirados de suas casas algemados dentro de um banheiro. "Eles foram executados com um tiro na cabeça à queima-roupa. Nós encontramos seus corpos com as mãos algemadas para trás, ajoelhados no chão". Hamdan diz que os nazistas abriram o caminho para as atrocidades humanas, mas que Israel agora está cometendo os mesmos crimes.

Os quinze jovens executados são bem conhecidos em Khuza'a e suas famílias agora sabem de seu destino. Mas muitas outras ainda não sabem nada sobre seus entes queridos. Hamdan aponta que muitas e muitas pessoas estão desaparecidas. Em uma zona de guerra, um exército geralmente divulga o nome dos prisioneiros capturados, mas Israel não. Eles não realizaram qualquer pronunciamento desse tipo durante a guerra de quatro semanas. Muitas famílias continuam incertas sobre o paradeiro de seus filhos e parentes.

"Eu sobrevivi a 1967, 1982, à Guerra do Iraque, 2008, 2012 e agora, 2014. Mas essa é a guerra mais selvagem. Israel age como se tivesse lutando contra um inimigo igualmente poderoso, mas nós temos apenas a resistência, então eles prendem, ferem e matam nossos filhos", lamenta.

"GUERRA ECONÔMICA: PESCADORES EXIGEM O FIM DO BLOQUEIO"

"Sindicato dos Pescadores de Gaza calcula que o bombardeio israelense ao longo da costa resultou num prejuízo de cerca de 3 milhões de dólares para a indústria pesqueira"

09/Agosto

Ayman Alamodi tinha 18 anos quando começou a trabalhar como pescador na Faixa de Gaza. Mas isso foi há 30 anos, muito antes do cerco egípcio-israelense ao território palestino, que tornou praticamente impossível para esse pai de quatro filhos sustentar sua família. "Minha experiência com essa guerra atual tem sido a pior; a intensidade dos ataques aéreos e a destruição me forçaram a ficar dentro de casa", contou Alamodi, explicando que a pesca se tornou quase impossível sob os constantes ataques aéreos e bombardeios navais de Israel na costa de Gaza.

Desde o início da ofensiva israelense, em 8 de julho, pelo menos 1.922 palestinos foram mortos e outras 9.806 pessoas foram feridas. Outros 64 soldados israelenses, ao lado de dois civis e um trabalhador tailandês, também foram mortos.

Um cessar-fogo de 72 horas que começou na terça-feira, possibilitou uma breve oportunidade para os pescadores de Gaza, mas Alamodi disse que não conseguiu uma pescaria significativa. Atualmente, ele compartilha um barco com outros nove pescadores – todos membros de sua família, e juntos, eles são responsáveis pelo sustento de 70 pessoas.

"Hoje não há pescaria. Nós saímos durante o cessar-fogo de três dias para tentar trazer algum alimento para nossas famílias, mas não conseguimos nada", ele disse, enquanto removia os caranguejos presos em sua rede de pesca. Segurando um deles em suas mãos, ele completa: "Isso é tudo que você consegue pegar quando não te permitem avançar mais do que duas ou três milhas náuticas mar adentro".

Desde que a guerra começou, os pescadores palestinos sofreram pesadas perdas com os ataques dos F-16 israelenses que atingiram galpões que guardavam equipamentos de pesca. Amjad Shrafi, chefe interino do Sindicato dos Pescadores de Gaza, contou que o bombardeio israelense ao longo da costa, no mês passado, resultou num prejuízo de cerca de 3 milhões de dólares para a indústria pesqueira. "Bombardear os salões dos pescadores onde são mantidos seus equipamentos de pesca, incluindo motores e redes significa que eles queriam nos manter longe do mar", afirma Shrafi. "É uma forma de punição coletiva".

Nos últimos anos, centenas de pescadores palestinos têm sido presos, feridos e até mortos na costa da Gaza. Enquanto isso, a marinha de Israel confiscou 54 barcos, segundo Shrafi. Apenas no primeiro semestre de 2014, os navios de guerra israelenses dispararam contra os pescadores de Gaza cerca de 177 vezes. Há mais de um mês, em 6 de julho, as autoridades israelenses reduziram a área de pesca no litoral de Gaza de seis para três milhas náuticas. É a quarta vez que restrições são impostas ao acesso ao mar desde o cessar-fogo que foi acordado após a última ma ofensiva miliar de Israel contra Gaza, em 2012.

As autoridades israelenses não deram qualquer explicação sobre o motivo das limitações, "nem se elas são temporárias ou permanentes", segundo a Gisha, um centro jurídico que advoga pelos direitos de liberdade de movimento dos palestinos. De acordo com os Acordos de Oslo,[29] os palestinos teriam acesso a até 20 milhas náuticas fora da costa de Gaza. "É uma perda de tempo: não há peixes dentro das três milhas náuticas, mas mais para longe,

---

29 N. do T.: Foram uma série de acordos na cidade de Oslo, na Noruega entre os governos de Israel e o Presidente da OLP, Yasser Arafat mediados pelo presidente dos Estados Unidos, Bill Clinton. Tais acordos previam o comprometimento dos dois líderes em unir esforços para a um fim às hostilidades entre os dois países. Além do término dos conflitos, a abertura das negociações sobre os territórios ocupados, a retirada de Israel do sul do Líbano e a questão do status de Jerusalém.

além das seis milhas náuticas, há rochas naturais onde podemos encontrar uma variedade de peixes", afirma Alamodi, dizendo ainda que se lembra quando era permitido ir além das 12 milhas náuticas e pescar todo tipo de peixes do Mediterrâneo.

Até mesmo em 2012, continua Alamodi, quando o presidente egípcio Mohamed Morsi estava no poder, o combustível para os barcos era barateado pelos túneis que ligam Gaza ao país vizinho e os pescadores podiam entrar em águas egípcias.

Segundo o Dr. Moeen Rajab, economista da Universidade Al-Azhar, Israel tem propositalmente alvejado a indústria pesqueira para prejudicar a economia e impedir os palestinos de exercerem sua histórica profissão. "Essa guerra econômica serve para forçar os pescadores a dependerem de caridade e, eventualmente, abandonarem a Palestina", afirma.

De acordo com as Nações Unidas, pelo menos 95% dos pescadores em Gaza já dependem de ajuda internacional para sobreviver, e o número desses trabalhadores caiu de aproximadamente 10 mil no ano 2000 para 3.500 em julho de 2013. Ainda segundo a ONU, os pescadores palestinos já perderam cerca de 1.300 toneladas em peixe entre os anos de 2000 e 2012 como resultado das restrições impostas por Israel. Porém esses obstáculos não afastaram do mar uma geração mais jovem de pescadores palestinos.

O sobrinho de Alamodi, Mouneer, de 34 anos, vive da pesca no barco da família. Mas, como contou a *Al Jazeera*, não importa o quanto ele ganhe, nunca é o suficiente para satisfazer as necessidades da família. O preço de um gerador para alimentar o motor do barco é de 200 NIS (58 dólares) por dia, enquanto o que ele pesca proporciona um lucro de apenas 50 NIS (14 dólares). E seus ganhos ainda são divididos entre os familiares: cada um dos dez pescadores recebe apenas 5 NIS (US$ 1,44). "Vivemos sempre em dívida com os postos de gasolina; pagamos a eles metade do que ganhamos e temos de sobreviver com a outra metade", afirma Mouneer, que no último mês sequer conseguiu trabalhar. O motor do barco da família também foi destruído e, segundo o pescador, substituí-lo irá custar 25 mil NIS (cerca de US$ 7.210).

Outro pescador, Saleh Abu Ryala, também teve seus equipamentos destruídos pelo bombardeio israelense. Agora, com todos os seus instrumentos de trabalho inutilizados, o pescador de 45 anos diz que pode levar muitos anos até que ele consiga se restabelecer. "Nem mesmo os motores para os barcos pesqueiros estão disponíveis, pois Israel não nos permite utilizá-los", afirma. "Então o que foi destruído, se foi para sempre. (...) Esse é a meta de Israel em relação a Gaza".

Alamodi conclui que acabar com o cerco a Gaza – uma das principais exigências dos palestinos nas atuais negociações entre Israel e o Hamas para dar um fim à violência na região – é crucial para assegurar que eles possam continuar exercendo sua profissão. "Nós só queremos liberdade para pescar e sustentar nossas famílias, exatamente como nossos avós fizeram", diz.

POPULAÇÃO DE GAZA RETORNA À SUAS CASAS SAQUEADAS; REBANHOS SÃO MORTOS

"Até mesmo o dinheiro que meus filhos economizavam foi roubado pelas tropas de Israel", conta um residente de Khuza'a"

09/Agosto

O lindo sítio de Al Najjar, com seus tons de amarelo escurecido, está em pedaços. Este é o lar palestino mais próximo à fronteira com Israel e foi a primeira a ser atacada por tropas e tanques israelenses há duas semanas. "Eles estiveram e destruíram a casa inteira: janelas, porta da frente, móveis e minha cama. Roubaram o dinheiro que eu tinha economizado", diz Mohammed Hussein al-Najjar, de 35 anos.

Al Najjar caminha por seu sítio, situado logo atrás de outro, maior, onde seu primo vive com a esposa e os filhos. Não há buracos de balas na porta da frente, mas ela aparenta ter sido arrombada com ferramentas de metal. "Eles abriram o lixo da cozinha e viraram os sofás de ponta-cabeça para rasgá-los", conta Najjar enquanto inspeciona os enormes danos causados à vila. Sua cozinha está uma bagunça – caixas de cebola estão jogadas por todos os lados, a louça está quebrada, a porta da geladeira, aberta. No banheiro, o assento do vaso está totalmente destruído e a água escorreu para a sala de estar. Um soldado parece ter esquecido seus óculos escuros e há pedaços de pão e geleia de morango espalhados pela casa, entre sacos plásticos com inscrições em hebraico. Ele duvida que os soldados tenham dormido em seu quarto, mas Najjar diz que um buraco foi feito do lado esquerdo da cama, aberto à força. "Venha, eu vou te mostrar o meu quarto, onde eu guardava minhas economias", ele diz. "Fiz um buraco na lateral da cama – ninguém pensaria em procurar dinheiro ali, nem mesmo minha esposa".

232 EM ESTADO DE CHOQUE

Quando as tropas israelenses invadiram sua casa, um soldado mandou que ele entregasse a chave de sua granja, próxima dali. Najjar sempre mantinha a chave no pé da cama. Ao entregá-la ao soldado, inadvertidamente revelou o local do seu "cofre". No dia seguinte, o mesmo soldado devolveu as chaves, antes de ordenar que a família deixasse a casa. "Depois de 12 anos trabalhando com a granja, eu tinha economizado 40 mil dólares, para expandir meus negócios para outro lugar e contratar meus parentes", conta Najjar.

Quando ele e a família souberam do cessar-fogo de 72 horas, eles voltaram para casa, mas, ao chegar, descobriram que seus 40 mil dólares tinham sumido. Ele duvida que qualquer palestino soubesse onde estava o dinheiro, além do que, sua família foi a primeira a retornar. Ao cair da noite, não há nenhum sinal de vida em Khuza'a, a leste de Khan Younis. Um morador diz que está faminto. Um vizinho lhe diz que o homem que vendia *falafel* no bairro tinha ido embora e levado seu comércio consigo. As perdas de Mohammed Al Najjar não foram só suas economias: forçado a ficar longe por sete dias, suas galinhas ficaram sem comida e morreram.

A família Najjar, como a maioria em Khuza'a, possui uma vida diferente do resto da comunidade. Muitas das famílias aqui foram as primeiras a chegar a Gaza em 1948, depois da Guerra Árabe-Israelense e da criação do Estado de Israel – quando cerca de 700 mil palestinos fugiram ou foram expulsos de suas terras, naquilo que é conhecido como Nakba (palavra que significa "catástrofe" em árabe).

Famílias como a de Najjar compraram suas terras por muito pouco, devido à proximidade com Israel. Hoje, a terra é avaliada em milhões de dólares, mas as pessoas têm empregos similares ao restante da população em Gaza. Ainda assim, eles foram capazes de construir casas e sítios mais caros, dificilmente encontradas em qualquer outro lugar. "Nós aqui passamos muito perto da morte, por causa do fogo israelense", diz Najjar, enquanto coloca sua mão dentro do buraco da cama. O cofre improvisado estava protegido com um cadeado. O que restou dele está no chão empoeirado do quarto. Najjar não teve outra opção a não ser recorrer à Cruz Vermelha, que lhe disse que estavam avaliando os danos e que ele deveria retornar no domingo. "Eles me orientaram a encontrar um advogado israelense para pleitear essa questão numa corte israelense", contou.

Autoridades israelenses dizem que abrirão uma investigação a respeito das acusações. Mohammed Al Najjar não espera muito de tais investigações, mas afirma que não deixará isso barato. Ele agora está começando a contestar legalmente o caso. O suposto roubo perpetrado por soldados israelenses em sua casa não é o único em Khuza'a. O caso é muito similar as histórias contadas por habitantes de Gaza que vivem em cidades próximas da fronteira, onde as tropas de Israel estavam concentradas durante a invasão terrestre.

O primo de Mohammed, Baker Al Najjar, 29 anos, também retornou para sua casa nessa semana, depois de ter sido forçado a ficar de cueca e ser levado pelas tropas israelenses durante cinco dias. Ele descobriu que sua casa tinha sido vandalizada. Ele acredita que os soldados israelenses arrombaram o armário onde ele guardava 2 mil dólares e a certidão que lhe permitia casar com sua noiva. Como fazendeiro, Baker está em melhores condições do que seu primo. Ele também trabalhou duro por aqueles 2 mil dólares, mas, segundo ele, o dinheiro que os soldados roubaram era apenas para o seu casamento, em setembro.

No mesmo bairro, na periferia da cidade, está Ghaleb Al Najjar, 34 anos, que possui um restaurante de *falafel* que competia com o outro vendedor que fugira de Khuza'a. Najjar desenvolveu o hábito de guardar 10 *shekels* israelenses toda noite, em moedas. Esse dinheiro também desapareceu. "Eu guardava esse dinheiro como um fundo de emergência, no caso de algum dos meus três filhos ter algum problema de saúde", conta. "Até mesmo o dinheiro que minhas crianças guardavam foi pilhado pelas tropas israelenses".

O ursinho de plástico azul que servia como cofrinho para seu filho Mohammed foi rasgado e suas moedas roubadas, por soldados israelenses, ele diz. Ghaleb diz não se importar em levar o caso para os tribunais, mesmo que ele tenha que economizar mais moedas de seu comércio de *falafel* para conseguir um advogado israelense. "Nenhum direito está perdido, desde que eu esteja vivo e exigindo-os", conclui.

"POR FAVOR, NÃO ATIRE EM MIM": EVIDÊNCIAS DE EXECUÇÃO SUMÁRIA EM GAZA

"Membros de uma família afirmam que soldado israelense atirou à queima-roupa num parente que balançava uma bandeira branca, tentando negociar a saída de mulheres e crianças de casa"

10/ Agosto

Raghad Qudeh não tinha para onde correr, exceto a casa de seu tio, Mohammed Tawfiq Qudeh, 64 anos. Ali havia um porão. Por duas noites consecutivas, as forças israelenses usaram toda sorte de armas e mísseis contra a casa de sua família. "Eles usam pesticidas, como se estivessem matando insetos", conta Raghad. E então, na sexta-feira dia 25 de julho, a casa vizinha de Helmi Abu Rejela foi atingida e a família inteira jaz debaixo dos escombros.

Após o bombardeio, soldados israelenses passaram a atirar contra a casa de Raghad. Num momento de calma, ela e sua família fugiram para a casa do tio, próxima da sua, em busca de proteção. No porão da casa, Raghad se reuniu com 21 membros de sua família, incluindo sua mãe e suas irmãs. Ninguém queria partir. Outros em seu bairro tentaram fugir de suas casas foram feridos ou mortos. Alguns dos que receberam ordens dos soldados mascarados das forças especiais israelenses para sair de suas casas foram mortos por franco-atiradores na entrada da cidade, ao sul de Gaza. "Nós permanecemos escondidos até o meio-dia de sexta-feira", contou Raghad, com lágrimas correndo dos olhos. "Escavadeiras israelenses se aproximaram da casa do meu tio destruindo um lado dela, então tropas israelenses invadiram".

Com a escavadeira derrubando uma parte da casa, a família temeu que toda a estrutura cedesse por cima do porão, e então os soldados arrombaram uma porta e entraram na casa. "Nós fechamos as cortinas e estávamos sentindo muito medo, quando uma bala atingiu a porta e vozes lá fora gritaram, ordenando que saíssemos", diz ela.

"Por favor, não atire em mim"

O tio de Raghad, Mohammed, disse à família que ia abrir a porta e conversar pacificamente com os soldados para explicar a eles que só havia civis na casa. "Corajosamente, ele saiu levando uma bandeira branca, apenas para falar com eles, dizendo: 'Sou um homem pacífico e só há mulheres, crianças e idosos aqui'", conta Raghad.

Seu tio Mohammed, que vive na Espanha, mostrou aos soldados seu cartão espanhol de residência permanente (ele também tinha um visto de permissão de residência) e falou com os soldados em inglês, hebraico, árabe e espanhol. Ele disse que se usasse diversos idiomas, ajudaria a evitar qualquer mal-entendido. Ele se aproximou mais e, falando suave e educadamente nos quatro idiomas, disse: "Por favor, não atire em mim". De repente, um soldado baixo, loiro e de olhos azuis – que segurava sua M-16 com as mãos tremendo – disparou sua arma. Ele tinha apenas 20 anos de idade, afirma Raghad. "Eu olhei o soldado nos olhos e eles pareciam molhados", diz.

"Meu pai disse apenas 'por favor, não atire na gente, somos pessoas pacíficas'", conta em desespero Buthina Qudeh, 35 anos. "Mas o soldado atirou nele mesmo assim". Raghad ainda está em choque. Ela nunca imaginou que tropas israelenses matariam um civil desarmado. "Eu entendo eles matarem um combatente da resistência, mas assassinar um homem velho e inocente que estava sendo gentil?", ela se pergunta. "Geralmente, meu pai era um pouco duro com as tropas, gritando contra eles usando xingamentos étnicos e ofensivos, mas dessa vez ele tinha percebido que a cautela iria proteger as vidas dos familiares que estavam com ele".

"Foi um assassinato a sangue-frio, simplesmente um homem morto em nossa frente sem qualquer motivo", disse Raghad, uma universitária caloura do curso de Inglês.

Helen Hintjens, uma acadêmica de direitos humanos baseada em Haia, na Holanda, diz que incidentes como esse quando as pessoas se abrigam em busca de segurança e são atacadas, a lembravam do genocídio de Ruanda. "Também mulheres, crianças, idosos e homens civis que não tomaram parte em qualquer batalha foram massacrados em lugares seguros – igrejas, hospitais, escolas", afirma. "Esse é um traço bem marcante do genocídio. Para todos os efeitos, este parece ser um genocídio como qualquer outro".

"Suas balas nos obrigaram a ficar aqui dentro"

Depois de terem matado seu pai, Buthina conta que os três soldados recuaram e lançaram gás lacrimogêneo contra a família. Raghad e seus parentes voltaram correndo para dentro. O gás tornava a respiração difícil e mal era possível enxergar o corpo de Mohammed. Alguns minutos depois, os mesmos três soldados voltaram para a casa. "Por que vocês não saíram?", perguntaram. "Nós tentamos", Raghad disse a eles, "mas vocês estavam atirando na gente, suas balas nos obrigaram a ficar aqui dentro".

Do lado de fora da casa, que costumava ser uma pequena fazenda com cabritos, pombos, galinhas e cães, Raghad reconta os eventos daquele dia. Todos os animais da fazenda foram mortos, seus corpos espalhados onde costumava ser um lindo jardim, em meio ao cheiro pútrido de carne morta. É impossível saber se o cheiro vem dos animais ou dos corpos humanos na casa ao lado.

Raghad disse que se comunicou com o soldado em inglês, explicando porque eles não deixaram a casa, mas o soldado que executou seu tio não disse uma palavra. Ele ainda estava segurando sua arma, pronto para atirar em qualquer um. "Eu lhe disse que só éramos crianças e mulheres – meu primo falou em hebraico, eu falei em inglês e, lá embaixo nas escadas, as crianças gritavam em árabe", ela conta. "Depois que eles executaram meu tio, nos disseram para ir embora", diz. Com essa ordem, Raghad e sua família tiveram de voltar para a casa de seus pais, deixando seu tio caído no chão com o sangue escorrendo pela boca aberta.

238 EM ESTADO DE CHOQUE

Enquanto as pessoas caminhavam para casa, muitos dos familiares homens, incluindo o filho de Mohammed Qudeh, Ramadan, se mantiveram atrás do grupo. Ramadan contou que, durante várias horas, os soldados o deslocaram de quarto em quarto da casa, usando-o como escudo humano, enquanto atiravam das janelas. Naquele momento, não havia nenhum combatente atirando de volta contra os soldados, mas a tática deles assustou Ramadan do mesmo jeito. "Nós podíamos ser mortos a qualquer momento", ele disse.

Debaixo das escadas

Enquanto Raghad e sua família voltavam para sua casa, os soldados que, estavam a dois metros de distância, atiraram em volta dos pés das crianças e das mulheres, uma prática comum utilizada para aterrorizar civis. "Nós estamos acostumados com o bombardeio aéreo, com a destruição de nossas casas pelas escavadeiras, ou o disparo de tanques – mas invadir sua casa e executar uma pessoa em frente à sua família é algo que nunca tínhamos visto. Nós somos pessoas simples que não merecem isso. Não há qualquer humanidade neles, eles são cruéis e sem coração", diz Raghad, segurando as lágrimas e com a voz cada vez mais firme.

Ao retornarem para a casa dos pais de Raghad, a família se escondeu debaixo das escadas, o único lugar onde ainda se sentiam seguros. Raghad disse para seu pai e todos os outros começarem a rezar e se prepararem para morrer pelas balas israelenses. De repente, uma escavadeira abriu um buraco na cerca da casa e tiros começaram a ser disparados contra as escadas, afirma ela. Uma arma entrou pelo buraco que Raghad tinha feito para tentar ver o que estava acontecendo. Um soldado gritou: "Raghad, venha para cá. Quem está aí dentro?"

"Apenas minha família", ela respondeu. O soldado ordenou que todos saíssem, um por um.

Seu pai, com 60 e poucos anos, foi jogado de um lado para o outro pela coronha das armas dos soldados de Israel. "Eu me senti tão triste por meu pai. Um homem velho e sábio apanhando deles", disse. A família foi levada novamente para a casa onde se escondiam antes. Quando Raghad perguntou onde estava seu tio, os soldados disseram que tinham prestado os primeiros socorros e que ele estava bem. "Eu fiquei aliviada quando me disseram que ele estava vivo", diz.

As crianças estavam gritando, pedindo água, mas os dois soldados loiros não podiam se importar menos com elas, e se recusaram a deixá-las usar o banheiro ou beber água. "Eles mantinham as armas apontadas para nós, e não podíamos fazer nada", diz Raghad. Apenas um soldado druso levou uma garrafa de água para eles. Falando em árabe, ele disse às crianças para cobrirem os ouvidos por causa das explosões.

Os irmãos de Raghad foram algemados, vendados e levados para algum lugar desconhecido. Eles gritaram para os soldados, "Não fizemos nada, pelo amor de Deus", enquanto saía fumaça dos prédios próximos. Toda vez que Raghad perguntava quando eles podiam ir embora ou usar o banheiro, eles respondiam: "Pergunte ao Hamas".

Um dos soldados usando um *quipá* azul escuro disse para Raghad falar onde estavam os túneis. Ela respondeu que não sabia nada sobre o Hamas. "Quando finalmente permitiram que as mulheres usassem o banheiro, os soldados entraram junto para nos observar", ela conta. Cães militares passavam entre as crianças, assustando-as, enquanto os soldados recarregavam suas armas, fazendo um som similar ao que a família tinha ouvido pouco antes de atirarem contra Mohammed.

"Alguém virá para dar as instruções do que fazer", disse um soldado a eles. Instantes depois, o pai de Raghad, também chamado Ramadan, veio e lhe disse: "Eles mandaram-nos sair, sem olhar para os lados ou discutir com os soldados".

"Por favor, fique quieta", Ramadan disse para a filha, confirmando que seu tio estava morto. "Vá silenciosamente dizer adeus a ele".

Um último olhar e uma pergunta

Todas as crianças e mulheres correram para onde o corpo estava estendido em uma poça de sangue. Alguns seguraram seu tio e avô por seu grande bigode. Eles tiveram poucos segundos para um último adeus, alguns beijaram suas mãos, outros beijaram sua testa e suas pernas – mas tentando não fazer nenhum som, para que os soldados não atirassem neles.

"Eu o beijei e disse-lhe o quanto eu me sentia orgulhosa por ele", conta Raghad. A família recebeu a permissão para partir, mas o corpo de Mohammed ficou para trás. Enquanto iam embora, ela hesitou em fazer uma pergunta a um dos soldados, que falava inglês com sotaque britânico.

"Por que vocês mataram meu tio, um homem pacífico?", ela perguntou. "Lágrimas rolavam pelo rosto do soldado enquanto ele se virava", ela conta. Outro soldado distribuiu chiclete para as crianças, que não recusaram por estar famintas e sedentas, "e nossas vidas ainda estavam nas mãos daqueles soldados", explicou.

Raghad, seu pai e o resto da família – quatro crianças, dez mulheres e seis homens – caminharam por cerca de sete quilômetros, passando por diversos cadáveres, enquanto atravessavam a cidade. Durante a caminhada por estradas destruídas pelas escavadeiras israelenses, os soldados atiraram contra eles novamente. "Às vezes, alguns soldados nos ameaçavam dizendo que iríamos morrer pelo caminho", conta Buthina.

Ela disse que os soldados mentiram para a família dizendo que tinham prestado assistência médica ao seu pai. Seu corpo não tinha sido movido do lugar e ali permaneceu na mesma posição em que fora assassinado. "Meu pai foi executado a sangue-frio, na nossa frente. Ele teve uma enorme influência em mim e na pessoa que sou hoje", afirma.

Do lado de fora da casa, no outrora lindo jardim, o corpo permaneceu ao ar livre por diversos dias e já estava irreconhecível quando foi levado para o Hospital Nasser. Ele estava inchado e machucado, mas em condições melhores do que outros cadáveres em Gaza, que foram devorados por insetos.

CRIME DE GUERRA: QUEM É MESMO QUE USA CIVIL COMO ESCUDO HUMANO?

"Testemunhas afirmam que soldados israelenses usaram palestinos como escudos humanos e dispararam contra civis em Khuza'a"

11/Agosto

Uma escavadeira israelense destruiu a parte exterior da casa de Mohammed Khalil al-Najjar, empurrando os escombros para dentro de sua cozinha. Dezenas de soldados invadiram a residência. Muitos estavam mascarados indo de quarto em quarto com armas na mão.

"Somos uma família com 14 pessoas, todas mulheres e crianças, além de meus dois garotos", ele gritou em hebraico para o comandante militar, um idioma que al-Najjar domina há mais de 30 anos por ter trabalhado com construções em Israel.

"Eu construí mais coisas em Israel do que vocês", ele disse aos soldados, que ignoraram seus apelos. "Quero um refúgio seguro para minha família", disse afinal o homem de 57 anos aos soldados, quatro horas depois destes terem invadido sua casa. Al-Najjar contou que, momentos depois, os soldados israelenses começaram a usar sua família como escudos humanos – andando atrás deles pelas ruas de Khuza'a, uma pequena cidade ao sul de Gaza.

Os soldados o mandaram "pegar as mulheres e ir para Khan Younis, Rafah ou qualquer outro lugar". Ele retornou à sua casa durante o curto cessar-fogo em Gaza acordado entre Hamas e Israel, que expirou na sexta-feira. As tropas israelenses vandalizaram sua casa e destruíram toda a mobília e os pertences da família.

De acordo com a ONU, pelo menos 1.922 palestinos foram mortos e 9.806 foram feridos desde que Israel começou sua nova operação militar na Faixa de Gaza, em 8 de julho. Sessen-

242 EM ESTADO DE CHOQUE

ta e quatro soldados e dois civis israelenses também morreram, além de um cidadão tailandês.

Em 23 de julho, os militares israelenses lançaram uma invasão terrestre em Khuza'a – cidade com cerca de 10 mil habitantes, próxima de Khan Younis e não muito longe da fronteira com Israel. O exército israelense disparou e matou dezenas de civis durante sua ofensiva terrestre, segundo o relato de grupos de direitos humanos; alguns dizem que os ataques ocorridos entre os dias 23 e 25 "são aparentes violações das leis de guerra".

O exército de Israel disse que avisou os residentes de Khuza'a que deixassem a área, mas muitos habitantes ficaram presos na cidade, que já estava sob pesado bombardeio israelense. Seus ataques aéreos atingiram muitas casas e destruíram a mesquita local. De acordo com a Cruz Vermelha, um paramédico também foi morto numa tentativa desesperada de evacuar os palestinos feridos e recolher os corpos dos mortos em Khuza'a. "Alertar famílias para fugir do combate não os torna alvos legítimos, pois eles não tinham como deixar a área, e atacá-los de maneira deliberada é um crime de guerra", afirmou Sarah Leah Whitson, diretora da *Human Rights Watch* para o Oriente Médio e Norte da África.

O gabinete do porta-voz do exército israelense disse, via email, que não podia comentar sobre fatos específicos que ocorreram durante a atual operação em Gaza. O exército afirmou, porém, que "toma todas as medidas possíveis a fim de evitar baixas civis" em Gaza, e que iria "checar todos os casos após o encerramento da operação".

"Sem comentar nenhum fato específico, é importante notar que a política do exército israelense no que tange ao combate em áreas urbanas faz muito para evitar atingir civis, enquanto o Hamas cinicamente usa sua própria população como escudos humanos", afirmou o exército de Israel.

Jaber Wishah, diretor interino do Centro Palestino de Direitos Humanos em Gaza (PCHR, sigla em inglês), visitou Khuza'a após a invasão terrestre de Israel e conversou com três famílias do bairro. Ele afirmou que, de acordo com as descobertas do

PCHR, os soldados israelenses ordenaram que os moradores de Khuza'a abandonassem suas casas e obrigaram-nos a atravessar um *checkpoint* operado pelo exército antes de permitir que de fato deixassem a área.

Segundo Wishah, cerca de 70 a 100 residentes foram presos nesse *checkpoint* e transferidos para um centro de interrogatórios improvisado em território israelense. Para muitos, a detenção chegou a durar três dias. "Acho que o objetivo dessa enorme destruição era se prevenir de ataque em toda a área de Khan Younis", disse ele, explicando que controlar a área de Khuza'a dividiria a Faixa de Gaza em duas partes: norte e sul.

"Futuros comitês de inquérito e investigação irão facilmente comprovar que não foram cometidos apenas crimes de guerra, mas crimes contra a humanidade e de limpeza étnica. Estes crimes ocorreram indiscriminadamente", afirmou.

Soldados israelenses prenderam os dois filhos de al-Najjar – Baker e Saad – junto com dois de seus primos. A Human Rights Watch estima que cerca de 100 palestinos foram presos em Khuza'a no dia 23 de julho, sendo a maioria deles homens e garotos acima dos 15 anos de idade.

Há relatos de que as tropas israelenses forçaram o imame da principal mesquita local, sob a mira de armas, que anunciasse pelo alto-falante: "Entreguem-se ao exército israelense e vocês estarão seguros", a fim de tirar os homens de suas casas.

"Eles nos obrigaram a sentar no chão debaixo do sol quente por cerca de uma hora", afirmou Baker, 29 anos. "Nenhum de nós, todos do mesmo bairro, tinha qualquer relação com a resistência". Segundo Baker, os soldados os levaram para um local desconhecido e os obrigaram a se despir. Eles foram então algemados e vendados por cinco dias.

Ainda conversando comigo, Baker afirmou que um dos soldados gritou: "Coloque a bunda no chão ou irei atirar em você", e então ele teve que se sentar na areia quente com as nádegas descobertas. Seu irmão Saad, 23 anos, foi obrigado a sentar no asfalto quente. "À noite fazia um frio congelante e nós estávamos nus, exceto pela cueca. Durante o dia, ficávamos algemados o tempo inteiro. Toda noite, durante cinco noites, nós dormimos sentados. Eles nos acordavam duas ou três vezes a cada noite", completa Saad.

Os irmãos foram liberados do centro de detenção israelense e deixados na passagem de Erez, na parte norte da Faixa de Gaza. De lá, eles contam que foram levados de volta para Khan Younis pela Cruz Vermelha. Os dois primos permanecem desaparecidos e a família não recebeu qualquer notícia sobre seus paradeiros. Baker, que irá se casar em breve, disse que perdeu tudo de sua casa recém-destruída em Khuza'a. "Até mesmo os dois mil dólares que eu guardava em um cofre para os gastos com o casamento foram roubados pelos soldados israelenses". Segundo ele, tudo o que os soldados deixaram para trás foi um monte de algemas de plástico. "Nós não tínhamos telefone, água ou eletricidade – nenhuma maneira de falarmos com ninguém", afirma Baker, que está traumatizado pela experiência e fala muito pouco. "Minha pele ainda arde por causa daquele sol quente".

A NOVA PRAGA EM GAZA: SARNA

"O excesso de gente e a falta de higiene nos abrigos para refugiados estão se confirmando como terreno fértil para a reprodução de doenças contagiosas"

11/Agosto

Este é o momento em que uma mãe fica inquieta, sem saber o que está causando os sintomas que afetam seu bebê. Ela corre para todos os lados, mas, em tempos de guerra, não há para onde ir – exceto a escola da ONU onde ela agora vive.

Arafa Abu Jamie, 29 anos, chega com sua filha de oito meses, Remas Abu Jamie, sem saber o que há de errado com ela. Além de uma erupção cutânea visível, ela apresenta o que parecem ser cólicas estomacais sérias, vômito e outros sintomas gástricos. "Ela está vomitando e sua temperatura está alta. Ela nunca precisou ir a nenhuma clínica antes, exceto para as vacinas de rotina", afirma a mãe assustada, enquanto aguarda o atendimento de um médico de emergência na escola da ONU em Khan Younis.

Abu Jamie e seus filhos buscaram abrigo aqui depois que sua casa foi bombardeada por mísseis israelenses – 28 membros da família foram mortos dentro da casa, assim como dezenas de outros habitantes alvejados pelos mísseis de Israel no leste da cidade. Sem ter para onde ir, essa escola da ONU é seu lar no futuro próximo. Isso não é, contudo, sua principal preocupação no momento. A saúde de seu bebê vem piorando nos últimos dez dias, e Abu Jamie busca urgentemente diagnóstico e tratamento para os sintomas de sua filha.

Condições de vida desafiadoras

O Dr. Yamen Alshaer, que faz parte da equipe de emergência da missão da ONU em Gaza, sabe como é difícil lidar com tantos casos clínicos diferentes, especialmente quando faltam medicamentos, e quando se sabe que é complicado combater a sarna (a doença que está atacando a bebê de Abu Jamie) em uma escola superlotada.

Mais de cem pessoas estão enfileiradas do lado de fora de uma dessas salas para se consultar com o Dr. Alshaer – algumas com sintomas agudos de sarna ou piolho, outros com febre e gastroenterite, diarreia e vômito. Outras pessoas aparecem com severas infecções respiratórias. De acordo com Alshaer, não passa um dia sem que se veja um grande número de crianças com problemas gástricos agudos – alguns casos são tratáveis, outros não. E ele está vendo cada vez mais crianças severamente desidratadas, tendo que esperar pacientemente pelo atendimento nas instalações improvisadas dentro da escola. "Tais sintomas vêm de uma combinação de falta de higiene, superlotação, má nutrição e hidratação inadequada entre as pessoas vivendo nos abrigos de refugiados", ele diz.

Abu Jamie recebe remédios suficientes para um dia, e tem de procurar outra clínica para continuar o tratamento – ela sabe que os hospitais em Khan Younis estão repletos de casos urgentes, resultado dos ataques de Israel, e que pacientes com sintomas secundários não são prioridade. Abu Jamie é originária da zona leste de Khan Younis, mas ela não pode ir até lá por conta presença militar de Israel. Ela deve procurar outra clínica da ONU, onde um médico diz que chega a atender duzentos pacientes num turno de seis horas. A longa para um atendimento de dois minutos é tempo o suficiente para que a doença se espalhe ainda mais.

A emergência está agora além das capacidades da ONU em Gaza, com mais de 450 mil desabrigados necessitando refúgio em escolas, hospitais, espaços públicos, igrejas ou casas de parentes. Todos os lugares estão superlotados e em péssimas condições de higiene, com pessoas desnutridas e desidratadas, e uma severa escassez de suprimentos médicos.

No entanto, os principais problemas que afetam as pessoas nos abrigos são a sarna e o piolho. A missão da ONU distribuiu panfletos mostrando como evitar essas doenças em circunstâncias normais. Mas as atuais condições da população em Gaza são anormais. E evitar o contágio é impossível.

Uma mulher chega na clínica preocupada com o fato de que não há chuveiros nas escolas. Ela e suas crianças não tomam banho desde que os ataques de Israel começaram, há cinco semanas. Hosni Abu Rida está aguardando na fila com sérias infecções de sarna na perna que estão se espalhando pelo resto de seu corpo, e teme que sua esposa e oito filhos possam se contaminar também. Ele veio de uma escola próxima, Sheikh Jaber, onde não conseguiu encontrar um médico para examinar sua família. Isso é uma humilhação adicional para ele, que vivia confortavelmente. Agora, pouca coisa sobrou, seu negócio fechou e o dinheiro se foi.

Seu filho Abdullah Abu Rida, 11 anos, vomita muito e está na fila aguardando para ser atendido. O mau cheiro vindo do esgoto da escola onde eles estão se refugiando é intolerável, mas esse é o único abrigo "seguro" para sua família. Essas escolas não foram construídas para suportar um número tão grande de pessoas doentes e desesperadas vivendo sob ataque. O sistema escola-refúgio está rapidamente entrando em colapso. "Pela segunda semana, nós estamos dormindo no chão e bem ao nosso lado há um esgoto vazando", ele conta.

Caminhões tentam bombear o esgoto quatro vezes ao dia, ele explicou, mas dentro de uma hora o chão já está inundado novamente. A família se amontoa no único canto disponível. Ele acha que a ONU deveria abrir novos abrigos para os refugiados de Gaza, uma vez que o espaço está cada vez menor, com mais e mais pessoas sendo obrigadas a se abrigar em lugares inundados com dejetos. "Em cada sala de aula há cem pessoas dormindo – se cada uma delas carregar um vírus, logo isso se espalhará", explica Dr. Alshaer. "Eu trato de uma criança em um dia e no dia seguinte é a vez da sua irmã, irmão ou vizinho vir até mim com sintomas similares", continua, enquanto tenta abaixar a temperatura da pequena Remas Abu Jamie, de oito meses, cuja febre já chega aos 40°C. Se tais condições persistirem, a população pode ser exposta a doenças mais mortais, como meningite, disenteria e cólera.

248 EM ESTADO DE CHOQUE

Abu Rida passou por um enorme trauma recentemente: tanto seu filho como seu irmão foram mortos no Leste de Khan Younnis por ataques aéreos de Israel, na última semana. Ele teme que essas condições de vida irão logo acabar com resto de sua família que conseguiu sobreviver.

"Nós escapamos da morte quase certa pelas armas de Israel, mas agora parece que, ao invés de lançar mísseis, Israel quer nos matar com doenças", ele diz.

QUANDO A NOITE CAI SOBRE OS RECÉM DESABRIGADOS

"Famílias que abandonaram suas casas e abarrotaram os abrigos da ONU são agora forçadas a viver em barracas e implorar por comida"

13/Agosto

A pequena Mariam Alejla, 8 anos de idade, estava sentada do lado de fora do maior hospital de Gaza, o Shifa. Com a perna enfaixada e um acesso intravenoso no braço. Mas não é por isso que ela estava ali. No momento em que me viu, ela insistiu em me levar para uma área atrás do centro cirúrgico. "Venha ver minha mãe e meus irmãos. Nossa casa foi bombardeada", ela disse.

Sua mãe, Umm Nidal Alejla, 47 anos, estava deitada num colchão que ela conseguiu recuperar de uma casa destruída próxima dali. Ela mexia numa chaleira aquecida por uma pequena fogueira. A casa da família, que abrigava todos seus 20 membros, era agora uma tenda improvisada com diversos pedaços de tecido – um lençol do hospital e pedaços de nylon, por exemplo. "Nós corremos para os abrigos nas escolas da ONU, mas nos disseram: Você deveria ter vindo antes", ela conta.

Não era uma questão de ter ido antes: as bombas israelenses é que escolheram o dia em que a família deixou a casa. Ela diz ter feito tudo o que pôde para ficar, até que simplesmente se tornou muito perigoso. Depois que dois de seus filhos foram feridos, há duas semanas, ela abandonou sua casa sob fogo israelense. Desde então, não conseguiu encontrar nenhum local para ficar, exceto o Hospital Shifa – assim como outras milhares de pessoas em Gaza.

A clínica externa do Hospital Shifa também foi atacada, mas Alejla e outras centenas de palestinos, preferem ficar aqui do que em uma sala de aula superlotada – todos sabem muito bem o que aconteceu em Jabaliya. "Nós apenas pedimos que Alá tenha misericórdia", ela diz enquanto arruma os quatro colchões para mais uma noite de sono. Mariam retira o acesso intravenoso para dormir mais perto de sua mãe – é o único lugar onde ela se sente segura. "É uma noite fria e nós temos apenas dois cobertores", conta Mariam, no momento em que seu irmão mais velho se arruma na "cama".

Sirenes de ambulância. Mariam conta que antes as crianças ficavam ansiosas para saber quem ou o que estava dentro das ambulâncias, mas agora todas elas estão bem familiarizadas com o som e a terrível visão daquilo que os veículos trazem para o hospital. "Nós perdemos tudo de nossa casa, tudo o que havia dentro dos armários foi destruído", diz Umm Nidal enquanto sua filha Nida, 24 anos, tenta tirar a lama da roupa das outras crianças. A mãe queria, pelo menos, uma barraca de verdade que pudesse erguer próximo às ruínas de sua casa. "Nós somos como pedintes aqui. Eu não consigo lidar com as crianças ficando doentes, como as crianças dentro do hospital", ela diz, apontando para quatro de seus filhos com sintomas de dor aguda no estômago e irritação cutânea. Nida resume a história de muitos palestinos: "Todos os dias, eu sinto dor no estômago. Os médicos me disseram que isso é resultado da superlotação falta de higiene e de água potável".

Ao contrário daqueles que se abrigam nas escolas da ONU, que também são pontos de distribuição de assistência, os refugiados no Hospital Shifa ainda não receberam qualquer tipo de ajuda. Mães e filhos sobrevivem das doações de pessoas que passam a caminho de comprar pão, queijo e tomilho, usado para fazer chá. "Esse é o nosso café-da-manhã, almoço e jantar", diz Umm Nidal. "Apenas peço a Alá alguma paz para que possamos comer nosso pão e sal sobre as ruínas do que resta de nosso lar".

Numa barraca próxima está Mervat Shanan, 22 anos. Ontem ela deu à luz a sua filha, que ainda precisar receber um nome da família. Ela é um dos quatro mil e quinhentos bebês que nasceram em Gaza durante o mesmo período em que ao menos dois mil palestinos perderam suas vidas, segundo o Ministério do Interior. Antes de vir para essa tenda improvisada, Shanan vivia em uma casa simples com seu marido, três filhos, os dez irmãos dele e seus pais ao norte da Faixa de Gaza, próximo à Escola Americana. Então os que tanques e *drones* de Israel atingiram a residência.

"Durante a última guerra, em 2012, um míssil israelense matou minha filha dentro do seu quarto. Ela tinha uma semana de vida". Dessa vez, junto com seu marido, Atta Shanan, 22 anos, Mervat tomou a decisão de manter seus filhos seguros, abandonando a linha de frente onde chovem mísseis. Ela pensava que a Escola Americana seria o local ideal para se abrigar, mas viu que o local também tinha sido atacado. "Quando o cessar-fogo começou, nós corremos para checar nossa casa, mas encontramos tudo queimado", conta Atta.

Depois disso, voltou para a escola e descobriu que o seu local tinha sido ocupado por outra família. Ele não quis causar confusão, então levou sua família para outras escolas, mas já não havia mais espaço. O único lugar que restou foi o Hospital Shifa.

Os Shanan fazem parte das 450.000 pessoas em Gaza que tiveram que deixar suas casas sem ter para onde ir. Ao contrário de outras zonas de guerra, onde algumas fronteiras estão abertas, Gaza está trancafiada pelo cerco israelense vindo do mar, do ar e por terra. O Egito apenas abre a fronteira com Rafah esporadicamente, e apenas para aqueles que possuem passaportes estrangeiros. Agora suas irmãs não têm onde dormir – todos estão encolhidos em um quarto menor que o container de lixo do lado de fora dos portões do Hospital Shifa. A noite chega, a temperatura cai e os membros da família Shanan dormem juntos para se manter aquecidos, até que volte o calor do dia. Aqui nesse lugar, os bebês são amamentados, as crianças dormem, a mãe parte o pão e o queijo, e o pai coloca sua cabeça para fora do rasgo no lençol que cobre a tenda para fumar.

Às vezes, ele se senta do lado de fora só sentir um pouco de ar fresco. Todos têm dificuldade para dormir, pois o hospital é sempre barulhento e movimentado. "É duro, porque nós não podemos simplesmente ir até o centro cirúrgico para encher uma garrafa d'água", ele diz enquanto carrega o bebê com dois dias de vida. Suas três filhas não tomam banho há mais de 20 dias. "Nós tentamos utilizar as instalações do hospital, mas sabemos que os pacientes com ferimentos sérios têm prioridade", diz, enquanto entrega o bebê para sua esposa e começa a cobrir suas filhas com uma fina manta, a única coisa que as separam do chão duro. "Nós dormimos lado a lado para nos proteger. Esse é mais um período sombrio que irá passar", completa.

NOVAS VIDAS NASCEM EM MEIO À DESTRUIÇÃO DE GAZA

"Autoridades palestinas informam que pelo menos 4.500 bebês nasceram desde o início da operação militar israelense"

14/Agosto

A poucas centenas de metros do necrotério no Hospital Nasser, os palestinos estão respirando vida nova dentro da Faixa de Gaza devastada pela guerra. "Estou dizendo aos ocupantes israelenses: se vocês acham que matar palestinos irá nos acovardar. Sem chance", disse Abeer Saqqa, algumas horas depois de Anwar, seu filho recém-nascido, vir ao mundo.

A unidade neonatal está movimentadíssima. A trégua de 72 horas entre Israel e Hamas ofereceu alívio após mais de um mês de bombardeio sobre o território palestino. Segundo as Nações Unidas, pelo menos 1.965 palestinos foram mortos e quase 10 mil ficaram feridos, desde que a nova operação militar de Israel contra Gaza iniciou-se, em 8 de julho. Sessenta e quatro soldados e dois civis israelenses também perderam a vida. "Agora estou ainda mais determinada a ter mais filhos para compensar as vidas que Israel tirou", afirma Saqqa, 20 anos.

Hannen Alfarra, 30 anos, deu à luz apenas uma hora depois que seu marido de 34 anos fora morto por um ataque aéreo israelense em 1 de agosto. "Atingiram nossa casa enquanto fugíamos", diz ela, chorando.

Casada há oito anos, Alfarra tem outros três filhos, com idades entre dois e cinco anos. Sua filha com dez dias de vida ainda não tem nome. "Seu pai, seu avô e seus primos foram todos mortos pelo míssil", conta Alfarra.

De acordo com o Escritório Central Palestino de Estatísticas, já nasceram 4.500 bebês, desde que Israel começou sua operação militar em Gaza. Em 2013, 66.600 crianças nasceram na Faixa de Gaza, ainda de acordo com o Escritório – o que significa 5.500 bebês por dia. Espera-se que a população em Gaza chegue a de 2,1 milhões de pessoas até 2020. A Dra. Yasmine Wahba, da unidade de enfermagem do Hospital Nasser, contou que o número de nascimentos deveria ter sido maior, mas muitas mulheres sofreram abortos espontâneos. "O medo é a principal razão para o aumento no número de bebês prematuros. A maioria dos bebês aqui tem entre 30 e 32 semanas, sendo que o ideal é que a gestação dure ao menos 37 semanas", explica Wabba, dizendo que a unidade está funcionando em sua capacidade total - o que é algo raro.

Quinze hospitais e dezesseis clínicas de saúde foram danificadas na esteira da atual operação israelense, segundo a ONU. O ministério da Saúde também relatou que 13 dos 54 postos de atenção básica em Gaza tiveram de ser fechados por conta do bombardeio israelense, 7 dos 21 postos geridos pela ONU, também deixaram de funcionar. Isso forçou muitas mulheres a darem à luz em casa ou em abrigos, sem a assistência médica adequada.

Apesar desses desafios, os palestinos em Gaza não foram dissuadidos. "Israel corta nossa eletricidade, então eles que lidem com o aumento na taxa de natalidade, diz Abu Sami, um pai de treze filhos em Khan Younis. Enquanto isso, de sua cama na ala da maternidade do Hospital Nasser, a nova mãe Abeer Saqqa afirma que irá construir uma barraca sob as ruínas da casa demolida que pertencia à sua família. Dar à luz, completa Saqqa, foi parte de seu desejo de resistência. "Se eles matarem uma criança, nós daremos à luz mais dez".

LÍDER RELIGIOSO É OBRIGADO A SE DESPIR EM FRENTE SUA COMUNIDADE

"Todo esse estrago e brutalidade não é o que lhe dói mais. Em vez disso, a vergonha é o que permanecerá por mais tempo com ele. 'Eu nunca vou superar isso. Nunca irei me esquecer'"

16/Agosto

Khalil al-Najjar sentou-se na casa de seu irmão, junto de sua mãe, irmãos, cunhados e filhos – 15 membros da família no total. Eles estavam sob constante fogo da artilharia israelense durante toda a noite, sem saber o que iria acontecer no próximo segundo, com bombas caindo ao seu redor. "Um disparo de tanque nos atingiu e vimos uma pesada fumaça negra. Então corremos para debaixo das escadas", conta al-Najjar. Enquanto o bombardeio continuava, o metralhar de armas automáticas era ouvido do lado de fora. "Nós gritamos que éramos apenas civis e mais balas foram disparadas", disse al-Najjar, que, aos 55 anos, é um imame bem conhecido e altamente respeitado em sua comunidade. Poucos minutos depois, um cão militar avançou para dentro da casa, aterrorizando as crianças. O imame gritou em hebraico aos soldados por trás dos muros crivados de bala: "Nós somos civis. Temos crianças e bebês sem remédio ou leite". Os soldados gritaram de volta, em hebraico, ordenando que todos saíssem da casa, um por um.

Já do lado de fora, os soldados então ordenaram que todos se deitassem no chão – mulheres e crianças de um lado, homens do outro – enquanto mais mulheres vizinhas eram levadas para a esquina. "Na frente de todas essas mulheres, eu fui obrigado a me despir até ficar nu – sob a mira das armas", recorda o imame, enquanto andava pelo seu bairro destruído. "Fazer um homem respeitado ficar nu na frente de todos foi a coisa mais humilhante pela qual passei na minha vida", ele completou, com lágrimas começando a se acumular nos seus olhos escuros, normalmente orgulhosos. A situação teria sido constrangedora para qualquer homem, mas para um muçulmano profundamente religioso e conservador, que é visto como um pilar da comunidade, o ato foi particularmente vergonhoso.

Somando-se a essa humilhação, al-Najjar disse que ele e outros homens foram obrigados a se manter de pé, nus e com os braços levantados até que sentissem dor. Quando ele já não pôde aguentar, disse em hebraico a um soldado: "Meus braços doem", ao passo que lhe ordenaram que se sentasse. "Essa foi a única vez que eles me ouviram. Eles trouxeram uma cadeira para eu me sentar", contou.

O imame e sua família já haviam sido privados de sono pelo pandemônio causado pelos ataques de Israel, mas naquela manhã fatídica presenciaram o ataque mais agressivo que já viram. Najjar batizou aquele dia como "Terça-Feira Sombria de 22 de Julho".

Ainda estava nu quando mandaram que "levasse as mulheres e crianças para outro lugar". A única opção em que ele conseguiu pensar foi a casa de seu irmão, a duas ruas de distância – onde esperava que fosse mais seguro. "As bombas e as escavadeiras deixaram buracos enormes nas ruas, então carreguei minha mãe idosa em meus ombros até a casa do meu irmão", ele disse.

Quando chegaram lá, viram que a casa estava cheia de soldados israelenses, deitados de barriga para cima, alguns dormindo nos colchões e camas que pertenciam à família. "Os soldados estavam furiosos que alguém havia nos permitido ir até lá", contou Najjar, como se houvesse uma falta de comunicação e coordenação entre as diferentes unidades israelenses em Khuza'a. Os homens então foram dispostos em círculo, enquanto os soldados decidiam quem eles deixariam ir e quem iriam prender.

Najjar foi escolhido para marchar até a mesquita de Khuza'a, que havia sido seriamente danificada e desfigurada pelos ataques. Lá, foi interrogado pelo oficial que estava no comando daqueles homens dentro da casa do seu irmão. O oficial lhe perguntou insistentemente sobre membros da família Abu Rida, uma família grande e muito conhecida em Gaza. "Sim, eu o conheço da mesquita onde Abu Rida faz suas preces de sexta-feira", disse o imame. Ainda mantido sob a mira das armas, ele foi então questionado sobre "de onde vinham os foguetes". O imame replicou que os "únicos foguetes que eu conheço são os mísseis israelenses vindos dos F-16 e *drones*". Mas isso não o salvou.

O oficial logo ficou nervoso, exigindo saber sobre os "túneis" que Israel usava como pretexto para expandir sua campanha militar em Gaza. Najjar permaneceu firme. "Você é da inteligência israelense. Com toda sua tecnologia, drones, aviões F-16, você não sabe onde estão os túneis", disse. "Você acha que aqueles que estão construindo túneis virão me contar onde eles estão?"

Isso continuou por um tempo, até que um dos irmãos de Najjar foi levado até a mesquita. Ele percebeu um soldado olhando para alguns grafites na parede citando um termo da Jihad Islâmica para a Operação Margem Protetora - "al-Bunian al-Marsoos", uma passagem do Corão que significa "estrutura dura de derrubar" - e perguntou ao soldado se ele queria que apagassem aquilo. Mas o soldado ignorou o irmão de Najjar, simplesmente dizendo que eles iriam "lidar com aquilo". Mais tarde, uma escavadeira veio demolir todo o muro da mesquita que estava grafitado. Em retrospecto, as escavadeiras deviam ter servido como um sinal, avisando que os problemas de Najjar estavam longe de terminar.

Ordenaram ao imame que se vestisse e o conduziram para fora, sob a mira de armas, junto de seu irmão. Obrigaram Najjar a andar na frente dos soldados até o meio da rua, enquanto gritava a todos os jovens moradores para saírem e se renderem. As tropas israelenses pareciam ter escolhido um morador respeitado, o imame, sabendo que os outros confiariam em suas palavras e sentiriam que sua segurança estava garantida, embora os soldados acolhessem intenções mais mortais, caso o plano falhasse. À suas costas, o irmão do imame ouviu um oficial dizer a seus soldados, em hebraico, que "se as pessoas não saíssem para a rua, meu irmão e eu seríamos fuzilados".

Os soldados atrás deles os avisaram: "Vocês estão sendo observados. Nossas armas estão apontadas para suas cabeças, então cuidado. Se vocês saírem do meio da rua, iremos atirar". Enquanto andavam na frente dos soldados, as pessoas viram o imame. Outro irmão gritou de uma janela: "Irmão Khalil, irmão Khalil". O imame disse a seu irmão e a todos em volta para saírem, pois estariam seguros. Os jovens saíram ao ver o imame, mas não puderam avistar as tropas, pois elas se mantiveram fora do campo de visão até que a maioria dos moradores tivesse saído das casas. Foi só então que os soldados apareceram e gritaram para que todos colocassem seus braços acima das cabeças.

Alguns, no entanto, permaneceram dentro das casas. Um soldado disse ao imame que "havia mais de mil pessoas ainda escondidas". Os israelenses então o levaram de volta para a mesquita, onde um oficial apontou sua arma contra ele, ordenou que ligasse o gerador elétrico da mesquita e usasse seus alto-falantes para convocar os jovens para fora de suas casas, insistindo que eles estariam seguros. "De qualquer maneira, eu já estava tendo problemas para usar o alto-falante, por conta do jejum e da exaustão. Minha voz estava seca, mas o soldado colocou sua arma na minha cabeça e disse que eu ordenasse todos a saírem", contou.

Quando o imame terminou sua mensagem, ele foi levado para fora da mesquita e viu que mais pessoas chegando, acreditando na sua promessa de que estariam seguros. O soldado então lhe disse: "Pegue sua mãe e vá. Se eu ouvir qualquer uma dessas mulheres dizer alguma coisa, eu vou bombardear sua casa imediatamente".

Todos os rapazes que se renderam foram presos, deixando para trás apenas as mulheres, crianças e idosos. Permitiram ao imame que levasse sua mãe para casa, caminhando entre os numerosos tanques estacionados por toda a área. Quando chegou na casa do seu irmão, os mesmos soldados ainda estavam deitados pelo chão e em cima dos móveis. Eles trancaram a família num quarto, e mantiveram o resto da casa para eles. "Eu ouvi um soldado israelense conversar ao celular com alguém e dizer o que tinham feito em Gaza. O soldado respondeu que eles 'reviraram Gaza de cabeça para baixo'", disse o imame.

Agora, Najjar está de luto pelas quase 2 mil vidas perdidas e as centenas de milhares que perderam seus lares, mas todo esse estrago e brutalidade não é o que lhe dói mais. Em vez disso, a vergonha é o que permanecerá por mais tempo com ele. "Eu nunca vou superar isso. Nunca irei me esquecer", disse.

HOSPITAL SE TORNA A "NOVA" CASA DOS DESABRIGADOS

"Com abrigos emergenciais superlotados, famílias palestinas desabrigadas buscaram refúgio em hospitais. O número de desabrigados varia à medida que as famílias descobrem que suas casas estão inabitáveis ou falta água, eletricidade e alimento"

17/Agosto

Lençóis finos oferecem pouco conforto para Naima Abu Asar e suas três filhas adolescentes, que vivem numa barraca improvisada no pátio de um dos hospitais mais movimentados de Gaza. A família agora chama o complexo hospitalar de "casa"; eles se deitam no chão duro, do lado de fora, enquanto funcionários correm com pacientes e famílias vêm e vão desesperadas para checar se seus entes queridos estão vivos. "As escolas estão amontoadas com refugiados. A única opção, para nossa segurança, é aqui no hospital", conta Naima. "A vida aqui já é dura, mas Israel tenta nos esmagar mais e mais todos os dias", diz, completando que a barraca da família – feita com pedaços de plásticos e lençóis dos hospitais – não os protegem do calor escaldante do verão durante o dia nem do frio à noite.

Naima e suas três filhas estão vivendo dentro dos muros do Hospital Shifa ao lado de dezenas de outras famílias, totalizando algumas centenas de pessoas. Elas vestem as mesmas roupas que usavam quando fugiram do bombardeio em Shujayea, um bairro na zona leste da Cidade de Gaza que sofreu um dos piores ataques de Israel em julho. "Eu não pude recuperar nada da minha casa. Estava tudo em ruínas", conta Yasmine, 15 anos. "Nós conseguimos apenas escapar do fogo da artilharia, mas vários vizinhos nossos morreram. Nós temos sorte".

"Não conseguimos encontrar qualquer lugar mais segurou ou menos superlotado", completa Naima, enquanto um idoso na barraca ao lado entra na conversa, dizendo que Israel já bombardeou hospitais em Gaza também. Ao contrário dos palestinos abrigados nas instalações da ONU ou do governo, a família Abu Asar, assim como outras que agora vivem no Hospital Shifa, recebem pouco apoio, dependendo somente de pessoas que às vezes compartilham alimentos e outros suprimentos.

A ONU estima que cerca de 365 mil palestinos estão vivendo em abrigos emergenciais ou na casa de amigos e parentes por toda a Faixa de Gaza. Ainda de acordo com a organização, cerca de 16.800 casas foram destruídas ou severamente danificadas desde que Israel iniciou sua ofensiva, em 8 de julho. Segundo o ministério da Saúde em Gaza, a operação de Israel já matou pelo menos 1.980 palestinos e cerca de 10.200 foram feridos. Sessenta e quatro soldados e dois civis israelenses também morreram, além de um cidadão tailandês.

Kefah al-Harazeen, 25 anos, também é de Shujayea. "Até mesmo durante o cessar-fogo, como agora, eu sei que minha casa estará parcialmente demolida, com boa parte da estrutura de pedra transformada em pó e areia, podendo cair a qualquer momento em nossas cabeças", diz. Sentada a seus pés, seus dois filhos pequenos têm piolhos e irritações cutâneas; já faz quase um mês que a família não consegue tomar banho. Ela agora usa um pequeno pote cheio de água obtida na maternidade para limpar seus filhos. "Eu nunca tive que viver na sujeira. Agora, os vírus estão se espalhando entre as crianças, enquanto buscamos abrigo no hospital e tentamos nos manter limpos", diz al-Harazeen. "Nós não conseguimos entrar nas escolas da ONU. Sinto como se tivéssemos sido excluídos de qualquer tipo de assistência, de alimento ou água", ela completa.

Chris Gunness, porta-voz da Agência para Assistência da ONU para Refugiados Palestinos, afirma que o grupo não rejeita ninguém em Gaza. "É a política da UNRWA não negligenciar ninguém, seja refugiado ou não, enquanto há uma emergência como essa em Gaza. Nós assistimos as pessoas em suas necessidades básicas", Gunness disse-me. Oitenta e sete escolas da UNRWA estão atualmente sendo utilizadas como abrigos emergenciais em Gaza. "O número de desabrigados varia à medida que as famílias descobrem que suas casas estão inabitáveis ou falta água, eletricidade e alimento nos abrigos emergenciais", afirma. "Outros estão retornando, pois querem assegurar seus lugares nos abrigos, caso as hostilidades sejam retomadas ou pela falta de segurança, em geral". Gunness explicou que a UNRWA está tentando preparar suas instalações para a volta às aulas, o que significa esvaziar as escolas que estão sendo usadas como refúgio. "Para isso, estamos tentando consolidar e reagrupar as pessoas em menos abrigos".

Amal Alaraer, 46 anos, vive no Hospital Shifa com nove familiares, incluindo seu marido e filho, ambos feridos quando as tropas de Israel atiraram contra um mercado local em Shujayea, matando ao menos dezessete pessoas e ferindo outras duzentas.

"Nós sentamos em pedaços de papelão velho que um dia foram caixas de medicamentos do hospital", diz Alaraer, enquanto prepara seus filhos para mais uma noite de sono ao som das sirenes das ambulâncias. Ela me contou que sua família tentou se estabelecer em cinco escolas diferentes, mas ao verem que estavam superlotadas e carente dos recursos mais básicos ela decidiu ir para o hospital. "Nós desistimos e viemos para o Shifa, onde minha família já estava abrigada", ela diz. "As crianças tremem com ar frio da noite. Fico muito triste, como mãe, por não poder fazer nada para aquecê-las".

Apesar do cessar-fogo de cinco dias em Gaza iniciado em 13 de agosto, Alaraer está muito assustada para retornar à sua casa. "Queremos uma trégua de longo prazo", diz, "não apenas essas curtas tréguas, para depois termos que fugir dos tanques e mísseis israelenses novamente".

MORTE DE JORNALISTA E MOTORISTA DE AMBULÂNCIA VIRA NOTÍCIA UM MÊS DEPOIS

"Qual seria seu número nas estatísticas de vítimas, caso morresse durante a ofensiva israelense. Fouad teria respondido: 'Qualquer número depois dos 400'"

18/Agosto

Fouad Jaber, o primeiro motorista de ambulância morto na ofensiva israelense em Gaza, há mais de um mês, só agora está sendo lembrado, em meio a uma aparente sensação de paz. O cessar-fogo de cinco dias, em vigor desde 13 de agosto, possibilitou um momento à família para refletir sobre a vida de Fouad, que deixou para trás sua filha Hala, de dois anos de idade, sua jovem esposa e seus pais. Até agora, a história não havia sido divulgada nem pela imprensa local, nem pela internacional.

O turno de 24 horas de Fouad Jaber, 28 anos, havia terminado. Ele geralmente telefonava para sua esposa Umm Hala quando tinha de trabalhar até mais tarde. Mas nesse dia não houve um telefonema.

Um ataque terrestre acontecera na zona leste da Cidade de Gaza, no bairro de Shujayea, e o celular de Fouad parecia ter sido desligado. Seu pai tentou localizá-lo, ligando para alguns de seus colegas de equipe na ambulância. Eles disseram que Fouad estava trabalhando na linha de frente, evacuando os mortos e feridos dos prédios destruídos pelas bombas israelenses. "Tive uma sensação diferente, algo profundo em meu coração", disse o pai. Sua mãe insistiu para que o marido ligasse para o celular de Fouad novamente, mas ele respondeu que o filho estava ocupado resgatando pessoas desesperadas e que não deveriam incomodá-lo.

Mesmo assim, depois de algum tempo, com as mãos trêmulas ele pegou o telefone e discou o número do chefe de Fouad nos

264 EM ESTADO DE CHOQUE

Serviços Médicos, que lhe disse: "Você é um homem forte e eu devo lhe contar que seu filho foi morto".

O pai de Fouad estava aturdido. Ele tinha, então, que contar à mãe e à esposa do filho. Sua mãe, Umm Fouad, teve um profundo sentimento de pavor quando ouviu na televisão sobre as mortes de um jornalista e de um motorista de ambulância. Eles morreram juntos. O jornalista foi identificado como Khaled Hamad, 24 anos, que estava trabalhando para um veículo de imprensa local.

A ambulância de Fouad foi a primeira a conseguir entrar em Shujayea para evacuar os mortos e feridos. Ele conseguiu resgatar muitas pessoas. Em dado momento, a ambulância sofreu alguns danos por conta de um disparo de tanque, mas mesmo assim ele deu um jeito de continuar. Entrou numa das casas onde mulheres e crianças imploravam por ajuda, pouco antes dele próprio ser atingido fatalmente por um morteiro israelense.

As tropas de Israel permitiram que as ambulâncias entrassem na área somente após algumas horas do início do cessar-fogo humanitário. Quando outra equipe de resgate conseguiu entrar na casa e retirar as pessoas soterradas nos escombros, eles viram o uniforme laranja da equipe paramédica, percebendo que se tratava do corpo de seu colega e bom amigo. "Oh, meu Deus, Fouad, Fouad!" gritava um colega motorista, tentando acordá-lo, mas Fouad já estava morto.

Abu Fouad diz que ele apoiou a ideia de que seu filho se tornasse um enfermeiro e estava orgulhoso quando ele conseguiu se formar. Mas então seu filho decidiu se tornar um motorista de ambulância para ajudar pessoas que estivessem em situações de emergência. "Eu sempre terei orgulho do meu filho e do trabalho a que ele se dedicou", afirmou.

Atender aos chamados desesperados e aos apelos das vítimas e suas famílias mantinha Fouad em movimento; nunca houve um pedido de socorro que ele não tenha respondido. Antes de morrer, Fouad havia ficado dois dias sem voltar para casa. Geralmente, ele aparecia para pegar um pouco de comida e de café para seus colegas. Sua dedicação ao trabalho lhe rendeu uma forte reputação entre as equipes de resgate. "Eu não voltarei para casa até que a guerra tenha terminado", Fouad havia dito a um deles.

Seu pai, aos prantos, disse: "Quando Fouad foi morto, eu senti a dor de todas as famílias que perderam pessoas amadas. Eu senti a agonia da separação. Eu senti como os pais se sentem quando enterram seus filhos e voltam para casa com um vazio nas mãos e no coração. Nunca pensem que o primeiro-ministro israelense Benjamin Netanyahu está matando sem saber a quem. Não, ele sabe que está matando inocentes, inclusive crianças".

Israel não matou apenas um motorista de ambulância. Israel matou um bom homem, de bom coração. "Não se trata de um apartamento bombardeado ou uma casa derrubada ao chão. O que importa para o coração é a perda de um filho amado e querido", continua o pai de Fouad, que possui estilhaços de bomba em sua cabeça e em sua perna desde a Primeira Intifada, se conforta com o fato de que seu filho estava realizando um trabalho honrado. Ainda chorando ele diz: "Mesmo que eles nos matem, um por um, a Palestina, a Al Quds [Jerusalém], Barbara [um vilarejo onde os palestinos que ali viviam foram eliminados em 1948] e Haifa nunca morrerão em nossos corações".

Último contato

Uma das lembranças mais alegres que ele tem de seu filho é quando lhe disse: "Fouad, você tem seu estudo, e nós lhe demos o melhor casamento de todos os tempos. Mas, quando eu morrer, quem irá pagar essas dívidas?" Fouad respondeu: "Papai, eu pagarei".

Mas agora seu pai deve cuidar de tudo, incluindo as dívidas que seu filho estava feliz em quitar. Ele também deve cuidar da esposa de Fouad e de seu neto.

Abu Fouad já deu os dolorosos primeiros passos em assumir as obrigações do filho. Foi até a farmácia Fouad havia trabalhado e coletado remédios para pacientes necessitados. Ele lhes disse que se seu filho lhes devesse qualquer dinheiro, ele, Abu Fouad, iria pagá-los de volta. Ainda assim, "todas as pessoas disseram que elas é que lhe deviam dinheiro. Fouad estava comprando remédio para aqueles que não tinham como fazê-lo".

Certa vez, um dos colegas de Fouad perguntou-lhe qual seria seu número nas estatísticas de vítimas, caso morresse durante a ofensiva israelense. Fouad teria respondido: "Qualquer número depois dos 400". Segundo os registros do Hospital Shifa, Fouad foi a vítima número 401 em Gaza.

Antes de sua morte, enquanto telefonemas de pessoas precisando de ajuda e resgate chegavam constantemente à central de emergência, Fouad pediu a seu chefe que não colocasse seu corpo no necrotério, caso qualquer coisa acontecesse a ele. Esse foi seu desejo antes de morrer. Depois de cinco horas, seu corpo foi devolvido à família – sua testa fria, seu rosto limpo e seus lábios inertes, conta sua mãe.

"SEUS DRONES VEEM TUDO. POR QUE MATAR CIVIS INOCENTES?"

"Depois de passar por uma provação épica com pacientes feridos em clínica destruída, médico lança desafio a Netanyahu"

19/Agosto

Kamal Qudeh, médico de um pequeno vilarejo em Gaza próximo à fronteira com Israel, está sentado no que resta de sua clínica particular, rodeado por cacos de vidro, lençóis ensanguentados e luvas cirúrgicas descartadas. Ele está reunindo suas forças para reconstruir e cauterizar a memória dos ataques do último mês, que trouxeram mortes e ferimentos aos habitantes do vilarejo – até mesmo aos pacientes já feridos, que eles tentavam escapar da investida israelense. Entre os feridos estavam seu irmão e sua irmã. Entre os pacientes estava ele próprio, pois cuidou dos próprios ferimentos enquanto tratava os outros.

Quando o ataque inicial aconteceu, ele era inesperado. Em 17 de julho, caças F-16 israelenses lançaram panfletos, ordenando que as pessoas abandonassem suas casas antes do início da ofensiva terrestre, em 20 de julho. "O dia chegou, mas tudo parecia normal em Khuza'a. Então as pessoas retornaram, achando que os panfletos não eram nada além de um alarme falso. Então, no dia seguinte, na tarde de 21 de julho, um míssil de F-16 atingiu a principal estrada conectando Khuza'a aos vilarejos vizinhos", contou o dr. Qudeh. Ele detalha uma história chocante envolvendo sobreviventes daquele dia e agora estão hospitalizados, feridos ou severamente traumatizados. Quando o bombardeio israelense começou, o dr. Qudeh contatou os oficiais da Cruz Vermelha pedindo para evacuar os civis. "O acordo foi que andaríamos pelo meio da estrada, claramente visíveis, com as ambulâncias nos escoltando de ambos os lados", disse ele. Mas

268 EM ESTADO DE CHOQUE

enquanto as pessoas de Khuza'a aguardavam, nenhuma ambulância nem ninguém da Cruz Vermelha apareceu.

"Nós tivemos que tomar a decisão de ir por conta própria, sem qualquer proteção, até a entrada do vilarejo. Havia cerca de duas mil pessoas conosco, andando em direção aos tanques israelenses. Eu disse a eles: 'Nós somos civis, estamos desarmados e precisamos de um lugar seguro para nos abrigar. Nós temos mulheres, crianças e idosos conosco e queremos retirá-las daqui pacificamente'".

As tropas israelenses responderam por meio de seus alto falantes que nada havia sido coordenado e que todos deveríamos retornar para casa. "Nós ficamos ali, de pé, esperando que eles tivessem compaixão e nos deixassem passar", disse o dr. Qudeh.

Então os soldados começaram a disparar suas armas, ferindo imediatamente 30 pessoas. O resto começou a correr e gritar, tentando carregar os feridos. "Não havia outra opção. As ambulâncias foram impedidas de entrar no vilarejo, com os tanques, os F-16 e drones observando os movimentos de todos", contou o médico.

As pessoas que estavam feridas e sangrando tiveram que retornar à clínica do dr. Qudeh, mesmo havendo apenas uma sala com equipamentos e suprimentos médicos básicos, como gaze, curativos, algodão, antissépticos e instrumentos de sutura. "Nós carregamos as pessoas em nossos ombros para minha clínica. Eu fui capaz de estancar o sangramento de alguns, suturei alguns ferimentos e tratei de outros", continua o dr. Qudeh.

Ala Abu Rejela, um jovem que ajudou a carregar as pessoas, conta como os soldados ficaram olhando, enquanto os moradores tentavam carregar os mortos e feridos. "Apesar disso, eles ainda atiraram contra nós, perto da entrada de Khuza'a", ele disse. Uma das que ele tentou carregar foi Ghader Abu Rejela, uma garota de 15 anos que sofria de paralisia, era incapaz de correr e havia sido baleada. Mas ele também foi baleado, e o corpo dela ficou largado na rua por três dias, até que as tropas israelenses recuaram. Na clínica, os assistentes do dr. Qudeh eram simplesmente jovens do vilarejo que secavam o suor de seu rosto enquanto ele trabalhava na sutura de ferimentos profundos; outra pessoa segurava o telefone em seu ouvido enquanto ele pedia urgentemente à Cruz Vermelha que enviasse ambulâncias para ajudar. Alguns dos pacientes estavam semiconscientes, passando mal por terem inalado algum tipo de gás que o médico foi incapaz de identificar.

Enquanto o dr. Qudeh trabalhava, mais pessoas do vilarejo apareciam em sua clínica para procurar parentes e amigos, acreditando erroneamente que eles estavam seguros após as tropas israelenses terem retrocedido. "Enquanto eu tratava das vítimas lá dentro, a parte de fora da clínica foi atingida por dois mísseis de drones israelenses – cacos de vidro voaram nas pessoas que recebiam tratamento e muitos se feriram ali fora", contou. Seu próprio irmão – Ahmed Qudeh – e muitos outros familiares, incluindo sua irmã, também foram feridos. O próprio dr. Qudeh se machucou. "Eu removi os estilhaços da minha perna e do meu braço, e continuei costurando os outros feridos", disse.

Uma dessas pessoas foi Hussein Abu Rejela, 19 anos, que estava em sua casa quando ouviu as pessoas gritando e correndo das bombas. Ele correu com elas, mas foi atingido por uma bala e três estilhaços. "As pessoas estavam correndo dos mísseis que caíam como se fosse a chuva", ele contou depois, no Hospital Nasser, com ferimentos na cabeça e no quadril. "Eu só me lembro do Dr. Qudeh cuidando de mim, antes de vir para cá".

Rejela está aguardando o fim do trâmite da documentação antes de ser transferido para a Jordânia ou Turquia, onde continuará o tratamento. "Os soldados podiam ver que éramos civis e que eu usava apenas uma camiseta branca", contou. Rejela teve sorte. O míssil de um caça israelense, disparado contra uma multidão, matou Rami Qudeh, 22 anos, e Bader Emish, de 7 anos de idade.

Depois que a clínica deixou de ser um lugar seguro, o dr. Qudeh e todos seus pacientes tiveram se esconder no porão da casa do seu tio. Um espaço apenas com 60 metros quadrados agora abriga entre 200 e 250 pessoas, incluindo mulheres e crianças, que passam a noite enquanto o médico ainda tenta tratar daqueles que pode. Amanhece e a situação se torna ainda mais terrível.

"Às seis da manhã, tropas israelenses dispararam gases lacrimogêneo, deixando as pessoas desnorteadas e com dificuldade para respirar. Nós tivemos que ajudar um ao outro a respirar, utilizando respiração boca a boca", ele conta. Às sete, um míssil israelense atingiu o porão onde se escondiam. "A porta foi destruída e nós tínhamos que fugir. Eu gritei: 'Todos vocês, venham por aqui, vamos!'".

Cerca de duas mil pessoas estavam do lado de fora da rua e se depararam com um tanque israelense. Dessa vez, eles tiveram permissão para passar, apesar de conseguirem avançar apenas 500 metros antes de chegar até uma estrada de areia, cheia de buracos e marcas deixadas pelas escavadeiras. "A estrada estava coberta com espinhos de cactos e pedrinhas, por conta das máquinas pesadas, e estávamos todos descalços e praticamente pelados, para mostrar às tropas israelenses que não tínhamos armas e éramos apenas civis", ele disse. "Somos todos homens, mulheres, crianças, jovens e idosos pacíficos que querem segurança".

Algumas pessoas ajudaram o dr. Qudeh a carregar cerca de 130 pessoas em seus ombros. No caminho, Ismail Abu Rejela, um idoso, foi morto por uma bala disparada aleatoriamente. Outros pacientes foram levados em carroças puxadas por burros até o Hospital Nasser, em Khan Younis, uma caminhada de cerca de duas horas.

Na chegada ao hospital, havia 15 pessoas gravemente feridas do total de 130 civis. Alguns ainda aguardam cirurgias que não podem ser realizadas fora de Gaza. A saúde dessas pessoas depende agora de papelada e fronteiras fechadas. De volta à clínica, o Dr. Qudeh disse: "Eu desafio o [primeiro-ministro de Israel, Benjamin] Netanyahu a explicar por que estamos sendo atacados e mortos – seus drones podem ver claramente a todos, mulheres grávidas, idosos, adolescentes e crianças, que não têm nada a ver com a resistência".

ISRAEL TESTA SUAS NOVAS ARMAS E GAZA INDIGNA-SE COM O USO DO MÍSSIL GBU-28

"Em Gaza, as pessoas estão chocadas com o fato de que todos os alvos, até agora, foram civis, e por isso, permanecem firmes no apoio à resistência"

20/Agosto

"Ou morremos como um só, ou vivemos como um só", disse Abu Suliman al-Buriem, enquanto fugia de sua casa com onze membros de sua família, na área de al-Zannah, à leste de Khan Younis. A vida não tem muitas notícias boas para dar à família de Abu Sulimam; durante o cessar-fogo, ele deixou um dos abrigos nas escolas da ONU apenas para sair em busca de outro. Ele disse que Israel violou o cessar-fogo para evitar assinar um acordo de trégua de longo prazo. "Se fosse apenas eu sozinho eu saberia como lidar, mas isso também envolve as vidas de onze pessoas da minha família – a maioria crianças", diz ele, levando-as para outro abrigo. Dessa vez, ele conta, não há nenhum lugar onde se sinta seguro – quanto mais a guerra continua, mais Israel quer testar suas novas armas. Na terça-feira, os militares israelenses usaram um míssil GBU-28 "destruidor de bunkers" – às vezes chamado de "Garganta Profunda" – para matar a família Aldalou. O míssil de 5 metros de comprimento penetra nas casas e só então explode.

Os palestinos em Gaza foram levados a acreditar que a paz estava sendo negociada, mas os ataques aéreos da noite anterior dizem a Abu Sulimam que ninguém está seguro. "Nem mesmo uma criança no ventre da mãe", diz ele, se referindo à Nabila Allouh, cuja casa foi atingida por um míssil israelense, matando sete pessoas da família, entre elas uma mulher grávida e seu bebê que nasceria em breve.

Em Gaza, as pessoas estão chocadas com o fato de que todos os alvos, até agora, foram civis. Há uma crença generalizada de que isso tem como objetivo colocar as pessoas contra as facções de resistência. Mas Abu Salimam disse: "Se nós abandonarmos a resistência, quem irá nos proteger dos mísseis israelenses?" Ele afirmou que a ONU e os líderes árabes permanecem em silêncio frente ao constante assassinato dos moradores de Gaza. A raiva dos países árabes é cada vez maior, já que não apoiam a Palestina ocupada há décadas, e que, nos últimos anos, está cercada.

Israel diz que um dos ataques aéreos tinha como objetivo assassinar Mohammed Deif, chefe das Brigadas Qassam, o braço militar do Hamas. Contudo, médicos afirmam que sua esposa e seu bebê foram mortos. Fontes do Hamas dizem que todos conhecem a localização do apartamento da esposa de Deif e que não se tratava de um dos locais da resistência.

E tudo indica que Israel não conseguiu matar Deif. Tanto ele quanto Ismail Haniyeh se tornaram os líderes da resistência depois que Israel assassinou Sheikh Ahmed Yassin, Dr. Abdelaziz al-Rantisi e Ahmed al-Jabari. O Hamas não acredita que a perseguição a seus líderes irá enfraquecer o espírito da resistência, pelo contrário as Brigadas Qassam e muitos palestinos acreditam que isso irá incitar a retaliação mais do que nunca.

Abu Sulimam disse que Netanyahu tentou justificar a guerra em Gaza para a comunidade internacional, mas as Nações Unidas já informaram diversas vezes que os mortos e feridos eram civis. Durante uma entrevista para a TV Al-Aqsa, o Hamas afirmou que Mohammed Deif é a pessoa que tem a autoridade para interromper o lançamento de foguetes contra Israel.

Seis semanas de agressivo bombardeio tiraram a vida de mais de 2.055 pessoas e deixaram 12 mil feridos, em sua maioria civis – e os números continuam a subir a cada hora. O público não consegue entender o que Israel considera como alvo. A maior parte desses alvos não é informada com antecedência sobre os ataques. Uma testemunha ocular em Rafah disse que recebeu um telefonema israelense lhe dizendo para evacuar a casa que ele já tinha abandonado em 2009. O apartamento foi bombardeado e ele não teve tempo de avisar à família que agora vivia ali.

O porta-voz do Hamas, Fawzi Barhoum, afirmou que Israel começou essa guerra, e pediu que o Egito reconhecesse que as facções palestinas não dispararam nenhum foguete – durante o cessar-fogo - as tropas israelenses é que foram convocadas oito horas antes do fim da trégua para assassinar a esposa e o bebê de Mohammed Deif. O Egito expressou um "profundo pesar" ao final da calmaria de dez dias, dizendo que continuaria a trabalhar para garantir um armistício duradouro. Aparentemente, a tentativa de assassinato de Deif pode explicar a intensidade dos disparos de foguetes, após o colapso das negociações de paz no Cairo.

Azzam al-Ahmed, um membro sênior do Fatah, grupo do presidente da Autoridade Palestina, Mahmoud Abbas, afirmou que Israel é o grande responsável pelo conflito: "Israel contrariou os acordos que poderiam ter trazido a paz".

Enquanto isso, o Hamas disse que o ataque foi uma tentativa de assassinar Deif e que, com isso, Israel abriu "os portões para o inferno". Barhoum afirmou que os próximos dias serão de uma dureza sem precedentes. Outro porta-voz do Hamas, Abo Obaida, alertou às companhias aéreas que deveriam interromper suas atividades no Aeroporto Internacional Ben Gurion, de Tel Aviv; e assegurou ao público que Deif não estava morto.

Sadi Hamd, 39 anos, chegou ao norte da Faixa de Gaza em busca de abrigo, e expressou sua raiva ao ver das crianças desabrigadas. Ele disse que nunca direcionaria seu descontentamento à resistência, mas apenas à ocupação de Israel. "Um abrigo deveria ser seguro, e eu sinto que os Estados Unidos partilham muito da responsabilidade por fornecer mísseis que matam inocentes", disse, enquanto levava uma de suas quatro filhas para dentro da escola da ONU.

"Parece claro que a administração Obama está satisfeita com tamanha destruição, utilizando o míssil GBU-28 conta pessoas indefesas, que não têm nem leite para dar a seus bebês. Eu comemorei quando Obama chegou ao poder, acreditando que

274 EM ESTADO DE CHOQUE

ele seria melhor que o [o presidente norte-americano anterior George W.] Bush, mas agora eu digo que um homem que lutou contra a injustiça está, vergonhosamente, fornecendo armas para a ocupação israelense", continuou Hamd.

Em Gaza, a raiva também aumenta contra a comunidade internacional por não reagir frente aos ataques de Israel. "Apenas uma vez, Obama deveria se posicionar e dizer o que acha – mas talvez ele esteja apenas esperando que os mísseis fabricados nos Estados Unidos sejam testados em nossos corpos", concluiu.

Sua esposa, Umm Hala, diz que Fouad era comprometido com seu trabalho. Na noite anterior à sua morte, ele ligou e disse: "Faça algumas preces e cuide de Hala". Ao dizer isso, ela cai em lágrimas, e seus soluços preenchem o silêncio do cessar-fogo que veio tarde demais para salvar seu marido e tantos outros aos quais ele havia devotado sua jovem vida.

PERFIL: QUEM ERAM OS TRÊS COMANDANTES DO HAMAS QUE FORAM MORTOS?

"O braço militar do Hamas anunciou o assassinato de três de seus líderes mais antigos num bombardeio israelense na manhã de quinta-feira em Gaza"

21/Agosto

Os três comandantes militares do Hamas mortos num ataque no começo da quinta-feira no sul de Gaza faziam parte de uma das gerações mais antigas dos combatentes das Brigadas Qassam. Aqui estão mais detalhes sobre os três:

Raed al-Attar

Nascido em 1977, Raed al-Attar se juntou às Brigadas Qassam nos primeiros anos de sua juventude. Ao longo dos anos, ganhou reputação por construir a capacidade militar do Hamas, tornando-se então um de seus principais líderes.

Ele estava na lista dos mais procurados por Israel desde 1994, sob acusação de ser capaz de ensinar hebraico aos soldados das Brigadas Qassam e capturar e drogar soldados israelenses durante confrontos militares. Ele sofreu diversas tentativas de assassinato, incluindo repetidos bombardeios sobre sua casa. Ele era conhecido por mudar sempre de posição e nunca permanecer por muito tempo num mesmo lugar.

Mais recentemente, al-Attar foi membro do alto conselho militar das Brigadas e era o comandante da Divisão de Raffah. Ele também foi um dos fundadores da unidade de elite do Hamas, a Nukhba. Dentro de Gaza, ele era mais conhecido como o arquiteto por trás do acordo de troca de prisioneiros envolvendo o soldado israelense Gilad Shalit; ele manteve Shalit em um local secreto por 5 anos em Gaza.

Num vídeo que mostra al-Attar caminhando ao lado de Shalit no dia em que o israelense foi trocado por prisioneiros palestinos, um canal televisivo de Israel afirmou que al-Attar estava "cauteloso, calmo e preparado para lidar com qualquer emergência, com seus olhos cheios de determinação e vestido com roupas muito modernas".

Durante os recentes conflitos, a inteligência israelense acusou al-Attar de saber o paradeiro de outro soldado israelense, Hadar Goldin, que teria sido capturado pelo Hamas em conflito recente e fora dado como morto. Como comandante em Rafah, al-Attar também foi acusado de fornecer armas para o grupo através dos túneis que ligam Gaza ao Egito. Ele era casado e tinha dois filhos.

Mohammed Abu Shamalah

O comandante Mohammed Abu Shamalah era um dos líderes mais antigos no sul da Faixa de Gaza e era responsável por supervisionar as áreas de Rafah e Khan Younis.

Nascido em Rafah, em 1973, era casado e tinha cinco filhos. Acreditava-se que Abu Shamalah seria o sucessor do então segundo homem no comando do Hamas, Ahmed al-Jabari, morto durante a ofensiva israelense em novembro de 2012. Também acredita-se ter sido ele um dos fundadores das Brigadas Qassam e um dos maiores estrategistas do braço militar do Hamas. Na Primeira Intifada, entre 1987 e 1991, Shamalah esteve envolvido na perseguição de supostos colaboradores israelenses no planejamento de operações da resistência em diferentes partes de Gaza.

Em 1999, a Autoridade Palestina emitiu ordens para sua execução sumária, assim como a de Al-Attar, mas as manifestações maciças que sucederam o anúncio contribuíram para a suspensão das execuções. Abu Shamalah trabalhou com Al-Attar na troca de prisioneiros envolvendo Shalit.

Ele também estava presente, desde 1991, na lista dos mais procurados por Israel – sobrevivendo a diversas tentativas de assassinato. Uma das mais destacadas ocorreu em 2004, quando tropas cercaram sua casa e lançaram bombas. Em 2012, aviões de guerra de Israel bombardearam novamente sua casa. Uma terceira casa, que ele construiu em 2014, também fora bombardeada algumas semanas depois por mísseis lançados por caças F-16.

Mohammed Barhoum

Um amigo próximo de Al-Attar e Abu Shamalah, Barhoum era o comandante sênior da Divisão de Rafah. Em 1992, ele deixou os territórios ocupados da Palestina após ter sido perseguido pela inteligência israelense. Ele continuou viajando secretamente entre diferentes países árabes, mas retornou durante a Segunda Intifada e se juntou novamente às Brigadas Qassam. Nascido em 1970 e casado, Barhoum não é muito conhecido em Gaza, mas era chamado de "o homem do cabelo grisalho".

"COLABORADORES" EXECUTADOS PUBLICAMENTE

"A política de executar supostos colaboradores de Israel não era usada há quase duas décadas. A identidade desses homens é mantida em segredo, caso contrário suas famílias seriam discriminadas por muitas gerações"

22/Agosto

A execução de dezoito palestinos, nessa sexta-feira, por supostamente colaborarem com Israel em seu novo ataque a Gaza, é parte da nova campanha "sem misericórdia" anunciada pelos grupos de resistência.

Ainda não se sabe quais entre os dezoito executados haviam realmente colaborado com Israel no recente conflito, ou se haviam sido julgados por alguma corte. A nova campanha das execuções segue a atual escalada das tentativas de assassinatos conduzidas por Israel, depois que os enfrentamentos recomeçaram nessa semana por conta do fracasso nas negociações de uma trégua no Egito.

Na terça-feira, horas depois das conversas terem sido interrompidas, um ataque aéreo israelense que parecia ter como alvo o chefe militar do Hamas, Mohammed Deif, matou sua esposa e seus dois filhos, incluindo um bebê. Dois dias depois, na quinta-feira, três comandantes militares do Hamas foram assassinados em Rafah. A precisão dos ataques levou muitos a acreditar que Israel recebera informações legítimas. As execuções na sexta-feira parecem confirmar que os grupos da resistência palestina compartilhavam a mesma desconfiança. "Em meio aos perigosos desenvolvimentos no campo de batalha, ordens decisivas foram tomadas para começar a estrangular os colaboradores e lidar severamente com eles e com suspeitos no campo", lia-se em uma declaração publicada no *al-Majd Security*, um site próximo ao Hamas e aos assuntos de segurança em Gaza. "Aqueles mortos na sexta-feira foram responsáveis pelas mortes de muitas pessoas em Gaza e pela destruição de lares. A resistência não terá piedade com qualquer colaborador", continuava o texto. Como parte da campanha, qualquer futuro colaborador que seja descoberto será punido imediatamente.

Na sexta-feira de manhã, homens mascarados invadiram uma delegacia na Cidade de Gaza, onde os supostos colaboradores – muitos deles já encarcerados há anos – estavam sendo mantidos. Onze homens foram assassinados.

Algumas horas depois, no momento em que diversas pessoas terminavam suas preces da sexta-feira e saíam da mesquita Omari, outros sete homens foram executados publicamente na Praça Palestina, em frente a mesquita. É um dos locais mais movimentados de Gaza. Os executores tinham seus rostos cobertos por máscaras e vestiam preto. Os executados também usavam máscaras e tinham suas mãos amarradas.

A identidade desses homens é mantida em segredo, caso contrário suas famílias seriam discriminadas por muitas gerações. Uma criança, por exemplo, cujo pai tenha sido pego colaborando com Israel seria chamado de "filho de colaborador" na escola. Os corpos dos executados, aparentemente como um exemplo para o público, foram levados depois para o Hospital Shifa. Os assassinatos foram rapidamente denunciados por grupos de direitos humanos. "Nós exigimos que a Autoridade Nacional Palestina e a resistência intervenham para parar com essas execuções extrajudiciais, não importando quais sejam suas razões ou motivos", disse em um anúncio Raji al-Surani, presidente do Centro Palestino para Direitos Humanos.

Estas são as primeiras execuções ocorridas em Gaza desde os anos 1990. Testemunhas no local afirmam que muitos daqueles mortos foram condenados em cortes militares e aguardavam a ordem de execução, depois de aparentemente todos os recursos e apelos terem se exaurido. Nos meses recentes, o ministério do Interior da Palestina concedeu o perdão a muitos colaboradores que se entregaram voluntariamente.

Mas, de acordo com uma fonte que preferiu não ter seu nome revelado, os grupos de resistência em Gaza emitiram agora novas ordens para que seus procedimentos de segurança sejam mais rígidos. Assim, poderão proteger-se melhor e desencorajar pretensos colaboradores. Fontes afirmam que um novo grupo de pessoas pode ser executado em breve, assim que os procedimentos legais e jurídicos sejam finalizados.

Durante anos Israel contou com a ajuda de colaboradores palestinos, seja por sofrerem ameaças de bombardeio e chantagem em seus negócios ou por receber ofertas sedutoras de permissões de viagem e outros incentivos. Em seu livro *He Who Comes to Kill You*,[30] Yaakov Peri, antigo chefe da agência de segurança interna de Israel, o Shin Bet, salientou a importância das informações fornecidas pelos colaboradores.

Mas em Gaza trabalhar como colaborador é considerado um dos atos mais vergonhosos. Num famoso caso, um estudante universitário informou a inteligência de Israel sobre o paradeiro de Sheikh Salah Shedah, antigo chefe das Brigadas Qassam. Baseado nessa informação, um F-16 bombardeou a casa de Shedah, matando ele, sua esposa, sua filha e sete membros da família Matar, além de ferir mais de cem pessoas. O bombardeio aconteceu em 22 de julho de 2002.

Como resultado, um grupo de colaboradores foi executado durante a ofensiva israelense ocorrida em 2008 e 2009, chamada Operação Chumbo Fundido. Nenhum nome ou foto dos executados naquela manhã foi publicado, uma vez que as forças de segurança acreditam que isso atingiria o tecido social de Gaza. Suas identidades não foram divulgadas de modo a preservar as famílias dos executados de agressões.

---

30 N. do T.: *Aquele que vem te matar*, em tradução livre – não disponível no mercado brasileiro.

COM ANIMAIS MORTOS, PREÇOS DISPARAM E CRISE ALIMENTAR SE INSTALA

"Com a inflação, muitos palestinos estão sobrevivendo com provisões emergenciais. Antes da guerra, 66% das residências em Gaza estavam recebendo algum tipo de assistência alimentar e 72% eram vulneráveis à insegurança alimentar"

23/Agosto

Ashraf al-Helou sabe que as galinhas que tem em estoque podem ser as últimas que vai vender em muito tempo. "A maioria das granjas foi destruída. Os animais estão mortos, ou pelos ataques diretos de Israel, ou pela falta de comida e água", diz al-Helou, 32 anos.

Ele explica que seu fornecedor não possui galinhas suficientes para atender a demanda dos comerciantes; as que sobraram sobreviverão mais uma semana, no máximo. "Se os restaurantes estivessem abertos e funcionando, nós teríamos ficado sem galinhas há mais de duas semanas", completa al-Helou. Antes da operação militar israelense um quilo de galinha custava 10 NIS (US$ 2,83). Hoje, com seus estoques acabando rapidamente, al-Helou cobra 15 NIS (US$ 4,24) de seus clientes.

De acordo com o ministério da Saúde em Gaza, pelo menos 2.102 palestinos foram mortos e outras 10.540 pessoas foram feridas desde que a ofensiva de Israel contra Gaza começou. Sessenta em quatro soldados e três civis israelenses também morreram, assim como um cidadão tailandês.

Os bombardeios de Israel em Gaza destruíram muito da infraestrutura local, incluindo o fornecimento de água e energia elétrica. Pelo menos 360 fábricas e oficinas foram danificadas e 126 completamente destruídas durante os ataques, totalizando um prejuízo de 47 milhões de dólares.

Segundo a Organização das Nações Unidas para a Alimentação e a Agricultura (FAO, sigla em inglês), muitos agricultores e pecuaristas em Gaza foram obrigados a abandonar suas plantações e animais, paralisando as atividades agrícolas e pecuárias, bem como a atividade pesqueira. Isso interrompeu a produção alimentícia local. "Até o momento, as contínuas operações militares impediram uma avaliação mais detalhada dos danos à agricultura", disse Ciro Fiorillo, chefe dos escritórios da FAO na Faixa de Gaza e na Cisjordânia. A organização estima que metade da criação de aves em Gaza fora perdida, enquanto os pescadores locais viram a pesca cair em 9,3%.

Mohammed Abu Ajwwa diz que cerca de quinhentas vacas foram mortas em sua fazenda na zona leste da Cidade de Gaza, causando um prejuízo de aproximadamente 500 mil dólares. "Meu negócio costumava prover laticínios para a fábrica local, mas agora, nem a fábrica nem minhas vacas existem mais", me detalhou.

Normalmente, quando Umm Ghazi, 51 anos, vai ao mercado no centro de Rafah, sul da Faixa de Gaza, seu filho mais novo, Osama, a acompanha para ajudá-la a carregar as compras. Porém, desde a última semana, ela não tem tido muita coisa para comprar ou carregar. "Além de ruins, os produtos são muito caros", ela afirma, inspecionando os tomates que já estão enrugados e secos – um sinal de possível desidratação na safra. Em algumas partes da Faixa de Gaza, o preço dos ovos subiu em 40%, das batatas 42% e dos tomates 179%, segundo a FAO.

"Vinte e três NIS (6,50 dólares) por uma caixa de ovos, que custava apenas 11 NIS (3,11 dólares) há poucas semanas", continua Umm Ghazi, enquanto outro cliente explica que esses ovos são menores do que antes.

Segundo o Escritório Humanitário da ONU (UN-OCHA, sigla em inglês), antes da atual guerra, 66% das residências em Gaza estavam recebendo algum tipo de assistência alimentar e 72% eram vulneráveis à insegurança alimentar. Em cooperação com o ministério local para assuntos sociais, a ONU ofereceu assistência alimentar emergencial para 415 mil das 730 mil pessoas necessitadas, que normalmente não recebem esse tipo de ajuda. De acordo com Hossam Madhoun, coordenador de projetos no Centro de Desenvolvimento Maan, em Gaza, a inflação impactou principalmente vegetais e carnes, depois que algumas áreas ao leste da Faixa – onde estão as principais zonas agrícolas – sofreram pesados bombardeios e incursões terrestres dos militares de Israel. "Durante as duas semanas do fechamento de Khuza'a, que abrange a maior parte do cinturão de produção vegetal da Faixa de Gaza. Os fazendeiros não podiam cultivar. Os vegetais estão podres", Madhoun conta à *Al Jazeera*, completando que a severa escassez de dinheiro tornou mais difícil a compra de comida para a maioria, até mesmo para aqueles que possuem dinheiro no banco. "Alimentos enlatados estão disponíveis no mercado a um preço justo, mas ainda assim as pessoas não conseguem pagar", diz. "A situação alimentar se deteriora e eu não vejo esse problema sendo resolvido, mesmo que a guerra acabe, a não ser que haja uma enorme campanha para a entrada de infraestrutura e emprego para reconstruir Gaza", afirmou.

AEROPORTO EM GAZA: A ESPERANÇA DE QUE OS SONHOS VOLTEM A SER REALIDADE

"População sonha com o dia em que portos e aeroportos sejam abertos, trazendo prosperidade e liberdade de volta às suas vidas. O projeto que custara 86 bilhões é agora um lugar para animais, alguns vivos, outros mortos"

23/Agosto

O Aeroporto Internacional de Gaza se tornou uma realidade em 1998. As crianças palestinas correram para as ruas para recepcionar o presidente norte-americano Bill Clinton. O aeroporto foi visto como um acesso ao resto do mundo, onde os palestinos poderiam simplesmente subir em um avião, viajar e retornar à casa, livres. O aeroporto era conhecido internacionalmente por seu código, GZA, e depois foi renomeado para Aeroporto Internacional Yasser Arafat, em homenagem ao homem que carregava um rifle Kalashnikov numa mão e um ramo de oliveira na outra.

Alguns funcionários do aeroporto se lembram com carinho quando um avião da holandesa KLM pousou ali num voo de teste e depois decolou novamente para retornar ao aeroporto Schiphol, em Amsterdã. O aeroporto era o orgulhoso lar de três aviões palestinos que voavam diariamente para o Egito, Jordânia, Síria, Marrocos, Chipre e Turquia.

Issam Saleh se lembra do dia em que viajou para a Jordânia: "Eu me senti como se estivesse em um ônibus com asas, balançando o tempo todo. Eu não sabia se o avião estava voando ou pousando", ele riu, ao se recordar da viagem de uma hora. Agora, se ele quiser viajar, é preciso semanas de preparação e burocracia. No fim das contas, o sucesso ou fracasso da viagem em Gaza depende das autoridades que controlam a fronteira com o Egito. "Aqueles voos turbulentos eram melhores do que não poder viajar", lembra-se.

Para ele, a memória daquele voo foi desaparecendo e se tornou um sonho distante. Mas depois de todos os sacrifícios de Gaza sob a atual ofensiva israelense, ele diz estar determinado a transformar esses sonhos em realidade novamente. Quando a Segunda Intifada começou, em 2000, caças israelenses atingiram a torre de controle do aeroporto. Depois vieram as escavadeiras e destruíram a pista de pouso; desde então até a atual ofensiva, o belo terminal coberto de mármore, que fora projetado por marroquinos, e onde o presidente Arafat recebia seus convidados, mal consegue ser visto. O projeto que custara 86 bilhões de dólares é agora um lugar para animais, alguns vivos, outros mortos, deixados nas ruínas do outrora lindo aeroporto. As galinhas ciscam areia e escombros enquanto os voos que passam nunca tocam a pista de pouso – apenas F-16 e drones de Israel, que continuamente sobrevoam Gaza vigiando e intimidando a população.

Salman Abu Haleeb, diretor da Autoridade Palestina de Aviação, permanece otimista. Ele diz que os Acordos de Oslo garantem aos palestinos o direito a um aeroporto. Negociações indiretas entre Israel e as facções palestinas fracassaram, mas entre as exigências palestinas está a reabertura do porto e do aeroporto. "Lembro dos dias em que acenávamos para nossos entes queridos que iam viajar. Agora, eu anseio ver uma zona de exclusão aérea para os caças israelenses", diz Abu Sadi, que vive próximo dali.

No momento, o porto e o aeroporto se tornaram obstáculos para as conversas de cessar-fogo, com Israel recusando acesso a ambos, uma vez que isso daria mais liberdade e independência aos palestinos. A pilha de pedras em que se transformou o aeroporto de Gaza foi e ainda está sendo utilizada para reconstruir muitas casas destruídas depois que Israel apertou o cerco à Faixa. Durante o cessar-fogo, a população recolheu pedregulhos deixados pelos mísseis israelenses e cápsulas de munição de tanques para tentar reconstruir suas casas.

Saleh recorda que os passageiros atravessavam as passagens controladas por Israel para terem seus passaportes carimbados antes de embarcar no avião. "Mas ao menos naquela época havia esperança. Nós tínhamos algo mais próximo de um país, e pensar em voar me fazia sentir livre", diz. Agora, Saleh quer e necessita ir para a Jordânia a fim de receber tratamento médico. Ele calcula quantas milhas aéreas são necessárias para se chegar até Amã, capital do país vizinho. Seu sonho de voar é compartilhado por muitos outros, incluindo muitos jovens em Gaza que querem se livrar dos tormentos de Israel.

O economista Dr. Maher Taba'a, da Câmara de Comércio de Gaza, diz que um porto permitiria a importação e exportação, o que beneficiaria a economia em Gaza e criaria emprego para mais de 30 mil pessoas. "Hoje há uma chance de se ter um porto flutuante, que levaria um ano para ser construído", afirma, garantindo que o porto é o primeiro passo para revitalizar a economia de Gaza. Desde 2002, a importação através de Israel custou à economia de Gaza algo estimado em 1 bilhão de dólares por ano. Desde então tal prejuízo pode ter aumentado em pelo menos cinco vezes. O dr. Taba'a diz que um monitoramento externo, pela Europa, pode aliviar as preocupações com a segurança de Israel. "Gaza explodirá de felicidade no momento em que pudermos trabalhar e nos alimentar por conta própria importando e exportando livremente".

Ele afirma que isso tornará os produtos mais acessíveis aos clientes e se tornará uma fonte confiável de renda para o orçamento da Autoridade Palestina. Enquanto isso, os intermediadores egípcios nas conversações suspensas no Cairo sugerem que a abertura do porto e do aeroporto seja negociada em uma segunda rodada de reuniões, marcadas para daqui um mês.

"Uma vez que tenhamos nosso aeroporto e nosso porto abertos, nós podemos dizer adeus à ajuda humanitária. Os palestinos podem criar um paraíso com o nosso próprio ar e nossa própria água".

DEPOIS DA GUERRA, DÍVIDA E "GUERRA ECONÔMICA"

"De lojistas a donos de fábricas, de pescadores a agricultores, todos calculam suas perdas e têm de encarar enormes dívidas, já que os mísseis acabaram com seus meios de vida"

25/Agosto

Geralmente, pais de bebês recém-nascidos vêm ao al-Belbisi em busca de produtos infantis – desde roupas, pijamas, lençóis, etc. A loja se tornou um símbolo local, vendendo para mais de 180 mil pessoas, em sua maioria, refugiados em Rafah, ao sul da Faixa de Gaza.

Mas isso agora é passado. Omar al-Belbisi observa atordoado o que restou de sua loja – uma das 80 que foram destruídas pelos mísseis israelenses que atingiram o Centro Comercial de Rafah no sábado de manhã. Em meio a bruma de fumaça al-Belbisi parou para descansar. Seu rosto está coberto de cinzas e sujo com fuligem de tanto remexer nas ruínas de sua propriedade, tentando salvar qualquer coisa – mesmo temendo que mais mísseis possam cair ali. Pelo menos seis mísseis israelenses foram disparados contra o shopping, destruindo lojas, um hall para casamentos e escritórios de advocacia. Segundo o gabinete do prefeito, a maioria das pessoas alugava os estabelecimentos da própria prefeitura, depois que o prédio de 2 milhões de dólares fora construído com apoio da Holanda e da Noruega, em 1998. "Nós não esperávamos que isso fosse acontecer. O que poderia ameaçar a segurança de Israel aqui, em um shopping center que vende apenas produtos domésticos para famílias comuns?", pergunta-se al-Belbisi. Sua loja empregava muitas pessoas.

Ele olha o que restou ao seu redor – não há "foguetes escondidos" nem equipamentos militares, apenas um par de calças e itens para casa, todos agora queimados ou feitos em pedaços. Belbisi tinha comprado um enorme estoque de roupas para o *Eid*, o verão e o novo ano escolar. A compra correspondia ao dobro de seu estoque normal, e havia chegado antes de Israel lançar sua ofensiva mais recente. Agora ele não tem mais nada e permanecerá fechado até o final da estação.

Normalmente, qualquer coisa que Belbisi não consegue vender, ele troca, ou simplesmente esperar para comercializar na temporada seguinte, dando um desconto. Agora ele não tem mais essa opção. Seu comércio está em ruínas. "A perda é muito grande, pois eu havia estocado o suficiente para três estações. Isso significa que meu prejuízo será triplo, muitos milhares de dólares".

A situação de Belbisi é porque ele não compra os produtos com o seu dinheiro, mas em consignação. Para pagar sua dívida, precisa vender seus produtos. Seu fornecedor estará aguardando um cheque de mais ou menos US$ 39,50 até o meio de setembro.

Belbisi não sabe o que fazer, mas Majed Hadied, que costumava ser o dono do maior viveiro de cravos da cidade, teve uma experiência similar e disse saber o que acontecerá com o vendedor de artigos infantis.

Antes do cerco de Israel, em 2006, Hadied participava de feiras de flores na Holanda e gostava muito de ver seus produtos sendo vendidos para diferentes países da União Europeia. O fechamento das fronteiras comerciais de Gaza impediu a exportação dos cravos de Hadied. Enquanto tinha de aguardar a liberação de Israel, as flores murchavam, transformando-se em comida de vacas e camelos. Então, ele teve de encarar os fornecedores que recorreram à polícia e aos tribunais para recolher o que lhes era devido. Para Belbisi, o futuro imediato se parece muito com a provação que Hadied enfrentou.

Não há ninguém para ajudá-lo com essas dívidas. Ele e sua família podem apenas rezar para que algo aconteça e eles não passem fome. O economista Dr. Maher Taba'a afirma que os prejuízos causados nesse recente ataque são três vezes maiores do que aqueles da guerra de 2008.

Enquanto verifica os danos, o prefeito de Rafah, Subhi Radwan, descreve a situação como uma horrenda imagem de destruição. A fumaça ainda sai por entre os escombros do shopping e funcionários da prefeitura tentam avaliar o prejuízo, estimado em pelo menos 10 milhões de dólares. "Este é um ato bárbaro injustificável, montado apenas para esmagar o que resta da economia palestina", afirma Radwan.

Na manhã de 1º de agosto, caças F-16 israelenses alvejaram o mesmo shopping center, mas os danos se concentram no teto. Dessa vez, a inteligência israelense telefonou para Fouad Zard, que vive ao lado do shopping, para lhe dizer que ele tinha oito minutos para fugir. "Eu gritei para todos os vizinhos evacuarem o prédio imediatamente", disse ele, mas antes dos oito minutos o primeiro míssil israelense atingiu o shopping.

Aparentemente, a casa de Zard não era o alvo, mas foi atingida mesmo assim, junto com as escolas Amina Bin Wahb e al-Khansa, ambas dirigidas pela ONU, abrigo para centenas de famílias que foram forçadas a abandonar suas casas no leste de Rafah.

O diretor do shopping, Riad al-Holy, disse que não consegue imaginar qualquer justificativa racional para esse ataque a não ser a destruição deliberada da economia palestina. "Não há qualquer pretexto de segurança, e as perdas para os lojistas são gigantescas".

Enquanto isso, a Organização das Nações Unidas para Alimentação e Agricultura afirmou que 17 mil hectares de plantações sofreram enormes danos e que metade da criação de aves em Gaza foi perdida devido aos ataques diretos de Israel e pela falta de cuidados durante o cerco. Os pescadores também viram seu volume anual de pesca cair em 10%. Além de tudo isso, há ainda a destruição da infraestrutura de Gaza, que inclui o fornecimento de água e energia elétrica. Pelo menos 360 fábricas e oficinas foram danificadas, incluindo 126 que foram completamente destruídas – resultando em 47 milhões de dólares em prejuízo. A Federação das Indústrias da Palestina diz que a maioria das empresas interrompeu a produção durante o conflito, causando perdas estimadas em mais de 70 milhões de dólares.

APÓS COMBATE, 1.800 CRIANÇAS SE TORNAM ÓRFÃS

"Um total de 536 crianças foram assassinadas, o que representa quase 25% do total de palestinos mortos no conflito. Israel também é acusada de conduzir 145 ataques diretos contra famílias. No total, a ofensiva israelense tirou a vida de mais de 2.145 palestinos"

26/Agosto

Enquanto gritos de comemoração pelo acordo de cessar-fogo ressoam por toda a Faixa de Gaza, o pequeno Thaer Juda, de 10 anos de idade, está na UTI do Hospital Shifa. Gravemente ferido, ele teve sua perna direita e alguns dedos da mão direita amputados. O lado esquerdo do seu corpo está apenas um pouco melhor. Suas mãos foram despedaçadas, e seu rosto e seu peito foram furados por estilhaços que atravessaram seu pequeno corpo após um ataque israelense.

Thaeer vai sobreviver, mas já não terá a seu lado diversas pessoas amadas. Ele ainda não sabe o que aconteceu com sua mãe, Rawia, nem com suas duas irmãs, Tasnin e Taghreed, ou com seus dois irmãos, Osama e Mohammed. Estão todos mortos. Suas vidas foram ceifadas de uma só vez pelo mesmo ataque que deixou o pequeno Thaeer sozinho em uma cama de hospital. Ele permanecerá sozinho em seu leito por muito tempo depois que os gritos de "vitória" tiverem silenciado.

A tragédia atingiu sua família pouco antes do anoitecer, em um dia muito quentes de agosto. Rawia Juda, 40 anos, estava sentada na frente de sua casa, sentindo o ar fresco do entardecer e contando histórias para os seus filhos, a fim de distraí-los de todo o horror causado pelos mísseis e bombas de Israel. Apenas por alguns instantes, a família esperava que se acalmassem.

Logo depois ela decidiu entrar na casa para ver o marido, Essam, 45 anos, que dera um descanso para a esposa em seus afazeres domésticos e estava cozinhando o jantar. Taghreed, 12 anos, e sua irmã Tasnim, 13 anos, brincavam com uma boneca. Uma delas tinha pedido que a outra buscasse um pente para que pudessem preparar o cabelo da boneca como se fosse o seu casamento. Mohammed, 9 anos, e Osama, 8 anos, brincavam com uma bexiga ali por perto. Toda vez que um míssil caía, eles corriam para os braços da mãe e tentavam se proteger até que a fumaça desaparecesse e as coisas voltassem a ficar calmas o suficiente para poderem retomar a brincadeira. Rahaf, 11 anos, estava brincando com uma amiga na casa ao lado.

Em pouco tempo, no entanto, a breve calmaria foi interrompida. E a família nunca mais se reunirá novamente. Vindos da direção do sol poente, dois mísseis de drones israelenses despedaçaram Rawia e seus filhos. A explosão fez o bairro inteiro estremecer. As pessoas saíram às ruas na esperança de poderem ajudar alguém. Em vez disso, eles encontraram apenas os corpos irreconhecíveis de amigos e familiares.

Essam Juda, o pai, rapidamente correu para fora gritando por ajuda: "Me ajudem, vizinhos! Me ajudem!". Quando sua filha Rahaf saiu da casa a lado, tudo o que ela conseguia fazer era olhar o corpo morto da mãe e gritar.

A família não sabe por que foram atacados. E juram que não poderia haver qualquer alvo militar próximo dali. Um primo, Mohammed, que veio para ajudar no resgate, disse que as crianças estavam apenas brincando: "A casa estava repleta de risadas. Foi isso que irritou Israel?". Ele explicou que Osama, 8, anos estava empolgado para começar seu primeiro ano escolar e já tinha guardado o caderno e os lápis dentro da mochila. Ele nunca teve a chance usá-los.

Quando os corpos foram levados para o hospital, uma fila de vizinhos e parentes distantes – jovens e idosos – correram atrás da ambulância que partiu em direção ao Hospital Kamal Adwan. Muitos entre eles levavam em suas mãos pedaços queimados dos corpos para serem reunidos no enterro.

Um idoso usando um *keffiyeh* palestino enrolou as partes que trazia consigo em uma mortalha branca para que a família pudesse ser enterrada. "O mundo chora por crianças judias mortas em Israel, mas irá chorar por essa boa mãe palestina e seus quatro filhos mortos?", ele perguntou, enquanto os pequenos corpos eram carregados – dois em cada uma das macas da ambulância.

Geralmente, a mãe consegue olhar por uma última vez para os seus filhos mortos, mas dessa vez, ela também se fora. Os que sobreviveram estavam severamente feridos, queimados e lutando pela vida, ou estavam destroçados por dentro, diante da enorme perda e do vazio que se abriu ao saber que estariam para sempre separados das pessoas amadas. No Hospital Shifa, próximo ao corpo ferido de Thaeer, muitos amigos se juntaram para doar o sangue necessário para a transfusão. Mohammed Alhessi foi um desses. "Essa era uma família, não um alvo militar", ele disse. "Ninguém da família é ligado à resistência. Eles vivem longe de qualquer lugar de onde os foguetes foram disparados", disse, referindo-se a Tal al-Zatar, uma das áreas mais povoadas na Faixa de Gaza.

Os mísseis já pararam de cair, mas para muitas pessoas em Gaza essa noite não será mais tranquila. Depois de 50 dias de conflito, cerca de 1.800 crianças estão órfãs, de acordo com a Euro-mid Observers for Human Rights.

Um total de 536 crianças foram assassinadas em Gaza, o que representa quase 25% do total de palestinos mortos no conflito, segundo o Centro Al-Mezan para Direitos Humanos, que vem monitorando o número de vítimas fatais. Israel também é acusada de conduzir 145 ataques diretos contra famílias. No total, a ofensiva israelense tirou a vida de mais de 2.145 palestinos, em sua maioria civis — também morreram 70 israelenses, 66 deles soldados.

As crianças sobreviventes podem ser acolhidas por familiares, mas as cicatrizes dificilmente serão curadas. O mais provável é que trauma de perder um membro ou um ente amado permaneça por muito mais tempo depois que o cheiro de explosivos e de corpos em decomposição comece a desaparecer.

COM HOSPITAIS ABARROTADOS, PACIENTES COM TALASSEMIA ESPERAM UM MILAGRE

"O risco é de que mais de 300 pacientes em Gaza morrerão se não conseguirem acesso aos hospitais', explicou o Dr. Bayan al-Saqqa"

28/Agosto

Em circunstâncias normais, Ibrahim Abdullah recebe sangue novo a cada três semanas. Mas por conta do conflito em Gaza, ele conseguiu apenas duas novas transfusões em dois meses. Enquanto a atual trégua lhe dá alguma esperança, os hospitais em Gaza têm muitos casos urgentes para lidar, e pacientes com talassemia, como ele, não são a prioridade.

A talassemia é uma doença sanguínea autossômica recessiva, hereditária, geralmente causada pela destruição dos glóbulos vermelhos. A doença prevalece entre os povos do Mediterrâneo e se dá por uma falha na síntese da hemoglobina – as células vermelhas que carregam o oxigênio pelo corpo - ou uma falha nos cromossomos que afeta a forma como o corpo produz as hemoglobinas, tendo como resultado uma forma de anemia microcítica que exige que seus pacientes passem por transfusões de sangue para sobreviver.

Abdullah não tem conseguido chegar até o hospital, mas agora, com o cessar-fogo, ele tem uma chance. "Foi um milagre que eu tenha conseguido ligar para um hospital próximo que me informou que mandariam uma ambulância para buscar a mim e a três outros pacientes". Os pacientes esperaram, mas nenhuma ambulância apareceu. Abdullah telefonou para o hospital novamente, mas dessa vez eles disseram que não podiam enviar ninguém. "Respondi que éramos como os feridos pelos mísseis de Israel, e que morreríamos se não recebêssemos transfusões e diálise", afirmou.

Mas isso não mudou a situação e também não havia táxis disponíveis em qualquer lugar, explicou. Abdullah então ficou no meio da estrada esperando por qualquer carro que pudesse levá-lo ao Hospital Gaza-Europeu, no sul da Faixa, quando viu um ônibus transportando médicos para lá. "Os médicos entenderam minha situação e me deixaram embarcar, mas muitos pacientes que também precisam de tratamento de longo prazo não tiveram essa chance", lamenta. "O risco é de que mais de 300 pacientes em Gaza morrerão se não conseguirem acesso aos hospitais", explicou o Dr. Bayan al-Saqqa, chefe do Departamento de Doenças Sanguíneas do Hospital Shifa. Israel sabe que esses pacientes precisam de tratamento regular. Os pacientes são tratados com transfusão e diálise, o que remove o excesso de ferro no sangue, explicou o médico.

Por conta do conflito, os estoques estão baixos. Os médicos podem prover apenas metade do necessário em medicamentos essenciais: "Ao invés de seis caixas com tabletes, nós recebemos apenas três", disse Abdullah, um homem magro que parece não ter a menor ideia do que fazer agora. Segundo o Dr. Saqqa, a maioria dos casos de talassemia genética requer frequentes transfusões de sangue, uma vez a cada três ou quatro semanas – pelo resto da vida do paciente.

Em Gaza, os tribunais determinaram que talassêmicos não podem casar entre si. Esse procedimento legal foi adotado alguns anos atrás a fim de reduzir a prevalência da talassemia.

Nos hospitais em Gaza, há uma necessidade urgente de sangue para os feridos nos ataques israelenses, pressionando os estoques já exíguos. Por isso os hospitais solicitaram à população de Gaza que doasse sangue e muitos correram para ajudar, apesar dos obstáculos. Os pacientes com talassemia estão espalhados por toda a Faixa de Gaza, e nos dois meses da ofensiva israelense apenas três hospitais tinham as instalações apropriadas para oferecer tratamento. O Dr. Saqqa confirma que durante a guerra era incrivelmente difícil fazer com que os pacientes recebessem transfusões.

As duras condições deixaram os talassêmicos numa posição onde é necessário tomar atitudes extremas caso queiram sobreviver. Ibrahim arriscou sua vida, expondo-se a um possível ataque israelense, apenas para conseguir parar um ônibus cheio de médicos e assim conseguir ir para o hospital. Especialistas afirmam que 70 famílias que possuem membros com talassemia tiveram de abandonar suas casas em Jabaliya, Beit Hanoun e Shejaiya. Agora eles buscam abrigo nas escolas da ONU. Quatro desses pacientes já morreram.

No primeiro dia do cessar-fogo, Abdullah conseguiu acessar o hospital, mas ele já estava superlotado e os medicamentos, indisponíveis. Uma das condições acordadas para o cessar-fogo era Israel autorizar a entrada de suprimentos humanitários em Gaza, então ele espera que seus remédios estejam a caminho. Outros, porém, não têm opção. Eles precisam encarar silenciosamente as complicações de suas doenças: o excesso de ferro no sangue, deformidades nos ossos e problemas cardiovasculares, além da dor em saber que tais pacientes não são prioridade nos hospitais abarrotados. Abdullah diz que a medicação que recebe não é suficiente para suas necessidades. "Nós apelamos ao mundo, por favor, nos resgatem", ele disse. "Queremos viver".

POPULAÇÃO QUER RECONSTRUÇÃO DE CIDADE DEVASTADA, MAS NÃO HÁ MATERIAIS

"Chegam alimentos, mas materiais para a reconstrução, prometidos no acordo de cessar-fogo, permanecem um mistério. Desde 2006, materiais de construção constam na lista de itens banidos por Israel"

30/Agosto

No momento em que Mounir al-Ghalban ficou sabendo das condições do cessar-fogo, ele convocou todos os seus funcionários do lado palestino da fronteira em Kerem Shalom para voltar ao trabalho. Logo, alguns caminhões carregados de ajuda humanitária estacionaram na Faixa de Gaza devastada pela guerra. Mas al-Ghalban ainda aguarda pelos materiais de construção, urgentemente necessários, sem saber quando chegarão.

Cadeiras plásticas, refrigerantes, doces, comida enlatada, sapatos e papel higiênico: al-Ghalban conta os itens que entram pela passagem de Rafah. Mas essas não são as únicas coisas de que Gaza precisa, ele diz. Pessoas como Abu Khaled a-Jammal estão aguardando sacos de cimento.

Há muitos anos, al-Jammal perdeu sua casa quando ela foi atingida por mísseis israelenses. Com o financiamento da Agência das Nações Unidas de Assistência aos Refugiados da Palestina, dois anos atrás ele se mudou para outra casa.

Este mês, a nova casa sofreu alguns danos, não tão graves, por conta de disparos de tanques. E agora, ao invés de esperar pela ajuda de organizações e governos internacionais, al-Jammal quer o cimento para ele mesmo reparar os danos de sua casa, e das casas de amigos e parentes. "Se eu ficar esperando uma resposta da comunidade internacional, minhas crianças sofrerão pelos próximos 10 anos", ele diz. "Sim, o cessar-fogo é uma coisa boa: ele acaba com o massacre imposto a nós. Mas nós queremos construir nossas casas. Eu não posso assistir meus filhos congelando de frio quando o inverno chegar para valer".

Depois das sete semanas de ataques mortais em Gaza, ele ouviu a notícia de que os materiais de construção chegariam em breve. Desde terça-feira, quando o acordo foi assinado, ele tem esperado que al-Ghalban anuncie a entrada dos produtos – em vão.

Na movimentada fronteira em Kerem Shalom, Abu Ahmed Siam, um motorista de caminhão, parou numa área poeirenta, repleta de caminhões. Ele disse que a situação na passagem se tornou "ligeiramente mais tranquila desde que o cessar-fogo fora assinado, e que agora alguns itens, antes proibidos por Israel, estão sendo permitidos novamente em Gaza.

"Nós recebemos alguns caminhões vindos da Cisjordânia, da WFP (Programa Alimentar Mundial) e da UNRWA", ele contou, enquanto um de seus colegas motoristas lhe acena de dentro de um caminhão trazendo frutas para os comerciantes de Gaza.

Siam disse que a entrada de materiais escolares também foi permitida, porém o momento não é o dos melhores: a volta às aulas estava programada para duas semanas atrás, mas teve de ser adiada mais duas semanas, até que as escolas da UNRWA e do governo encontrem um lugar para as famílias desabrigadas que têm vivido dentro de suas salas de aula e clubes esportivos.

Sete semanas atrás, apenas combustível e alguma ajuda humanitária tinha permissão de atravessar a fronteira. Agora, bens comerciais também estão entrando pela primeira vez – itens básicos do cotidiano, como leite, queijo e fraldas, em falta nas esvaziadas lojas de Gaza. Mas nada de cimento. "Nada relacionado a materiais de construção chegou", lamenta Siam. Desde 2006, materiais de construção e diversas matérias-primas constam em uma lista de itens banidos por Israel. Isso inclui cimento, aço e concreto. Israel mantém a posição de que esses produtos poderiam ser usados pelos grupos de resistência em Gaza para construir bases militares. Há muitos anos, Gaza tem utilizado túneis para conseguir trazê-los. Agora, a maioria desses túneis foram selados pelos militares do Egito, numa tentativa de esmagar o Hamas, que é um aliado da Irmandade Muçulmana. Em dezembro de 2013, após o golpe de Estado contra o presidente democraticamente eleito pelo povo egípcio Mohamed Morsi, os militares do país classificaram a Irmandade Muçulmana como um grupo terrorista. No Cairo, os negociadores israelenses aceitaram aliviar as restrições nas fronteiras e permitir a entrada de materiais para a reconstrução de Gaza entrassem. Al-Ghalban tinha a impressão que isso se daria imediatamente, mas não foi o que aconteceu. "Agora todos nós estamos esperando", diz. "Essa é a necessidade imediata de Gaza".

Al-Ghalban afirmou que, durante a guerra, Israel permitiu a entrada de 200 caminhões, mas, sendo a região mais densamente povoada do mundo, Gaza precisa de 600 caminhões por dia. De acordo com o grupo de direitos humanos israelense Gisha, entre junho de 2007 e junho de 2010, uma média de 2.400 caminhões vieram de Israel para Gaza, mensalmente – em 2005, o número era de 10.400 caminhões por mês.

A passagem de Kerem Shalom deve ser utilizada para a exportação de bens agrícolas, móveis e ervas. Segundo a Gisha, desde março de 2012, numa exceção à regra, 55 caminhões cheios de mercadorias saíram de Gaza rumo a Israel e Cisjordânia: 49 caminhões para o Programa Alimentar Mundial com barras de tâmara, quatro caminhões com carteiras escolares encomendadas pela Autoridade Palestina à Cisjordânia e dois caminhões cheios de folha de palmeira para Israel. "Durante os meses de janeiro e julho de 2014, uma média de 12 caminhões de mercadorias saíram de Gaza todos os meses, ou menos de 1% quando comparado com os anos anteriores a 2007", publicou a organização num relatório de 19 de agosto.

A passagem de Kerem Shalom está próxima da passagem de Rafah, onde centenas de pessoas aguardam para deixar Gaza. No entanto, estão sendo impedidas pelo Egito. Nas últimas sete semanas, o país vizinho proibiu a passagem de qualquer pessoa, exceto aquelas que carregavam um passaporte estrangeiro ou egípcio, ou que possuíam permissão de residência. Pessoas feridas também estavam com trânsito liberado.

A passagem de Rafah não faz parte do acordo de cessar-fogo assinado no Cairo, há uma semana. As autoridades egípcias se recusaram a negociar essa questão com as facções palestinas, afirmando que o assunto se restringia à relação entre o Egito e a Palestina – e não tinha a ver com a ofensiva israelense.

Os terminais de embarque, desembarque e áreas VIP de Rafah ainda estão funcionando, apesar dos ataques na última semana. O diretor do departamento de fronteiras, Maher Abu Sabha, disse: "Nós queremos desafiar Netanyahu e manter as fronteiras abertas, apesar do estrago".

Entre a multidão que aguarda na fronteira estão estudantes cujas aulas nas universidades estrangeiras já começaram. Outros necessitam de tratamento médico, e também estão na fila. "Supostamente, essa passagem deveria ser para os palestinos, e o Egito está permitindo apenas que estrangeiros a cruzem", diz Amjad Yousef, 21 anos, que aguarda debaixo do sol quente enquanto aguarda permissão para retornar ao Marrocos, onde estuda há dois anos. Ele veio para Gaza planejando passar um mês, mas a guerra o forçou a ficar dois meses. "Eu não quero passear pelo Egito. Que me escoltem diretamente até o Cairo para o meu voo em direção ao Marrocos", ele disse.

Ao lado de Yousef está uma paciente com câncer. Ela tem todos os documentos exigidos para atravessar a fronteira, incluindo um certificado do Ministério da Saúde Palestino explicando que ela não tem como ser tratada em nenhum dos hospitais locais, principalmente depois do início dos bombardeios no último mês. Yousef expressa sua decepção com o acordo de cessar-fogo: "Esperávamos que o tratamento recebido por nós fosse mudar e que a humilhação nas fronteiras acabaria. É por isso que eu apoio as demandas da resistência palestina, até que tenhamos nossos próprios aeroportos".

GAZA LEVARÁ 20 ANOS PARA SER RECONSTRUÍDA

"Análise da Shelter Cluster baseia-se na presunção de que os materiais de construção entrarão como acordado no cessar-fogo. Até agora, contudo, população diz que nenhum material chegou"

31/Agosto

De pé sobre os escombros de suas três lojas em Beit Hanoun, o jovem Mahmoud Nofal, 20 anos, diz que ele estará com 40 e poucos anos quando sua vida retornar ao que era antes da recente ofensiva de Israel contra Gaza. "Eu não consigo acreditar. Israel bombardeou as lojas e as casas em menos de 30 segundos, mas agora levaremos 20 anos para reconstruir tudo", diz Nofal.

O que resta do supermercado que ele gerenciava na ausência do pai – incluindo pastas de dente, fraldas rasgadas, pedaços de chiclete e latas de refrigerantes esmagadas – se espalham pelas estradas em Beit Hanoun. Somente o prejuízo em produtos das três lojas está avaliado em 50 mil dólares.

Tudo o que Nofal pode fazer agora é se sentar numa escola da ONU onde se abrigou junto com os filhos. À noite, ele dorme no pátio da escola, enquanto sua esposa se aperta com as crianças numa das salas de aula ao lado de outras famílias, como se fossem sardinhas. Há alguns anos ele estava numa situação confortável. Agora não tem opção a não ser depender de comida enlatada e outras doações – itens que ele costumava vender em sua loja.

A Shelter Cluster, um grupo internacional que se dedica a questões habitacionais e avaliação de reconstrução pós-conflito, concorda com a análise de Nofal: depois das sete semanas de ataques, Gaza levará 20 anos para ser reconstruída, disse o grupo num relatório divulgado na sexta-feira.

A ONG cuja análise foi co-dirigida pela ONU e pela Cruz Vermelha, afirma que 17 mil casas em Gaza foram destruídas ou severamente danificadas – além das 5 mil que foram demolidas nas guerras anteriores em 2008 e 2012, que ainda não foram reconstruídas. Em Rafah, várias famílias cujas casas foram destruídas entre 2003 e 2005 ainda estão aguardando o fim do projeto financiado pela Arábia Saudita para que possam então retornar para casa. No geral, há um déficit de 75 mil casas em Gaza, de acordo com a Shelter Cluster.

O ministério da Habitação da Palestina estima que a destruição em Gaza nessa última ofensiva gerou um prejuízo de mais de 6 bilhões de dólares. Estas são as estimativas iniciais. Aqueles que estão avaliando os danos reconhecem que a escala da destruição é enorme e que levará ainda algum tempo até que se consiga uma avaliação completa. O ministro da habitação, Dr. Mofeed Al-Hassayna, nomeado recentemente pelo novo governo de unidade palestino, disse que sua equipe já está trabalhando duro para avaliar os danos em todos os setores. O presidente palestino Mahmoud Abbas indicou Al-Hasssayna e de dois outros ministros para avaliar melhor a destruição em Gaza, na esperança de que se possa apresentar os números numa futura conferência para angariar doações. A Noruega e o Egito levantaram juntos a possibilidade de sediar tal conferência, mas nenhum detalhe chegou a ser confirmado.

A análise de que a reconstrução de Gaza levará 20 anos, feita pela Shelter Cluster, baseia-se na previsão de que 100 caminhões de materiais de construção tenham o acesso permitido na passagem da fronteira em Kerem Shalom.

Como parte do acordo de cessar-fogo anunciado na última terça-feira, os materiais para reconstrução, assim como suprimentos humanitários, deveriam poder entrar em Gaza. Anteriormente, Israel havia banido a passagem de tais materiais alegando que eles seriam utilizados pelas facções palestinas na construção de instalações militares. Até o momento a população de Gaza ainda não viu qualquer material atravessar a fronteira. Muitos daqueles que ouviram sobre os "20 anos para reconstrução" ficaram desesperados. "Já chega. Nós estamos cansados", disse Nasser Mohammed Al-Najjar, 62 anos. "Eu perdi minha esposa na guerra. Eu perdi meus primos e nossas casas foram transformadas em areia".

Levou anos para al-Najjar construir sua casa e agora ele e seis membros de sua família estão desabrigados, dormindo temporariamente numa escola da ONU. Al-Najjar costumava trabalhar em Israel, mas desde 2000, quando foi dispensado, ele vem tentando ganhar seu sustento cultivando a terra – que também foi destruída quando as escavadeiras de Israel devastaram seu bairro no leste de Khan Younis. "Ninguém se importa conosco", disse.

Em outro abrigo numa escola da ONU em Khan Younis está Rasem Abu Zaed, 42 anos. Ele viveu na Jordânia por mais de 15 anos trabalhando como taxista, o que lhe rendeu dinheiro o suficiente para alimentar sua esposa e seus quatro filhos. Mas então Abu Zaed decidiu retornar à Gaza. Aqui ele disse que encontrou mais liberdade para expressar suas opiniões, mas não encontrou nem estabilidade nem segurança. Ainda assim, apesar de saber que pode levar 20 anos para a casa de sua família ser reconstruída – quando seu filho Musbah, de um ano, já for um adulto – ele afirma que não tem intenção de voltar para a Jordânia. "Fiquei desconfiado no momento em que o cessar-fogo foi anunciado", disse. "Eu me perguntei, 'Por que isso iria funcionar quando Israel tem o poder de violar qualquer cessar-fogo?'".

Abu Zaed diz que ele e sua família ouviram falar sobre a análise dos 20 anos da Shelter Cluster. "Mas nunca ouvimos sobre o que eles farão para contornar isso", disse.

Diana Buttu, uma analista palestina e antiga porta-voz da Organização pela Libertação da Palestina (OLP), afirmou que, para que o cessar-fogo se sustente, as fronteiras precisam ser abertas. Do contrário, Israel irá continuar com seu bloqueio em Gaza. "A comunidade internacional deve garantir que Gaza não retorne ao estado de 'prisão ao ar livre'", afirmou Buttu. "Aos palestinos deve ser permitido que importem e exportem bens e produtos livremente; que entrem e saiam livremente; que possam ir e voltar para a Cisjordânia livremente; e que lhe sejam garantidos os direitos de abrir e operar o porto e o aeroporto".

"Sem garantir esses direitos básicos, a comunidade internacional estará enviando uma mensagem para Israel de que poderá continuar impunemente com seu bloqueio brutal e ilegal; e uma mensagem aos palestinos de que os pronunciamentos de outros governos condenando o bloqueio israelense são vazios e sem sentido", completou.

Enquanto Abu Zaed quer ver Gaza reconstruída, ele diz que está cansado de declarações oficiais. "Compaixão não irá alimentar meus filhos e nem lhes dar um teto novamente. O inverno está chegando e não há para onde ir", disse. "Se a comunidade internacional se pergunta o que significa 24 horas para nós, eles deveriam saber que é como um ano em suas vidas".

POR QUE A GUERRA UNE POVO, FATAH E HAMAS?

"É estranho que a agressão nos una, mas, depois de hoje, a dor que sofremos faz com que nos concentremos em nós mesmos, como um só, e com um inimigo comum: a ocupação de Israel"

04/Setembro

Raef nunca tinha ido a uma manifestação, mas depois do anúncio do cessar-fogo entre Israel e as facções palestinas o jovem de 13 anos pegou emprestado de seus vizinhos a bandeira verde do Hamas e correu ao centro da Cidade de Gaza para comemorar a vitória do grupo palestino. "Eu comecei a aprender mais sobre o Hamas nos últimos 53 dias", ele disse, explicando que sobreviver à operação militar de sete semanas conduzida por Israel em Gaza – que matou mais de 2.100 palestinos e feriu outras 10 mil pessoas – transformou-o num apoiador do Hamas. "Gosto deles porque eles nos defendem", disse Raef. Segundo o garoto, ter testemunhado a destruição do prédio Zakfer, de doze andares, o fez perceber a importância da resistência palestina. "Minha mãe e meu pai apoiam o Fatah de Mahmouh Abbas, mas eles têm simpatia pelo Hamas", completou, antes de desaparecer entre o mar verde que tomou a manifestação.

Em 2006, o Hamas venceu as eleições para o Conselho Legislativo da Palestina. A vitória causou uma tensão política com a Autoridade Palestina, que se recusou a reconhecer o novo governo liderado pelo Hamas, principalmente por conta da pressão da comunidade internacional e de Israel no sentido de desconsiderar o resultado.

Depois de os dois lados falharem em chegar a um acordo de coalizão, a violência rapidamente se instalou, levando a uma sangrenta tentativa de golpe em Gaza, em 2007. Os territórios ocupados da Palestina foram divididos entre as duas facções: a

Autoridade Palestina passou a controlar a Cisjordânia e o Hamas, Gaza. Tal racha paralisou as instituições políticas.

Em junho, o Fatah e o Hamas revelaram um plano para um governo de consenso entre as partes e anunciaram eleições parlamentares e presidenciais. Em resposta, Israel disse que iria tomar medidas punitivas, incluindo a retenção de impostos e a interrupção das negociações de paz. Segundo uma recente pesquisa do Centro Palestino para Política e Pesquisa, que entrevistou 1.270 pessoas em Gaza e na Cisjordânia, após o fim do conflito, o líder do Hamas Ismail Haniyeh venceria as eleições com o dobro de votos de Abbas numa eleição presidencial. O Hamas possui aprovação de 88% da população, enquanto a Autoridade Palestina tem apenas 36%.

Apesar disso, os rivais do Hamas dentro do Fatah – facção que domina a Autoridade Palestina – viram seu apoio subir em Gaza depois da guerra: a bandeira amarela do Fatah e fotos de Abbas podem ser vistas por toda a Faixa. De acordo com o Dr. Ahmed Yousef, presidente do Comitê de Reconciliação Palestino, um grupo que incentiva a reunificação palestina, o apoio às duas principais facções contribuiu para uma sensação de unidade dentro de Gaza.

"O Hamas agora emergiu como parte de um espectro político mais amplo, ele já não está isolado", contou Yousef, que já trabalhou como conselheiro do ex-premiê do Hamas, Ismail Haniyeh. "É a firmeza e a sobrevivência das pessoas que dá esse sabor de vitória. Nós não somos uma superpotência. A mensagem que estamos enviando para Israel é que nós amamos a vida", completa.

Tanto Abbas, quanto Khaled Meshaal, o chefe político do Hamas, se reuniram com o emir do Qatar, em 21 de agosto, pouco antes do anúncio de cessar-fogo – fato que os analistas descreveram como um sinal da unidade palestina. Segundo o acordo, a Autoridade Palestina foi encarregada da administração das fronteiras de Gaza e da coordenação dos esforços de reconstrução no enclave palestino, tendo como doadores internacionais a União Europeia, o Qatar e a Turquia. Questões de longo prazo, como a pressão israelense para desmilitarizar a Faixa e a exigência do Hamas de que sejam reabertos o porto e o aeroporto de Gaza, serão negociadas no próximo mês.

Enquanto isso, após o anúncio do cessar-fogo, o primeiro-ministro israelense Benjamin Netanyahu disse que o Hamas sofreu um "golpe muito duro" e que suas demandas não foram contempladas pelo acordo. "Eu acho que o Hamas está isolado diplomaticamente", disse Netanyahu. "Nós demonstramos à comunidade internacional que o Hamas, o Estado Islâmico, a Al-Qaeda e outras organizações terroristas do extremismo islâmico são membros da mesma família", afirmou.

Mas, de acordo com o Dr. Khalil al-Hayyeh, um dos líderes do Hamas que integrou a delegação palestina no Cairo, as conversas indiretas entre as facções e Israel são a evidência do fim das divisões internas na Palestina. "Hoje nós estamos numa nova era de unidade e adotamos a retórica da resistência", ele disse num discurso durante as preces da última sexta-feira, afirmando ainda que todas as facções palestinas continuarão lutando se Israel não responder a todas as suas exigências.

Comentando sobre a reconstrução da Faixa de Gaza após as sete semanas de destruição, al-Shayyeh afirmou que o único órgão responsável pela construção, incluindo a administração das fronteiras para a entrada dos materiais necessários, será o governo de consenso palestino. Entretanto, mesmo reconhecendo que os ataques de Israel à Gaza tiveram o resultado oposto ao esperado e acabaram por aproximaras facções palestinas, essa união pode facilmente se desmanchar, segundo a análise de Mouin Rabbani, um membro sênior do Instituto para Estudos Palestinos. "Os palestinos não foram derrotados, mas eles próprios podem derrotar a si mesmos se não investirem suas conquistas em um coerente projeto nacional, ao invés de retornar ao antigo padrão de tentar ganhar pequenas vantagens sobre a outra facção", Rabbani afirmou. "A liderança política em Israel era simplesmente muito extremista e confusa para conseguir identificar objetivos políticos alcançáveis, e fracassou terrivelmente em conquistar qualquer um dos objetivos que de fato tinha identificado – tal como reverter o movimento que reconduzia a uma reconciliação palestina, o qual na verdade foi fortalecido", completou.

Apoiador do Fatah, Abu Mahmoud Braim, 62 anos, disse que a guerra o tornou mais compassivo em relação aos membros do Hamas. "No momento em que você vê seus irmãos serem assassinados por uma potência estrangeira, nós nos voltamos para o que nos une, a Palestina", ele disse, apontando que os assassinatos de três líderes do Hamas e os ataques israelenses contra civis em Rafah, ao sul de Gaza, mudaram sua visão.

Khalil Abdelhadi, 31 anos, professor na cidade de Gaza, disse que seu apoio ao Hamas tem sido incondicional, mas ele também comemorou os esforços de outros grupos que pegaram em armas. "É estranho que a agressão nos una, mas, depois de hoje, a dor que sofremos faz com que nos concentremos em nós mesmos, como um só, e com um inimigo comum: a ocupação de Israel", afirmou à *Al Jazeera*.

O dr. Fayez Abuetta, um líder do Fatah em Gaza, disse que a cooperação vista durante as negociações de cessar-fogo no Cairo provou que as facções são capazes de trabalhar juntas. "Nós esquecemos nossos conflitos internos e focamos naquilo que nos une. O sangue palestino é o que mais interessa a todos nós", disse Abuetta, afirmando ainda que espera que essa nova união dure além do fim da guerra.

Entretanto, em 28 de agosto, o presidente Abbas disse na TV Palestina que "enquanto existir um governo sombra em Gaza, não haverá unidade real", naquilo que pareceu ser uma referência ao Hamas. O grupo não respondeu ao comentário, mas muitos palestinos estão esperando para ver se o líder do Fatah irá pagar os salários atrasados de 45 mil funcionários durante o antigo governo *de facto* em Gaza.

A Autoridade Palestina publicou uma declaração na terça-feira, anunciando que estava fazendo "o máximo possível" para realizar tais pagamentos, mas sem fornecer nenhuma data específica de quando eles seriam realizados.

O analista Ibraim al-Madoun, que vive em Gaza, disse à *Al Jazeera* que o calote dos salários devidos aos funcionários de Gaza pode levar a um novo conflito interno. "Se Abbas não pagar os salários, as coisas podem explodir novamente", disse.

Enquanto isso, Abuetta afirmou que ainda não se sabe se o governo consensual funcionará apropriadamente, mas ele tem a esperança que Abbas continuará com seu mandato. Para ele, essa nova atmosfera pode facilitar o trabalho do governo, completou. "Nós nos demos conta de que juntos somos fortes. Podemos confiar nessa união para fortalecer nossa resistência. E trabalharmos melhor para conquistar nossas aspirações nacionais".

QUEM SÃO OS INFORMANTES DE ISRAEL?

"Israel depende de informações fornecidas por uma rede de colaboradores palestinos. Mas como esse sistema realmente funciona?"

06/Setembro

As execuções públicas de supostos informantes palestinos de Israel na Faixa de Gaza, conhecidos localmente como "colaboradores", chamou a atenção internacional recentemente, pouco antes do fim da ofensiva militar de Israel que durou 7 semanas.

Com capuzes beges sobre suas cabeças, vários homens foram colocados de joelhos contra uma parede branca. À frente deles, outros homens estavam de pé: seus executores. Combatentes palestinos, vestidos da cabeça aos pés de preto, rostos mascarados e armados com AK-47's.

Pelo menos 18 palestinos foram executados no dia 22 de agosto, acusados de fornecerem informações para Israel na guerra recente. Mas o que exatamente motiva um palestino a colaborar com os serviços de inteligência israelenses, e como esse fenômeno funciona?

"Sob pressão, eu cedi à exigência deles", disse um antigo colaborador palestino, que conversou com a *Al Jazeera* em condição de anonimato. Morador da Faixa de Gaza, o homem disse que um agente da inteligência israelense o abordou em 1995, ameaçando revogar sua permissão para trabalhar em Israel, caso ele não divulgasse informações sobre a localização e atividades de membros do Hamas, entre outros.

"Eu estava infeliz e não conseguia viver com aquela vergonha, então um dia eu acordei e disse para minha esposa que não iria mais trabalhar para Israel", relembrou. Ele imediatamente procurou as forças de segurança palestinas para confessar o que havia feito. Preso por algumas semanas, ele foi finalmente libertado sob condicional voluntária.

Há anos que Israel depende de palestinos para conseguir informações. Geralmente, para conseguir que as pessoas colaborem, os oficiais israelenses ameaçam as famílias ou o sustento delas; ou podem oferecer incentivos, como dinheiro ou permissão para viajar, difíceis de se garantir. A pena de morte é permitida pelo Código Penal Revolucionário elaborado pela Organização para a Libertação da Palestina, incluindo o artigo 9 que estipula que uma pessoa pode receber a pena de morte por agir "contra a segurança, a proteção e os interesses das tropas revolucionárias".

Num relatório de 2012, a *Human Rights Watch* diz que "dadas as provas claras de violações graves e generalizadas do devido processo, bem como de maus tratos sistemáticos e tortura (...) O Hamas deve, imediatamente, declarar moratória de execuções para os casos de pena de morte".

De acordo com o pesquisador em política Hazem Abu Shanab, muitos dos homens que foram executados recentemente em Gaza passaram cerca de um mês na prisão, onde confessaram, em interrogatório, ter dado informações aos israelenses ou ter plantado equipamentos de espionagem em Gaza.

"Um dos métodos para recrutar colaboradores é fechar a travessia de Rafah [entre Gaza e o Egito] e permitir que os palestinos viajem através de Erez [entre Gaza e Israel] para assim poder pressionar, chantagear e convencer os palestinos a trabalharem como colaboradores", diz Abu Shanab.

Shawan Jabareen, diretor do grupo palestino de direitos humanos Al-Haq, afirmou que é provável que os homens executados não tenham recebido um julgamento justo, uma garantia da Quarta Convenção de Genebra, e pediu para que todas as facções palestinas acabassem com a prática de executar colaboradores

Ele disse ainda que, às vezes, as necessidades humanitárias dos palestinos são manipuladas para coagir essas pessoas a fornecerem informações. "As necessidades e doenças dessas pessoas têm sido usadas [pelas autoridades israelenses] a fim de forçá-las a trabalhar dentro de seus aparatos militares e de segurança. [Israel] é responsável pelo crime", disse Jabareen.

Mohammed Abu Hassira, 30 anos, me contou que as redes sociais se tornaram um lugar onde oficiais de inteligência israelense procuram potenciais colaboradores. Com a taxa de desemprego em Gaza chegando a 40% - a maior desde 2009 – as ofertas de dinheiro e outras regalias são tentadoras. "Muitos são jovens inocentes e ingênuos que nem sabem que estão colaborando", disse Abu Hassira.

De fato, segundo o interrogador dos serviços de segurança em Gaza, Abu Ahmed, que não me deu seu nome completo, as informações que os israelenses pedem geralmente são imperceptíveis.

"A um dos colaboradores pediram uma simples informação: olhe de sua varanda para tal lugar e veja que tipo de roupas estão penduradas por ali", ele contou. "O pedido parece ser muito inocente, mas, nesse caso, era um apartamento de um líder do Hamas e a inteligência israelense queria saber se havia roupas masculinas secando na varanda, indicando que a pessoa procurada dormia ali dentro".

Em outros casos, os oficiais de segurança em Gaza flagraram mercadores levando pequenos sacos de areia através da passagem de Erez, na fronteira com Israel. "O que aconteceu é que ele estava levando essa areia para ser testada pela inteligência israelense, a fim de localizar os túneis".

O jornalista local Fathi Sabbah concorda: "Os colaboradores são traidores nacionais e a única solução para eles é a execução", disse à *Al Jazeera*. "Mas essas pessoas merecem um julgamento justo e deveriam ter o direito de se defenderem".

"Nós exigimos que a Autoridade Nacional Palestina, assim como as facções armadas, intervenha para pôr um fim a essas execuções extrajudiciais, não importando quais sejam suas razões ou motivos", disse Raji Sourani, chefe do Centro Palestino para Direitos Humanos, numa declaração oficial.

Mas não parece que a prática esteja sendo interrompida, pois as facções palestinas em Gaza anunciaram que outros 18 colaboradores se entregaram para as forças de segurança local.

"Os grupos de resistência palestinos deveriam ser justos e agir de acordo com a lei", disse um juiz em Gaza, que pediu anonimato, e que trabalha com casos de colaboradores. "Já basta que Israel mate tantos de nós diariamente", disse à *Al Jazeera*.

OS ESCUDOS HUMANOS DE GAZA: AS VÍTIMAS CONTAM SUAS HISTÓRIAS

"O soldado jogou o líquido em minhas calças, dizendo que iria 'me queimar vivo' se eu não lhe contasse onde ficava o sistema de túneis"

17/Setembro

Quando o disparo de um tanque israelense atingiu a parte externa de sua casa, Sami Al-Najjar estava sentado com suas irmãs e seus irmãos em Khuza'a, na zona oeste de Khan Younis. "A sala se encheu de uma fumaça espessa e nós não conseguíamos respirar, então corremos para fora", contou Najjar, relembrando o início daquele que seria um dia sombrio em julho.

Enquanto a família tentava escapar do prédio, o pai de Najjar encontrou um pedaço de tecido branco. Ele improvisou uma bandeira branca e começou a agitá-la acima de sua cabeça, sinalizando aos soldados israelenses que havia apenas civis dentro da casa e que sua família iria segui-lo para fora, afastando-se da fumaça. Mas apesar de seus esforços, os soldados israelenses ordenaram que os homens se separassem das mulheres e amarram suas mãos.

Os soldados então começaram a interrogá-los, exigindo saber onde estavam os túneis utilizados pelos combatentes da resistência palestina. Najjar insistiu que não sabia de nada, mas não acreditaram nele. Em seguida, um dos soldados "pegou uma cadeira e bateu contra as minhas costas", relembrou Najjar, de 21 anos.

Ele podia ver sua mãe e o resto da família observando de dentro da casa, enquanto era levado sozinho para o quintal nos fundos e forçado a se ajoelhar. Então um cão militar, usando uma focinheira de metal e com uma espécie de câmera presa às costas, se aproximou.

Garrafa de água

"Eu não sabia o que estava para acontecer", disse Najjar. "Um dos três soldados colocou uma garrafa de água em cima da minha cabeça e apontou sua arma contra ela", continua o jovem, respirando fundo para se acalmar.

"A primeira bala atingiu a garrafa, mas então um dos soldados – que deveria ter a minha idade e era baixo, atarracado, a cabeça raspada e olhos estreitos, quase asiáticos – levantou sua metralhadora M-16 também, ficando na minha frente, enquanto eu ainda estava ajoelhado no chão". Do outro lado, o terceiro soldado estava mascarado e traduzia as ordens ao restante dos prisioneiros, falando perfeitamente em árabe.

Depois que a bala atingiu a garrafa acima da cabeça de Najjar, sua audição ficou debilitada por um tempo. Ele não conseguia ouvir o que os soldados estavam dizendo, mas se lembra de ouvir o soldado de aparência asiática gritar: "Nós vamos te mostrar como você vai nos contar de onde os foguetes do Hamas são disparados, e ainda nos dar dois nomes de líderes do Hamas". Najjar respondeu: "Não passo muito tempo em Khuza'a; eu conserto pneus furados em minha oficina, só isso".

O soldado então agarrou Najjar pela camisa, puxou ele até seus pés e lhe deu um tapa no rosto. "Você é um mentiroso", ele gritou, voltando a espancar Najjar com a cadeira até que ela se quebrasse. Najjar diz que depois disso os soldados o levantaram novamente do chão e o soldado que falava árabe tirou sua máscara, ordenando que revelasse a localização dos túneis. "Diga onde estão os túneis!", ele gritava, apontando a arma para os vizinhos de Najjar. O rapaz estava aterrorizado e com dor, mas o pior ainda estava por vir.

"De repente, alguns tiros foram disparados de algum lugar contra os soldados", conta Najjar. "Aquele que estava me segurando, me fez andar na sua frente". Enquanto a troca de tiros continuava, Najjar foi forçado a subir num tanque israelense. "Tiros estavam sendo disparados aleatoriamente e os soldados me usaram como escudo humano", conta.

"Quando tudo se acalmou, o soldado mascarado jogou um líquido em minhas calças, dizendo que iria 'me queimar vivo' se eu não lhe dissesse onde estava o sistema de túneis ou o nome de dois membros do Hamas".

A última coisa que Najjar viu foi sua mãe e suas irmãs sendo levadas para fora da casa, antes que o soldado que falava árabe o vendasse e o mandasse se despir. "Eu não sabia o quanto de roupa tinha que tirar, mas quando chegou a hora de tirar a cueca, o soldado me disse para parar".

Najjar foi então levado para um lugar desconhecido, ao lado de pelo menos uma dúzia de outros rapazes. O depoimento de Najjar é apenas um: muitos jovens em Khuza'a, têm relatos similares. O primo de Najjar, Fouad Al-Najjar, 24 anos, também afirma ter sido usado como escudo humano.

Fouad foi levado pelos soldados para algum lugar desconhecido. Primeiramente, lhe diziam que tudo ficaria bem e que ele não precisava se preocupar, mas quando não respondeu às perguntas e insistiu que não sabia a localização dos túneis do Hamas, foi espancado no rosto pelo mesmo soldado que lhe dissera para não se preocupar. "Ele me imobilizou no chão usando suas botas de combate, pisando em meu pescoço", diz Fouad, que se lembra de ouvir os disparos de tanques próximos dali. Ele então foi levado para uma fila de outros jovens que também estavam sendo usados como escudos humanos. "Cada vez que um F-16 atacava, um soldado israelense atrás de mim – que tinha pele escura, uma pequena barba e era chamado pelos outros de 'Rami' – me mandava ficar quieto", diz Fouad, explicando que os soldados pareciam assustados e estavam tentando não chamar atenção.

A questão dos escudos humanos é de fato complexa. Enquanto Israel acusa o Hamas por usar os próprios palestinos como escudos a fim de escapar de seus ataques – algo que o Hamas nega repetidamente – os relatos de que Israel vem usando e abusando dessa prática, tanto em Gaza quanto na Cisjordânia, têm aparecido constantemente ao longo dos anos.

Trata-se de uma violação da Convenção de Genebra, e os próprios tribunais israelenses a consideraram ilegal em 2005, apesar de o exército contestar essa decisão desde então. O resultado é que até mesmo nas raras vezes em que essas más condutas são julgadas – tais como no incidente de 2009, quando um garoto de 9 anos em Gaza foi obrigado a checar se uma sacola tinha explosivos – a punição é leve e o exército insiste que estes são atos cometidos por um soldado específico em situações difíceis e que não é uma política da instituição.

Campo de detenção

Uma vez que Sami Najjar foi vendado e despido em sua casa, ele disse que os três soldados o ameaçaram e o forçaram a andar na frente deles. Ele estava descalço e o sol do verão fritava o chão quente. Najjar calcula que devem ter andado por 90 minutos antes de finalmente chegarem a um campo de detenção do lado israelense da fronteira com Gaza. Além das vozes dos soldados, "eu podia ouvir as vozes dos meus primos, Momen e Issa", diz Najjar. "Eu me senti aliviado em saber que não estava sozinho".

O alívio, porém, não durou muito, Najjar se lembra de ter sido mantido vendado numa jaula externa, onde os sons dos foguetes queimavam seus ouvidos, enquanto os soldados israelenses corriam para se abrigar de vez em quando. No segundo dia, Najjar diz que foi levado para uma sala de interrogatório com um soldado que ele não podia ver. Novamente, o soldado continuou gritando, exigindo que Najjar entregasse o nome de membros do Hamas. "Quando eu disse que não sabia de nada, ele colocou os dedos em minha garganta e gritou 'Você é um mentiroso'. Eu então caí de joelhos". Quando Najjar caiu, o soldado o levantou gritando: "Você está mentindo para mim".

O outro soldado disse que Najjar estava sendo tratado daquele jeito "por ele não ser um humano" e ter nascido para sentir humilhação, medo e vergonha. Depois do interrogatório, que durou algumas horas, Najjar diz que foi obrigado a tirar sua roupa de baixo e recebeu uma roupa branca para prisioneiros.

Ocasionalmente, recebia água e comida, mas diz que havia água de esgoto vazando pelo chão da cela. "Eu podia sentir o cheiro da lama e do esgoto debaixo de mim", diz.

No quarto dia, Najjar ouviu seu nome. Lhe mandaram entrar num ônibus. Não sabia para onde estava indo, mas logo ele e outros prisioneiros foram jogados para fora do ônibus, na fronteira com Gaza. Najjar olhou em volta, procurando seus primos Momen e Issa, mas não os encontrou.

Passaram-se quase dois meses até que Najjar fosse capaz de contar sua provação. Mesmo agora, suas mãos tremem e sua voz falha quando ele diz que podia ouvir os gritos de seu primo Momen na prisão. Desde então ele não foi mais visto e ninguém sabe o que lhe aconteceu.

GUERRA DE SALÁRIOS: FUNCIONÁRIOS DO HAMAS SÃO OBRIGADOS A PEDIR DEMISSÃO

"Quarenta mil trabalhadores em Gaza não recebem salários há nove meses, e muitos outros já não conseguem ganhar a vida através dos túneis para o Egito"

19/Setembro

O presidente palestino Mahmoud Abbas foi a um programa de rádio noturno para acusar os oficiais do Hamas de manterem seus papéis de liderança em Gaza e conduzirem um governo "sombra", apesar do acordo de reconciliação palestina firmado em abril.

Supostamente, o acordo tinha objetivo de colocar um fim aos sete anos de divisão dentro da palestina. Ambos os lados concordaram em estabelecer um governo de unidade e preparar as eleições presidenciais e para os assentos legislativos, seis meses depois da assinatura do acordo de reconciliação.

Olhando friamente, as acusações de Abbas são precisas: praticamente todo o trabalho governamental e as funções do cotidiano são conduzidos pelo mesmo antigo governo *de facto* liderado pelo Hamas, apenas sem a presença de ministros.

Na esteira do acordo de reconciliação, os ministros renunciaram, deixando suas posições serem preenchidas por suplentes de antigos ministros dentro da Faixa de Gaza. Apenas quatro dos ministros do novo governo unificado são de Gaza, enquanto o resto veio da Cisjordânia – estes últimos estariam se recusando a se comunicar com suas contrapartes em Gaza.

Zakria al-Hur, diretor-geral do Ministério da Educação em Gaza, descreveu o problema como um fracasso da Autoridade Palestina em colocar todos debaixo do mesmo guarda-chuva. A Autoridade Palestina, diz ele, "recusa-se a reconhecer que existem ministros e membros de gabinete que vêm trabalhando há oito anos em Gaza". Cerca de 40 mil trabalhadores também não recebem seus salários há nove meses, disse.

"Até esse momento, o ministro da educação, dentro do governo unitário, não nos chamou – nem durante ou depois da guerra – para verificar o progresso de nosso trabalho", contou al-Hur.

O diretor, no entanto, afirma que o problema vai além das alegações de Abbas sobre um "governo sombra" em Gaza. "O presidente Abbas deveria vir para Gaza e nós lhe daremos as chaves dos ministérios, com toda a equipe", disse.

Enquanto isso, os quatro ministros do governo de coalizão de Gaza afirmam ter total controle de seus ministérios, incluindo a travessia pelas fronteiras. Al-Hur diz que Abbas está tentando enfraquecer o Hamas, pressionando os funcionários em Gaza a renunciarem e irem embora.

"Abbas queria domar o Hamas, dizendo ao mundo que é ele quem decide tudo. Ele não quer que o mundo exterior entenda que foi a resistência quem venceu essa guerra", diz.

A Autoridade Palestina, contudo, paga os salários de alguns milhares de pessoas empregadas nos ministérios, mas a maioria daqueles que trabalhavam sob o governo liderado pelo Hamas – incluindo aqueles que trabalhavam nos hospitais – ainda não receberam nada.

Dentre os quase 50 mil funcionários, diz al-Hur, "existem mais de 40 mil que trabalharam por oito meses e não receberam nenhum salário, enquanto dezenas de milhares estão sentados em suas casas, recebendo pagamento com o dinheiro da comunidade internacional".

O gabinete da Autoridade Palestina, composto por pessoas que foram empregadas pelo governo antes da chegada ao poder do Hamas em Gaza, em 2007, estão sendo pagas para ficar em casa. Depois do acordo de unidade nacional, eles deveriam ter voltado ao trabalho, mas não o fizeram.

No final de junho, pouco antes da guerra em Gaza estourar, muitos dos funcionários já estavam há sete meses sem seus salários, enquanto outros receberam apenas uma parte do que lhes era devido. Os funcionários do Hamas calculam que, à época, a dívida com os trabalhadores podia chegar até 1 bilhão de dólares.

Cerca de 600 mil pessoas em Gaza, quase 36% de toda a população, têm familiares que trabalham para o governo. Essas pessoas foram seriamente impactadas pela interrupção no pagamento dos salários.

Para os observadores internacionais, a pergunta que não quer calar é como os ministérios ainda estão funcionando depois que os túneis subterrâneos entre Gaza e o Egito foram fechados.

Até o momento em que o presidente egípcio Mohamed Morsi foi deposto, os impostos dos operadores nos túneis eram coletados a fim de pagar o salário dos servidores públicos em Gaza. Ao passo que a tensão entre o Egito e o Hamas, este um aliado da Irmandade Muçulmana, aumentou depois do golpe de Estado no país, o Egito acusou o Hamas de permitir que homens armados fugissem através dos túneis, próximo ao Deserto do Sinai. Em retaliação, o novo governo do Egito destruiu pelo menos 1.370 túneis – e com eles, uma enorme fonte de renda para o Hamas.

Enquanto o enclave palestino se recupera da guerra, os ministérios estão operando com taxas e impostos coletados localmente. As receitas entram, por exemplo, quando carros são reparados, uma vez que eles devem ser controlados por uma agência do governo.

Al-Hur afirma que o ministério da educação foi forçado a cortar seus custos, assim como o orçamento para programas vitais – incluindo um projeto educacional de 100 mil dólares para reabilitação de alunos. O orçamento agora para esse projeto é de apenas 20 mil dólares.

Cortes nos cupons para combustível também foram feitos. Por exemplo, antigos membros de gabinete que vêm de outras áreas da Faixa, costumavam receber 130-150 litros de gasolina mensalmente. Agora, eles só têm permissão para receber 30 litros.

As acusações entre os dois lados haviam cessado durante as sete semanas da guerra de Israel, sendo substituída por uma aparente demonstração de unidade nacional – mas tudo isso parece estar desmoronando com o retorno das acusações mútuas, repercutidas pela imprensa.

Ainda assim, o público palestino está otimista quanto à reunião entre os dois partidos, planejada para acontecer esse mês no Cairo, e torcendo para que se encontre chegue a algum consenso.

Abu Abdelhadi, um professor de 43 anos na Cidade de Gaza, diz que o presidente Abbas e seu governo de consenso deveriam ter visitado Gaza. "Nós fomos massacrados. Eles nunca pensaram em perguntar como nós estávamos", afirmou Abu Abdelhadi. "Nenhum chefe de Estado deixaria de visitar seu povo depois de ele ter passado por uma carnificina maciça".

Mas ele disse que agora não há espaço para troca de acusações. A unidade nacional tem de funcionar, pois o povo palestino deve vir na frente do Fatah e do Hamas. "Afinal de contas, nós somos palestinos e o sangue que Israel derrubou deveria nos unir", completou.

Abbas já ameaçou abandonar o acordo de unidade com o Hamas, caso o movimento islâmico não permita que o governo trabalhe apropriadamente na Faixa de Gaza. Mussa Abu Marzouq, um dos líderes do alto escalão do Hamas, disse recentemente, num seminário na Cidade de Gaza, que o governo de coalizão tem uma enorme responsabilidade na reconstrução de Gaza. Ele criticou a Autoridade Palestina por estabelecer na Cisjordânia esse comitê para a reconstrução de Gaza. "A Faixa de Gaza tem capacidade de gerenciar a si própria", afirmou o Marzouq.

Mas enquanto essa contínua troca de ataques entre os dois lados palestinos acontece, existe a preocupação sobre quem irá pagar o preço por essa disputa política. Algumas autoridades da União Europeia que visitaram Gaza há pouco tempo se encontraram com diversos líderes da sociedade civil e sugeriram que tanto a UE quanto Israel não se opõem a pagar os salários dos funcionários públicos de Gaza.

O Hamas, no entanto, culpa Abbas.

"Em breve, a máscara de Abbas vai cair. O público e a imprensa estão começando a perceber que o único obstáculo para o pagamento dos salários é Abbas", afirma Al-Hur.

326 EM ESTADO DE CHOQUE

O DILEMA DE GAZA: ASSISTÊNCIA OU FOME

"ONGs estão oferecendo assistência na esteira da última guerra, mas ainda assim a necessidade não é o principal critério para a distribuição"

20/Setembro

O lado de fora de uma escola da ONU em Tal al-Hawa, no oeste da Cidade de Gaza, se transformou num minimercado onde comerciantes que vendem produtos às famílias desabrigadas que buscaram refúgio na escola devem competir exatamente com as mesmas famílias que utilizam o mercado como forma de levantar algum dinheiro desesperadamente necessário.

Abu Khaled, 54 anos, tinha uma casa no distrito de Shejaiya antes de Israel devastar a área. Agora, desamparado e desabrigado, ele está profundamente infeliz com a maneira como a assistência está sendo distribuída àqueles cujas vidas foram destruídas pelos ataques de Israel. Muitas ONGs internacionais que chegam para oferecer ajuda não possuem uma estratégia clara, ao contrário da Agência das Nações Unidas para Assistência aos Refugiados da Palestina.

"Nosso lar foi completamente destruído, e até agora nós não recebemos nada, enquanto outros têm recebido cupons para alimentos", afirma Khaled. E ao contrário de outros vivendo o mesmo drama, sua dignidade não lhe permite ir atrás dos caminhões de comida e implorar por algo que ele julga ser um direito básico para a sobrevivência.

O problema é que parece não existir um sistema completo para a distribuição da assistência, que de fato prestaria ajuda àqueles que têm mais necessidade. Muitas das operações acontecendo agora parecem ser aleatórias, com muitas pessoas necessitadas ficando de fora do circuito de distribuição.

Uma dessas pessoas é Hesham Saqallah, um cadeirante de 51 anos de idade cujo apartamento que ficava no prédio de 12 andares das Torres Zakfer, em Tal al-Hawa, foi destruído pelos ataques israelenses.

"A distribuição está sendo baseada em contatos pessoais e afiliações políticas", disse, indicando que algumas das famílias desabrigadas que vivem com ele estão recebendo assistência apenas por conta das pessoas que elas conhecem e sua lealdade política.

As famílias desabrigadas em Gaza também reclamam que não têm recebido produtos de boa qualidade – alguns dos quais são vendidos em mercados locais ou entregues a pessoas que não perderam suas casas. Isso envolve aquilo que se começou a chamar de "cupons VIP".

"Há até mesmo um 'cupom VIP', do qual eu ouvi falar por uma outra família desabrigada. Isso permite a pessoa a usar máquinas de lavar roupa, geladeira, pratos e outros itens de cozinha", afirmou Saqallah. Ele não recebeu nada por não ser afiliado a nenhum grupo político.

"Existe até mesmo uma discriminação na escolha das camas, que são doadas: os colchões de boa qualidade são doados pelo Kuwait, mas apenas às pessoas com contatos, enquanto os cidadãos comuns, como nós, os que mais precisam de ajuda, recebem as coisas de pior qualidade. Alguns não chegam a receber nada".

Muitas famílias em Gaza dizem que os grupos de assistência não conseguiram alcançar os grupos mais marginalizados. "Não há um nível mínimo de coordenação entre os grupos", diz Saqallah. "Algumas organizações nos dão as mesmas comidas enlatadas cinco, seis vezes. Nós não precisamos disso, mas há outras coisas que precisamos". Como um deficiente, ele precisa de dinheiro para conseguir comprar outros itens básicos, como remédios, detergente para limpeza e pagar o transporte de sua filha para a escola.

Quando o conflito em Gaza se encerrou, Saqallah recebeu mil dólares do Qatar. Mas ele afirma que outros com afiliações políticas mais fortes receberam uma ajuda muito mais substancial. "Os grupos de assistência nos transformaram em pedintes sem dignidade humana", disse, pausando por um momento enquanto empurra sua cadeira de rodas.

Depois de um mês de guerra, Saqallah teve que deixar seus filhos com diversos familiares para que eles pudessem ter algum lugar seguro para se abrigar e dormir; ele sabe que um inverno duro está se aproximado, apesar de isso ser algo sobre o que ele não quer pensar.

Assim sendo, não é apenas de comida que ele precisa. Mas ele não sabe a quem recorrer e se sente abandonado. Todas as roupas de Saqallah estão debaixo das ruínas das Torres Zakfer, exceto pela que está usando e algumas que carrega. Ele recebeu algumas roupas usadas e tem se virado com elas, mas isso apenas aumenta a sua sensação de indignidade. "Toda vez que sinto necessidade de mendigar, sofro com a terrível dor de estar desabrigado", disse.

Sentindo-se excluído

Mohammed al-Jamal, membro da rede Defensores dos Direitos Humanos dos Palestinos, disse que a distribuição de ajuda tem seguido o critério de afiliação política ou tem sido direcionada para aqueles que vivem próximos dos escritórios da ONG. Esse tipo de distribuição tem deixado muitos se sentindo excluídos.

"Não há dúvida de que a distribuição de assistência é dividida por facções, como no caso ao leste de Rafah que foi duramente atingida e ainda não recebeu nenhuma ajuda. (...) Aqueles que se mantém em casa, com sua dignidade, não recebem nada".

Jamal não vê nisso uma tentativa deliberada de marginalização, mas sim apenas uma certa preguiça por parte das ONGs internacionais, preferindo entregar a ajuda àqueles que eles conhecem ou que estão próximos deles.

"A distribuição injusta de ajuda não é um fenômeno novo, mas agora que tem chegado uma imensa leva de assistência fica tudo claro, pois vemos algumas famílias recebendo até oito vezes mais ajuda que outras famílias, que perderam suas casas e não recebem praticamente nada".

É difícil saber quem seria o responsável para resolver esse problema. Até mesmo os relatórios da destruição causada por

Israel não têm sido precisos, pois muitas casas que foram parcialmente danificadas não foram oficialmente registradas pelos grupos de assistência da Autoridade Palestina.

Jamal afirma que sua casa sofreu danos, mas não recebeu sequer uma garrafa de água potável desde que a guerra terminou. Ele tem amigos em situações ainda mais desesperadoras que também não receberam nenhuma ajuda. "Conheço alguns que preferem morrer de fome a ter de ir atrás dos caminhões de comida, como pedintes", diz.

Mouneer Khalil, 37, é um homem desempregado cuja casa em Khirbet el Adas, nos limites de Rafah, aguarda ajuda há três semanas, desde o fim dessa última guerra de Israel contra Gaza. Ele quer saber o porquê, apesar de ele ter suas próprias teorias.

"As ONGs internacionais trabalham em escritórios com ar-condicionado e não estão dispostos a ir para as ruas, então eles aguardam que as pessoas cheguem mendigando por ajuda e em busca daquilo que sobrou, depois que a ajuda já foi entregue para os membros afiliados das facções".

A disparidade na distribuição e o favoritismo óbvio colocam a reputação desses grupos em xeque.

"Essa assistência deveria ter sido direcionada, primeiramente, às pessoas que tiveram que abandonar suas casas que sofreram enormes danos, e isso inclui a mim mesmo", ele disse, enquanto caminhões levando colchões passavam em direção à Cidade de Gaza.

Ali, na Cidade de Gaza, Saqallah está em melhores condições do que estaria em áreas mais marginalizadas. Mas ele também afirma que no trabalho dessas agências falta coordenação e organização, até mesmo no centro onde a ajuda é distribuída.

Ele teve que partilhar as comidas enlatadas que recebeu e agora não tem como comprar itens essenciais. "Eu queria que não tivéssemos que receber ajuda ou que não fôssemos expostos ao problema do abuso de poder das facções que acontece nessas distribuições injustas", disse.

EM BUSCA DE LIBERDADE, PALESTINOS ESTÃO PERDIDOS NO MAR

"Para muitos em Gaza, a perigosa jornada por mar até a Europa é uma tentativa desesperada de recuperar uma vida normal, mas isso geralmente termina em tragédia"

21/Setembro

Zuhair Marouf, 51 anos, está sem palavras por conta do desaparecimento de seu filho e de sua neta. Ele fez tudo o que estava ao seu alcance, mas não conseguiu determinar o paradeiro deles. Seu filho de 29 anos, Mohammed Marouf, que sobreviveu a um dos ataques mais mortais de Israel contra a Gaza, pegou Lana, sua filha de três anos de idade, e correu através dos túneis subterrâneos para escapar da devastação. "Não restou mais nada para mim nesse lugar. Eu estou falido e está na hora de ajudar a minha filha a viver", ele contou antes de desaparecer com Lana.

Em 6 de setembro, Mohammed ligou para dizer: "Pai, não se preocupe conosco. Estamos a caminho da Suécia". Mas em 10 de setembro, a família Marouf recebeu as trágicas notícias de que imigrantes palestinos morreram na costa da ilha de Malta depois de embarcarem clandestinamente em busca de liberdade. O barco afundou e as pessoas se afogaram.

Zuhair está agora num limbo, esperando ouvir se seu filho e neta estavam entre as vítimas. Com Gaza ainda sob o bloqueio israelense, e com a passagem de Rafah fechada, centenas de pessoas estão sendo forçadas a encontrar vias alternativas para fugir – geralmente através dos túneis para o Egito ou em barcos para a Europa. Essa prática desesperada tem sido muito comum na última década, com Bélgica e Suécia sendo, aparentemente, os destinos preferidos. Algumas notícias chegaram para a família Marouf, supostamente de um dos sobreviventes do naufrágio: a garota de 3 anos de idade morreu quando o barco afundou, e seu pai, Mohammed, nadou por muito tempo antes de ele próprio também se afogar. Porém, essas notícias ainda não foram confirmadas oficialmente.

O jornal britânico *The Guardian* escreveu que há relatos de que o barco que transportava os imigrantes se chocou com outro barco que levava traficantes. Já não havia mais opções na vida de Mohammed Marouf. Trabalhando como um mecânico de automóveis, ele se especializou na tecnologia dos carros da marca Volvo, mas foi forçado a abandonar seu emprego quando todos os acessos às peças de reposição foram bloqueados pelo cerco de Israel, fazendo com que ele perdesse seu sustento. Alguns anos depois, ele se mudou e encontrou um emprego como chefe do departamento de manutenção de motores Kia, em Gaza, um emprego que lhe rendia pouco dinheiro, especialmente por conta da escassez de peças para conserto.

"Me tire daqui. Eu quero paz. Quero trabalhar e cuidar da minha família", disse, enquanto ainda trabalhava na Kia. "Não restou vida aqui. Eu não consigo fazer nada sem peças de reposição".

Seu irmão Ahmed conseguiu chegar à Suécia depois da guerra de Israel de 2008 e tem vivido lá desde então. Ele encorajou seu irmão a deixar Gaza e tentar uma vida melhor trabalhando como mecânico no país europeu, criando sua filha num ambiente livre de violência.

As forças de segurança em Rafah calculam que milhares de palestinos deixaram Gaza por meio dos túneis durante a recente ofensiva de Israel na Faixa. Pessoas esperançosas, mas desesperadas, pagaram uma pesada taxa para serem transportadas pelos túneis de Rafah até cidade egípcia de Alexandria, depois para a Líbia e, finalmente, para a Itália. O processo inteiro depende de sorte; a estrada para liberdade é repleta de perigos. Os túneis ficaram abarrotados com refugiados em fuga. Aqueles que conseguem atravessá-los são, geralmente, capturados e presos pelos militares egípcios no Sinai. A guarda costeira egípcia consegue escoltar alguns dos barcos enquanto outros simplesmente afundam no mar, lotados de refugiados.

Mas todo esse risco parecia valer a pena para Mohammed Marouf. Esta parecia uma opção melhor do que ficar vendo sua filha crescer num ambiente de opressão e dor e testemunhando as mortes da família em sua terra natal, bloqueada por todos os lados pelos militares de Israel. Muitos de seus amigos discordaram dele e se recusaram a deixar suas casas em Gaza, afirmando que era esse o plano de Israel – fazer com que todas as pessoas deixem seu lar ancestral, facilitando a colonização.

Seu pai Zuhair Marouf diz que essa decisão de Mohammed era apenas algo temporário, até que a situação melhorasse e ele pudesse voltar para casa. Mas agora parece que não haverá nenhum retorno.

Fontes na Itália e em Malta sugerem que algumas centenas de palestinos de fato se afogaram enquanto buscavam chegar em terra firme para pedir asilo. Grupos que lidam com casos de refugiados afirmam que aproximadamente 2.900 pessoas já morreram em 2014 no Mediterrâneo, muito mais do que as 700 vítimas de 2013.

Christiane Berthiaume, porta-voz da Organização Internacional para Migração, sediada em Genebra, comentou sobre o naufrágio próximo de Malta: "Cerca de 500 pessoas estavam a bordo – sírios, palestinos, egípcios e sudaneses. Eles estavam tentando alcançar a Europa". Mas essa informação não dá uma solução ao dilema de Zuhair Marouf. Ele ainda não conseguiu informações definitivas.

Uma família em Deir al-Balah tem aguardado notícias sobre seu filho, mas como ainda não soube de nada, os pais montaram uma tenda de luto e começaram a receber as condolências. Foi quando alguém ligou da Itália e lhes informou que seu filho estava vivo, afinal. Eles desfizeram a tenda. Mas então, dois dias depois, uma nova notícia chegou dizendo que aquele não era o seu filho, mas outra pessoa que sobreviveu e estava recebendo tratamento médico num hospital em Malta. O pai conta que seu filho teve que deixar a Palestina para trabalhar e juntar dinheiro a fim de pagar pela cirurgia de sua mãe.

Sua esposa não tem conseguido dormir, e a esposa de Mohammed Marouf incluiu o nome de seu marido nos sites de palestinos desaparecidos. Agora ela monitora dia e noite a internet, esperando encontrar alguma notícia que lhe dê esperança.

Dezenas de famílias estão desaparecidas, algumas perderam todos os seus membros. Foi uma decisão coletiva fugir de uma guerra e ir morrer no mar, cujo acesso Israel tem limitado desde 2006.

Dr. Rami Abduo, do Euro-mid *Observer for Human Rights*, afirma que é difícil saber a quantidade e os nomes das vítimas até o momento. "As autoridades em Malta simplesmente não têm meios suficientes para procurar os corpos, e as autoridades italianas vão enterrar os cadáveres imediatamente, assim que encontrá-los". Se a família Marouf tiver sorte, eles podem receber das autoridades italianas uma fotografia de seus parentes antes do enterro, diz Abduo.

Mas isso não é suficiente para o pai de Mohammed. Ele não irá tolerar ficar sem saber o que aconteceu com seu filho e sua neta numa terra desconhecida – onde eles nunca pensaram estar. "Eu quero saber se meu filho e minha neta estão vivos ou mortos", diz.

ESTE LIVRO FOI REALIZADO COM A COLABORAÇÃO DE:

Marcia Pinheiro Ohlson

Sil Bellucco

Nuno Coelho Pio

Celso Vicenzi

Marcos Manulu Guarani-kaiowá

Anna Mariutti

Carolina Wadi

Jorge Rafael Renard

Luiz Carlos Breviglieri

Daniel Fernandes Rodrigues da Rocha

Silvia Murad

Bruno Huberman

Carlos Henrique Siqueira

Igor Carvalho

Ovidio Velasco de Oliveira

Alessandra de Melo Barros

Rafael Guiti Hindi

Renata Pieratti Bueno

Ana Lívia de Almeida Silva

Jordana Aguiar

Gabriel Nascimento

Gabriel Deslandes

Ana Luisa Guimarães

Guilherme Leonel

Mari Lima

Lucas da Silva Pires

Alexandre Gandarela

Jean Tible

Thaís Imbuzeiro Dantas

Ariane Breyton

Joaquim Dick

Livio de Andrade Luna da Silva

Shajar Goldwaser

Francisco Manoel De Assis França III

Rodrigo Crepalde

Rafael Abreu C. França

Morgane Reina e Rafael Tobias Alloni

Simone Paz Hernandez

Taís Dias Capelini

Denise Aparecida Seignemartin